Buch

Fast immer, wenn eine Epoche menschlicher Geschichte zu Ende ging, entstand ein neues Bewußtsein oder auch eine neue Glaubensrichtung, die die verkrusteten Strukturen der alten Ansichten aufzulösen versuchte.
Innerhalb der immer stärker werdenden ökologischen Bewegung wächst die Anzahl derer, die sich nicht mehr mit den Anreizen und Zwängen der im Augenblick herrschenden Produktions- und Leistungsgesellschaft abfinden wollen und die sich darüber im klaren sind, daß in unserem Zeitalter der Technik und Ausbeutung das Öko-System Mensch–Natur aus dem Gleichgewicht geraten ist.
Der Autor Hubertus Mynarek setzt sich in diesem Buch mit der Beziehung des Menschen zu seinem Umfeld, der Natur, und zum Universum auseinander und untersucht die vorhandenen Religionen auf ökologische Aspekte. Er legt dar, daß sich anstelle der Ichbezogenheit und dem Herrschertum der Menschheit über ihre Umwelt eine neue Religiosität – die Ökologische Religion – durchsetzen muß, um das Überleben auf dieser Erde zu sichern.
Das Buch eröffnet überraschende Zugänge zu einem neuen Naturverständnis und -verhältnis.

Autor

Hubertus Mynarek, geboren 1929 in Oberschlesien, studierte Theologie, Philosophie und Psychologie. Er erhielt 1953 die katholische Priesterweihe, war 1966 bis 1968 Professor für Religionsphilosophie und Fundamentaltheologie in Bamberg, 1968 bis 1972 Professor für Religionswissenschaft in Wien, 1971 bis 1972 Dekan der katholisch-theologischen Fakultät der Universität Wien. Im November 1972 schrieb er einen offenen Brief an den Papst und trat aus der Kirche aus. Daraufhin wurde ihm die kirchliche Lehrbefugnis entzogen, und er wurde vom österreichischen Staat – auf Verlangen der Kirche – zwangspensioniert. Hubertus Mynarek heiratete und ist Vater von drei Kindern. Er lebt heute als freier Schriftsteller in der Nähe von Bad Kreuznach. Hubertus Mynarek ist einer der Hauptbegründer des ökologischen Humanismus.
Mynarek hat folgende Bücher veröffentlicht: »Philosophie des religiösen Erlebnisses«, München 1963. »Der Mensch – Sinnziel der Weltentwicklung«, München 1967. »Mensch und Sprache«, Freiburg 1967. »Der Mensch – das Wesen der Zukunft«, München 1968. »Existenzkrise Gottes?«, Augsburg 1969. »Herren und Knechte der Kirche«, Köln 1973. »Religion – Möglichkeit oder Grenze der Freiheit?«, Köln 1977. »Orientierung im Dasein«, München 1979. »Eros und Klerus«, München 1980. »Zwischen Gott und Genossen«, Berlin 1981. »Religiös ohne Gott?«, Düsseldorf 1983.

Hubertus Mynarek

Ökologische Religion

Ein neues Verständnis der Natur

Originalausgabe

Goldmann Verlag

Made in Germany · 11/86 · 1. Auflage
© 1986 by Wilhelm Goldmann Verlag GmbH, München
Umschlaggestaltung: Design Team München
Satz: IBV Satz- und Datentechnik GmbH, Berlin
Druck: Presse-Druck Augsburg
Verlagsnummer: 12005
Lektorat: Ursula Walther/CR.
Herstellung: Sebastian Strohmaier
ISBN 3-442-12005-5

Dieses Buch
ist meiner Tochter Diana,
meinen Söhnen Hubertus und Markus
sowie all denen
aus der jungen und junggebliebenen Generation gewidmet,
die bereit sind, die ökologischen Lebensgesetze der Natur
zu achten und zu praktizieren.

Inhaltsverzeichnis

Anhang

Einführung

(Entstehungsgeschichte des Buches – Begriffsklärungen – Differenzierungen und Abgrenzungen der Ökologischen Religion von biologischer Ökologie, Naturphilosophie und Ethik – Bleibende Aktualität und Allgegenwärtigkeit des religiösen Phänomens auch in der verwissenschaftlichten und technisierten Welt der Moderne)

Zunächst möchte ich einiges zur Entstehungsgeschichte dieses Buches sagen, weil dies der Einführung in die Thematik, den Zweck und Inhalt möglicherweise am besten dient. 1983 veröffentlichte ich das Buch *Religiös ohne Gott?*.[1] Die in dieser Dokumentation gesammelten Selbstzeugnisse zeigen einen Bewußtseinswandel in der Religiosität der Gegenwart auf. Eine ganze Reihe der in dem genannten Buch geschilderten Selbstzeugnisse handelt von religiösen Erfahrungen mit »ökologischem Einschlag«. Mir wurde anhand dieser Texte klar, daß viele religiöse Menschen, darunter auch nicht wenige Christen, einfach nicht mehr bereit sind, ihre Religiosität rein vertikal im direkten Beziehungsfeld »Mensch – Gott« ablaufen zu lassen; daß sie im Gegenteil gar nicht mehr religiös sein können, ohne auch die Natur, den Kosmos, die Tiere, Pflanzen, Elemente und Landschaften in ihr umfassender gewordenes religiöses Empfinden einzubeziehen.

In diesem Zusammenhang bahnt sich also ein tiefgreifender Bewußtseinswandel an. Hatte doch die herrschende, offizielle Religion des Westens, das institutionalisierte Christentum, jede Naturverehrung, jede Naturmystik bekämpft, in offiziellen Erklärungen nicht selten verboten. Selbst die Freude an der Schönheit der

9

Natur galt oft schon als dem Verhältnis des Menschen zu Gott abträgliche Empfindung. Hatte nicht auch Kirchenvater Augustinus, der die Geschichte der Theologie und die ideologische Entwicklung der Kirche so maßgeblich beeinflußt hat, gewarnt: »Und die Menschen gehen hin und bewundern die Bergesgipfel, die gewaltigen Meeresfluten, die breit daherbrausenden Ströme, des Ozeans Umlauf und das Kreisen der Gestirne und vergessen darüber sich selbst.«[2] Er war es auch, der bekanntlich den geschichtsträchtigen, aber verhängnisvollen Satz prägte: »Gott und die Seele allein begehre ich zu kennen, nichts sonst.« Hätten die Menschen die von Augustinus als nicht verehrungswürdig angesehenen Bergesgipfel, die gewaltigen Meeresfluten usw., also die Natur in ihrer Gesamtheit, in ihrem Zyklus und ihren Wechselwirkungen, ihren Feinheiten und Feinstrukturen nur tiefer bewundert, sich mehr in sie eingefühlt, dann wäre es nicht zu jener immer groberen und roheren – eben unökologischen – Mißachtung der Lebewesen und aller Naturdinge überhaupt gekommen. Diese Mißachtung trug dann vor allem in der Neuzeit maßgeblich dazu bei, daß totaler Industrialismus und Technokratie ihre Herrschaft ohne größeren Widerstand antreten konnten, zugleich setzte aber auch die Verödung der Außenwelt und der menschlichen Innenwelt ein, und der heute fast unaufhaltsam erscheinende Todesmarsch unseres Umfeldes hat schon begonnen.

Es ist ja gar nicht lange her, daß christliche Theologen (auch noch in den ersten sechs Jahrzehnten unseres Jahrhunderts) die These vertraten, das Christentum habe überhaupt erst die Grundlagen für die technische Nutzung der Natur, für den technischen Fortschritt der Menschheit insgesamt, geschaffen, indem es in Vernichtung jeder heidnischen Religiosität alle Göttlichkeit und Heiligkeit aus der Natur herausgezogen und in den personalen, übernatürlichen, über- und außerweltlichen Gott hineinverlegt habe. »*Tu Solus Sanctus, Tu Solus Dominus!*« ... Indem die Natur und auch alle nichtmenschlichen Lebewesen nun gar nichts Verehrungswürdiges mehr besaßen, zu nackter Faktizität und bloßem Vorhandensein degradiert waren, konnte man jetzt nach Herzenslust mit ihnen als Rohmaterial hantieren und sie manipulieren. Denn nur der Mensch war – dieser lange herrschenden theologischen Konzeption zufolge – das einzig berufene Wesen, diesem »grobschlächtigen« Rohmaterial durch sein technisches Schaffen feinere und edlere Züge einzuprägen. Die abendländische Geschichte der wachsenden Entfernung und Entfremdung von der Natur hat ihren präzisesten philosophischen Ausdruck und kaum überbietbaren Höhepunkt im System Descartes' gefunden, der zwischen denkendem und ausgedehntem Wesen *(res cogitans – res extensa)* unterschied und die ganze Natur, sowohl die höchsten und intelligentesten nichtmenschlichen Lebewesen als sogar auch den menschlichen Leib als *res extensae,* als geistlose Automaten und Mechanismen abqualifizierte. Damit stand der radikalen Unterdrückung, Ausbeutung und Vernutzung bis hin zu den makabersten Tierversuchen zu militärischen Zwecken keine Theorie mehr im Wege. Die Theologie mit ihrem Dualismus von (göttlichem) Geist und Natur war in der Neuzeit im Grunde nur diesem kartesianischen Irrtum aufgesessen, mit der göttlichen Offenbarung, auf die man sich dabei ständig berief, hatte dieser dualistische Zwiespalt nichts oder kaum etwas zu tun.

Manchen der von mir für das Buch *Religiös ohne Gott?* Befragten mochten diese hier angedeuteten geschichtlichen, philosophischen und theologischen Zusammenhänge nicht bekannt sein. Zweifellos aber spürten sie die Notwendigkeit, ihre eigene Religiosität von den jahrhundertealten Zwängen einer naturfeindlichen oder die Natur nicht beachtenden Frömmigkeit zu befreien. Mit Sicherheit empfanden sie – das zeigen ihre Schilderungen –, daß der Haushalt ihres Geist-Seele-Leib-Potentials, das Haus (gr. *oikos,* davon abgeleitet Ökologie) ihres eigenen Seins sich nicht entfalten und selbstverwirklichen, nicht heil und gesund werden konnte, wenn sie sich nicht in ein angemessenes Verhältnis zu den Gesetzen des Lebens, zum Kosmos, zur Gesamtnatur, zum »Haus des Universums« setzten. Daher lautete das Fazit des Buches *Religiös ohne Gott?*: »Auf die in den hier umrissenen Konturen sichtbar werdende neue Religiosität, die den Erfordernissen unserer

Zeit am weitestgehenden zu entsprechen und zu genügen scheint, würde am besten der Ausdruck ›Ökologische Religion‹ passen.«[3]

Als der Verleger[4] das Manuskript gelesen hatte, riet er mir spontan: »Ihr nächstes Buch müßte ›Ökologische Religion‹ heißen. Die wichtigsten Aussagen in Ihrem jetzigen Manuskript weisen in diese Richtung.« Er hatte am Manuskript kaum etwas auszusetzen, verlangte aber eine nicht unerhebliche Ergänzung: einen enzyklopädischen Anhang über die wichtigsten Religionsgemeinschaften, -gruppen und -sekten der Gegenwart, und er forderte mich kurioserweise auch auf, innerhalb dieses Anhangs über eine Religionsgemeinschaft zu schreiben, die es noch gar nicht gab, deren Umrisse er aber im Manuskript meines Buches *Religiös ohne Gott?* entdeckt hatte, nämlich über die Gruppe derer, die sich im Grunde, ohne sich dessen tatsächlich bewußt zu sein, zur Ökologischen Religion bekennen. Den knapp drei Seiten umfassenden Artikel »Ökologische Religion«, den ich daraufhin verfaßte und der im Anhang von *Religiös ohne Gott?* steht, setze ich auch an den Schluß dieses Buches (s. S. 277ff.), weil er sozusagen dessen Keimzelle darstellt. Der Leser wird nach der Lektüre des vorliegenden Bandes erkannt haben, wie das damals knapp drei Seiten umfassende Programm einer Ökologischen Religion vertieft und in zahlreichen Punkten wesentlich weiterentwickelt worden ist. Mir selbst war im Augenblick der Abfassung des Artikels noch nicht klar oder nicht klar genug, daß der ökologische Aspekt ein Schlüsselelement überhaupt jeder Religion ist, daß alle echten Religionen im Grunde oder in einer wesentlichen Hinsicht ökologische Religionen sind, die meisten allerdings, ohne es bewußt zu machen. Viele sind darunter, die den ökologischen Antrieb ihres Urzustands verschüttet oder absichtlich verdrängt und somit einen »widerökologischen Sündenfall« begangen haben. Das gilt auch und ganz besonders für einige große Weltreligionen, wenn auch nicht alle in gleicher Weise vorgegangen sind. Davon wird noch ausführlicher die Rede sein.

Zunächst aber erscheint es im Rahmen dieser Einführung notwendig zu sein, eine begriffliche Klärung der Zusammensetzung von Ökologie und Religion im Ausdruck »Ökologische Religion« vorzunehmen. Wenn wir Ökologie als Teilgebiet der Biologie, nämlich als Wissenschaft von den Beziehungen der Lebewesen, der Organismen zu ihrer Umwelt auffassen, welche (wesenhafte) Verbindung soll sie dann zur Religion haben? Und auch der Ausdruck Religion selbst ist ja alles andere als eindeutig. Soll etwa die Ökologie mit der christlichen Religion verbunden werden, so daß mit Ökologischer Religion in Wirklichkeit ein ökologisches Christentum gemeint wäre? Hierzulande, aber auch in ganz Europa und in einigen Teilen Nordamerikas wird ja Religion weitgehend mit (kirchlichem) Christentum gleichgesetzt.[5] Oder ist mit Religion im Ausdruck »Ökologische Religion« irgendeine andere Variante gemeint, etwa die buddhistische, die hinduistische, die taostische oder irgendeine der sog. Naturreligionen, die ja mitunter ein so feines Empfinden für die Natur und den Kosmos aufbringen?

Auf all diese Fragen wäre zu antworten, daß Religion in einem spezifischen, noch näher zu erläuternden Sinn, der allen Varianten, allen geschichtlichen Ausformungen des religiösen Elements in der Menschheit vorausgeht, sehr wohl etwas Wesentliches mit Ökologie zu tun hat, ja diese letztere erst zu ihrer ganzheitlichen und umfassenden Bedeutung erhebt. Sicher, zuallererst und im Rahmen fachwissenschaftlicher Kompetenzbegrenzung ist von der Ökologie zu sagen, daß sie ein Teilgebiet der Biologie ist. Man kann dann weiterhin sagen, daß es natürlich niemandem verboten sein kann, sie in dieser ihrer biologisch-immanenten Bedeutsamkeit selbstgenügsam aufgehen zu lassen. Es ist ja auch wahrhaftig viel genug, was die Ökologie als Teilbereich der Biologie zu leisten hat: als *Autökologie* untersucht sie die Beziehungen des Einzelorganismus zu seinen äußeren Daseinsbedingungen, als *Demökologie* oder *Populationsökologie* behandelt sie die Verhältnisse zwischen einer Population, einem Organismenkollektiv und der Umwelt und als *Synökologie* oder *Biozönologie* studiert sie die Wechselwirkungen von Lebensgemeinschaften, von Biozönosen mit den äußeren Faktoren. Schon bei dieser noch rein biologischen Betrachtungsweise führt die Ökologie zu einem Bild der Natur, das zeigt, »wie die Stufen des Lebendigen ineinander verzahnt sind und wie jede Stufe wieder eine Funktion für andere Stufen hat«. So überwindet die Ökologie bereits im Rahmen der Biologie »den individualistischen Ansatz und versteht alles Lebendige als Glied eines umfassenden Ganzen«.[6] Dieses Ganze ist und kann aber, ohne Überschreitung der Grenzen der Biologie, nur der belebte Teil der Natur, nur die Biosphäre, sein. Eine Ausweitung auf das Ganze der Natur, der Wirklichkeit liegt nahe, drängt sich vielleicht auch auf, ist aber von der Biologie, von der Ökologie als biologischem Teilgebiet nicht mehr zu leisten, nicht mehr zu erbringen, wenn keine Kompetenzüberschreitung stattfinden soll.

Eine solche Leistung könnte aber von der Religion erbracht werden. Fassen wir nämlich Religion, ohne die endlosen etymologischen Streitereien um die Herkunft des Wortes Religio zu beachten, einfach als »Rück-Bindung an das Ganze« (die Gesamtwirklichkeit) auf, dann drängt sich auch ihr Bezug zur Ökologie zwingend auf. Ökologie bedeutet ja etymologisch die Lehre, die Wissenschaft, den *Logos* vom Haus, vom Wohnhaus, vom Haushalt (griech. oikos = Haus), und Ernst Haeckel hat schon 1866 in seiner *Generellen Morphologie der Organismen* die Notwendigkeit der Berücksichtigung der »Oeconomie des Natur-Ganzen« ausgesprochen. Für ihn war Ökologie die »Wissenschaft von den Beziehungen des Organismus zur umgebenden Außenwelt«, von den »sämtlichen Verhältnissen des Organismus zu allen übrigen Organismen«. Es ist dann nur eine geringe, allerdings logische und ohne weiteres begründbare Ausweitung dieses Ansatzes, *wenn wir eine Religion als ökologische bezeichnen, die das Verhältnis des Menschen zur Gesamtnatur und zum Kosmos in den Mittelpunkt ihres pietätvollen Interesses stellt,* die sich an das »große Haus des Universums« rückbindet, die großen Ordnungen und Gesetze des äußeren Universums wie des inneren, nämlich der Psyche, erkennen, erfühlen, auch bestaunen und bewundern sowie verantwortungsvoll praktizieren will.

Ökologische Religion wäre demnach diejenige, die dem Öko-System Mensch–Natur am besten entspricht, ihm in allen entscheidenden Aspekten weitestgehend Rechnung trägt, es im umfassenden und intensivsten Sinne verinnerlicht. Mehr noch: Ökologische Religion müßte das Öko-System Mensch–Natur zur eigentlichsten heiligen Verpflichtung, zum Fundament ihres ganzen Seins, Handelns, Bemühens machen.

Daß es das Öko-System Mensch–Natur gibt, dürfte niemand bezweifeln. Im Grunde steckt es schon implizit in Haeckels oben erwähnter These von den »sämtlichen Verhältnissen des Organismus zu allen übrigen Organismen«: Die Vernetzung aller Lebewesen auf unserer Erde mit- und untereinander sowie durch das Band der Evolution ist eine Tatsache, die durch jeden Erkenntnisfortschritt der biologischen Wissenschaftsgebiete fast täglich noch stärker untermauert wird. Nimmt man die physisch-chemische Basis aller Lebensprozesse hinzu, so haben wir auch die sogenannte tote Materie in das Öko-System Mensch–Natur aufgenommen. Daß dieses Öko-System wesentlich auf unsere Erde bezogen ist, bedeutet nicht, daß es von unserer Planetenwelt, unserer Milchstraße und vom gesamten Kosmos hermetisch abgeriegelt ist und daß es keinen noch mehr zu erkennenden und näher zu spezifizierenden Einflüssen von dorther unterliegt. Das Gravitationsgesetz – überhaupt die vier Grundkräfte der Natur in ihrem Zusammenspiel und ihren Zahlenverhältnissen –, vielleicht die bisher nur eine Hypothese darstellenden »morphogenetischen (gestaltbildenden) Felder« (R. Sheldrake[7]), das sogenannte »anthropische Prinzip« (das H. v. Ditfurth so umschreibt: »Das Universum ging aus dem Urknall mit Eigenschaften hervor, die es als ›maßgeschneidert‹ für die Entstehung von Leben erscheinen lasssen«[8]), der gewaltige Einfluß der Sonne auf alle Lebensprozesse auf Erden (der nach neuesten Forschungen auch darin besteht, daß kohärentes Licht, wie die Sonne es liefert und wie das Riesenmolekül DNS im Zellkern jeder Zelle es zu speichern und abzugeben fähig ist, ein reiner, nicht-spezifischer, Daten und Signale so gut wie nicht verfälschender Informationsübermittler ist[9]) – all das und einiges mehr sind Symptome und Indizien dafür, daß es das Öko-System Mensch–Natur, Mensch–Universum tatsächlich gibt.

Selbstverständlich kann man dieses Öko-System Mensch–Natur, Mensch-Kosmos akzeptieren, ohne religiös zu sein. Zu dieser Akzeptanz bedarf es fast nicht einmal der genauen Kenntnis der betreffenden Wissenschaftszweige, die die Verknüpfungen alles dessen, was lebt und wirkt, immer deutlicher und umfassender aufzeigen. Schon ein unvoreingenommener, der Wirklichkeit gegenüber geöffneter gesunder Menschenverstand nimmt allenthalben wahr, wie stark und allseitig alles von allem abhängt und ineinanderverwoben ist, wie viele Dinge und Lebewesen sich gegenseitig in einem fließenden Gleichgewicht halten, wie nichts existiert, wenn nicht tausend andere Dinge existieren. Die Indikatoren der ökologischen Krise der Gegenwart – das Sterben der Wälder, die Verseuchung der Flüsse und Meere, die Verpestung der Luft mit Auto-Abgasen und Schornstein-Emissionen, der Tod vieler Tier- und Pflanzenarten, die Übersäuerung unserer Böden, die wachsende Immunschwäche vieler Menschen, die Zunahme der umweltbedingten Allergien, von denen bereits jeder dritte Zeitgenosse betroffen ist, die Dissoziationen und viele Neurosen des modernen Menschen usw. – all das beweist zusätzlich, wenn auch leider auf negative Weise, die Existenz des Öko-Systems Mensch–Natur. Wie gesagt: Man kann über den biologischen Ökologiebegriff hinausgehen und z. B. alle Zusammenhänge des Menschen mit der gesamten Natur, auch mit der sogenannten toten Materie, zum Gegenstand der Untersuchung, des Nachdenkens, der Spekulation machen. Man betriebe dann vielleicht *Naturphilosophie,* wäre aber nicht automatisch in den Bereich der Ökologischen Religion eingetreten. Das bedeutet: Nicht jede Weiterführung des ökologischen Gedankens über die Biologie hinaus mündet schon eo ipso in die religiöse Dimension.

Abgesehen von der eben erwähnten (natur-)philosophischen Betrachtungsweise kann man zum Öko-System »Mensch–Natur«, »Mensch–Universum« heute wohl generell drei verschiedene Haltungen einnehmen. Nur die dritte dieser sogleich zu behandelnden

Haltungen kann als religiös bezeichnet werden.

Die erste ist eine *faktizistische,* gleichsam neutrale und wertfreie: Sie beschränkt sich darauf, die ja kaum mehr zu leugnende Existenz dieses Systems einfach anzuerkennen, zu sagen: »So ist es« und darüber zur Tagesordnung überzugehen. Viele wissen ja inzwischen, und sei es nur durch Radio und Fernsehen, wie gefährdet die Natur und damit auch der Mensch ist, aber sie verdrängen dieses Wissen und ziehen keine Konsequenzen daraus.

Die zweite Haltung erhebt sich vom einfachen Faktenwissen um die Existenz des Öko-Systems Mensch–Natur zu einer *ethischen* Verpflichtung. Sie ließe sich so formulieren: »Wenn es dieses System, diese enge Verknüpfung von Mensch und Natur tatsächlich gibt und da dieses Band heute durch derart viele unökologische Aktionen der Wirtschaft, der Industrie, der Militärs usw. zu zerreißen droht, trage ich eine ethische Verantwortung, und ich muß etwas Wesentliches für die Natur, für ihre Pflege, ihre Rettung, ihren Fortbestand tun.« Auf dieser ethischen Plattform können sich heute alle nachdenklichen, vom katastrophalen Zustand unserer Erde betroffenen Menschen aller Weltanschauungen treffen und gemeinsam handeln, egal ob sie religiös oder areligiös, Christen oder Nichtchristen, Theisten oder Atheisten sind, unabhängig auch davon, welcher politischen Richtung sie angehören mögen. An diesem Punkt wird deutlich, warum zur ökologischen Bewegung heute derart viele Menschen aus den verschiedensten weltanschaulichen und politischen Lagern stoßen, so daß man auch der Grünen Partei abwechselnd den Vorwurf der Rechts- oder der Links-Lastigkeit macht, je nachdem, was in der von den betreffenden Medien angesprochenen Zielgruppe von Lesern oder Hörern als böser und undemokratischer gilt.

Es muß – auch zur Verhinderung theologischer oder gar kirchlicher Usurpationen – klar herausgestellt werden, daß auch diese zweite Haltung, die ethische, noch keineswegs eine religiöse ist. Die ethisch-ökologische Haltung sollte heute angesichts der allgemeinen Bedrohung der Natur die Einstellung und Gesinnung aller Menschen bestimmen. Von der dritten, der *religiösen* Haltung kann man das aber nicht im gleichen Maße verlangen. Sie besteht darin, daß man im Universum und in der Natur sowie im Verhältnis des Menschen zu diesen beiden Größen einen *über die menschliche und menschlich-ethische Sinngebung hinausgehenden Sinn erkennt, erfährt, erlebt, erahnt, glaubt* (oder zumindest für möglich hält und nach dieser Möglichkeit lebt). Selbst in einem als chaotisch und anarchistisch angenommenen Universum, in dem also der Zufall prinzipiell Regie führt, kann der zwar ebenfalls durch Zufall, aber eben doch zur Vernunft gekommene Mensch sich selbst und seinem Verhältnis zur Natur ethisch sinnvolle Gesetze auferlegen. Ein solches Tun wäre also noch eindeutig der zweiten der drei hier behandelten Verhaltensweisen zuzurechnen.

Erst wo ein menschliches Subjekt annimmt, glaubt, erkennt oder erfährt, *daß im Universum und im Verhältnis des Menschen zu ihm irgendein Sinn waltet, und zwar ein vorgegebener, wenn auch nicht in allen Punkten vorbestimmter, so doch ein den einzelnen (ethischen) Sinngebungen von Menschen vorgeordneter – dort hat das Öko-System Mensch–Universum eine religiöse Komponente erhalten.* Dieser Sinn muß nicht unbedingt von vornherein fertig und festgelegt sein, er muß auch nicht die Schöpfung durch Gott im christlichen Verständnis beinhalten. Für den gläubigen Christen steht fest: Ein unendlich vollkommenes personales Wesen, Gott genannt, hat das Universum geschaffen, hat ihm Naturgesetze eingepflanzt, hat die Entstehung von Pflanzen und Tieren und schließlich von intelligenten, mit Selbstbewußtsein und Selbstbestimmung ausgestatteten Wesen, zumindest auf unserer Erde, beabsichtigt. Hier haben wir es also ebenfalls mit der dritten, der religiösen Haltung zu tun. Aber diese christliche Variante ist nur eine von vielen möglichen.

Wenn z. B. ein menschliches Individuum oder eine menschliche Gruppe annimmt bzw. glaubt, das Universum sei das Ganze der Wirklichkeit, einen personalen Schöpfer des Universums gebe es nicht, wohl aber enthalte es ohne Zutun des Menschen Intelligenz, intelligente Strukturen und Gesetzlichkeiten oder wenigstens protopsychische und geistfreundliche Elemente und Potentialitäten, denen trotz aller Um- und Irrwege des Entwicklungsganges des Universums die Richtung auf Realisierung und Entfaltung immer höherer Bewußtseinszustände eigne, dann kann auch dies ein als religiös zu qualifizierender Sinnglaube sein.

Was wir hier eben umschrieben haben, ist, etwas vergröbernd und verallgemeinernd gesagt, als *weltanschaulicher Idealismus* zu bezeichnen, wenn wir in diesem Falle Idealismus nicht so sehr im Sinne des philosophischen Idealismus und seiner verschiedenen Typen (ontologischer, psychologischer, transzendentaler, absoluter oder deutscher Idealismus Fichtes, Schellings, Hegels), sondern umfassender als Lebens- und Weltanschauung verstehen. Aber dieser weltanschauliche Idealismus ist – das machen sich auch seine Anhänger nicht immer klar – ein religiöser Sinnglaube, der Glaube, daß der Geist und seine Ideen, sein Bewußtsein, das eigentlich Wirkliche und Entscheidende nicht nur in der Sinngebung durch den Menschen, sondern im Weltgeschehen und der vormenschlichen Entwicklung alles Lebenden überhaupt sind. Damit ist nicht notwendig die Annahme eines personalen göttlichen Geistes verbunden, wohl aber die Überzeugung, der Glaube, daß der tiefste Kern auch der Materie geistiger Natur, z. B. psychische Energie, ist. Diese Energie kann verschiedene Zustände des Materiellen wie der Vergeistigung durchlaufen; der universale Weltablauf wird als die Geschichte des zunehmenden Sieges des Geistes über die Materie angesehen. Im Falle der Annahme einer solchen psychischen Energie haben wir die Weltanschauung des *Panpsychismus,* den Glauben an die Allbeseeltheit des Universums, vor uns. Im Falle der Annahme einer Höherentwicklung des geistigen Faktors innerhalb der Veränderungsvorgänge der Weltmaterie bis zu seiner höchsten Vollkommenheit und Freiheit haben wir es mit der Weltanschauung eines *evolutionären Pantheismus* oder *Geistmonismus* zu tun (*pan:* alles; *theos:* Gott, also »sich entwickelnde Allgöttlichkeit«; *monos:* eins; bei letzterem ist hier an das eine, entscheidende Prinzip der Wirklichkeit, den Geist, gedacht). Der absolute Geist steht diesem letztlich als religiös anzusehenden Sinnglauben zufolge nicht am Anfang, sondern am Ende des Weltgeschehens. Durch die Art seiner Lebensgestaltung, die Integration des Materiellen, Naturhaften, Körperlichen, Triebhaften in seine personal-geistige Dimension, trägt der Mensch im Rahmen der Weltanschauung des »evolutiven Pantheismus« zum Sieg des Geistprinzips im Universum bei. Aber diese menschlich-ethische Sinngebung basiert auf dem noch grundlegenderen Sinn, der schon im Universum waltet, nämlich auf der umfassenden, weltimmanenten Stoßrichtung auf den Geist hin.

Das alles scheint nun aber vornehmlich auf einem rein religiös erfahrbaren oder qualifizierbaren »Sinnglauben« zu basieren. Interessanterweise gibt es jedoch auch ausgerechnet in der modernen Wissenschaft Entwicklungen, neue Interpretationsmodelle und Perspektiven, die die Grenzen des allgemein noch herrschenden etablierten Wissenschaftsbegriffs überschreiten und Annäherungen an ein ökologisch-holistisches Verständnis der kosmischen Gesamtwirklichkeit darstellen. Der Durchschnittswissenschaftler hat diese Entwicklungen noch kaum bemerkt, aber die Pioniere in einigen Zweigen der Naturwissenschaft (z. B. der Atomphysik, der Astronomie und Kosmologie) oder auch der Psychologie haben Entdeckungen gemacht und sahen sich zu Deutungen dieser Entdeckungen veranlaßt, die mit dem Weltbild der im vorliegenden Buch dargestellten Ökologischen Religion in wesentlichen Hinsichten konvergieren. Es erweist sich als höchst interessant und bemerkenswert, daß das reflexeste Bewußtsein in der heutigen Menschheit, wie es doch mit Sicherheit von einigen Vertretern und Zweigen der modernen Wissenschaft verkörpert wird, zu Einsichten gelangt, die teilweise eine überraschende Ähnlichkeit mit ökologischen Überzeugungen und Verhaltensweisen echt religiöser Menschen aufweisen.

Aber vielleicht wird der kritische Leser gerade an dieser Stelle erstaunt fragen, wie denn das Modernste und Säkularisierteste, nämlich die Wissenschaft, mit dem Antiquiertesten und im kritischen Fortgang der neuzeitlichen Aufklärung ein ums andere Mal Widerlegten, daher doch wohl ad acta Gelegten, nämlich der Religion, auch nur in einigen Punkten konvergieren könne. Im Versuch einer Antwort darauf könnte nachgewiesen werden, daß die neuzeitliche Religionskritik, vor allem die im Gefolge der Denkergiganten Feuerbach, Marx und Freud, zwar so manches an der Religion als Illusion oder sozioökonomisch nützliche Täuschung entlarvt, so manchen als wesentlich angesehenen Zug an den Religionen als nichtexistent oder nicht der Wirklichkeit entsprechend demaskiert hat, daß aber echte Religion als solche und in ihrem zentralen Kern dadurch nicht angetastet wurde. Das erklärt auch das »wunderbare« Überleben der Religion, die sich ja dem Umstand, tausendmal totgesagt worden zu sein, zum Trotz in allen Epochen menschlicher Geschichte erhalten hat. Es scheint alles darauf hinzuweisen, daß zwar die wirtschaftliche und gesellschaftliche Formation einer Epoche sowie ihre psychische Signatur die Religion stets weitgehend prägen, aber sie nicht erschaffen. Religion tritt in allen Phasen der menschlichen Geschichte auf, sie inkarniert sich sozusagen in die verschiedensten menschlichen Gesellschaften mit den verschiedenartigsten Produktions- und Konsumverhältnissen. Aber sie geht in ihnen nie restlos auf. Dieser Tatbestand deutet auf eine *anthropologische* und eine *utopische* Komponente der Religion hin. Die Tatsache, daß sich Religion in den mannigfaltigsten Gestalten durch alle Epochen menschlicher Geschichte trotz deren verschiedenartigsten sozioökonomischen Bedingtheiten und Bestimmtheiten erhält; daß sie auch in den Ländern des Ostblocks trotz weitgehender Abschaffung bzw. Sozialisierung des Privateigentums und trotz Aufbietung eines umfassenden atheistischen Erziehungs- und Schulungsapparats nicht ausstirbt, sich dort teilweise sogar regeneriert und reintensiviert; daß sie, immer oder fast immer dann, wenn sie schon totgesagt wird, explosiv in manchen Persönlichkeiten oder Gruppen aufbricht – diese Tatsache scheint Religion doch als eine *anthropologische Konstante,* als eine feste, grundlegende Eigenschaft des Menschen auszuweisen. Als solche fällt sie mit dem Menschen als Sinn und Sinnerfüllung, als die eigene Identität, aber auch umfassende Solidarität und Kommunikation, Gleichheit und Gerechtigkeit für alle suchenden Wesen zusammen. Da diese Suche bisher durch keine sozioökonomische Organisation menschlichen Zusammenlebens befriedigt worden ist, zeigt sie auch ein *kritisches* und ein *utopisches*, zukunftsweisendes Element auf.

Eine solche Sinnsuche ist mehr als (theoretische) Philosophie, ist religiös, wenn sie wirklich *existentiell*, d. h. die menschliche Existenz in ihrem Grunde betreffend, in Frage stellend und *engagiert* ist, d. h. von einem menschlichen Individuum als es »unbedingt angehend« (P. Tillich) erfahren wird. Deswegen habe ich andernorts[10] Religion als umfassenden, ganzheitlichen, sinnsuchenden und grenzüberschreitenden Vitalimpuls des Menschen definiert. Es war beispielsweise Marx' Fehler, dieses umfassende Wesen der Religion nicht zu sehen, sie mit dem zeitgenössischen Christentum in seiner Verquickung von Thron und Altar und mit dem Glauben an einen persönlichen Gott gleichzusetzen.[11]

Auch unsere säkularisierte Epoche hat ihre spezifische Religion oder genauer Pseudoreligion. Diese ist an der Oberfläche nur nicht so sichtbar. Analysiert man jedoch genauer, was derzeit gedacht, gewertet, geurteilt, getan wird, dann stellt sich das vermeintlich voraussetzungslose Weltbild der Menschen von heute doch schon wesentlich anders dar. Versteht man unter Religion zunächst ganz allgemein »jedes von einer Gruppe geteilte System des Denkens und Handelns, das dem einzelnen einen Rahmen der Orientierung und ein Objekt der Verehrung bietet«, dann ist »in diesem weitgefaßten Sinn... in der Tat keine Gesellschaft der Vergangenheit, der Gegenwart und selbst der Zukunft vorstellbar, die nicht ›religiös‹ wäre«. Objekt der Verehrung kann natürlich alles mögliche sein: ein unsichtbarer Gott, ein Heiliger oder ein diabolischer Führer, die Vorfahren, die Nation, die Klasse oder Partei, Geld oder Erfolg. Die »Religion« des industriellen Zeitalters sieht als ihre heiligen, verehrungswürdigen Objekte die Arbeit, das Eigentum, den Profit und die politisch-wirtschaftliche Macht an. In der sozusagen die höchste Aufgipfelung der technisch-industriellen Religion darstellenden »kybernetischen Religion«, die sich »hinter einer Fassade von Agnostizismus oder Christentum verbirgt«, ist auf den ersten Blick »am auffallendsten..., daß sich der Mensch selbst zum Gott gemacht hat, da er inzwischen die technischen Fähigkeiten zu einer ›zweiten Erschaffung‹ der Welt besitzt, die an die Stelle der ersten Schöpfung des Gottes der traditionellen Religionen getreten ist«. Der Mensch hat die Maschine zur Gottheit erhoben und wähnt sich gottgleich, indem er sie bedient. Im Augenblick seiner größten Ohnmacht bildet er sich ein, dank seiner wissenschaftlich-technischen Fortschritte allmächtig zu sein. »Die kybernetische Menschheit verdrängt die Tatsache, daß sie begonnen hat, die Göttin der Zerstörung zu ihrem Idol zu erheben.«[12]

Ob sich nun ein moderner Zeitgenosse als Anhänger der industriellen oder auch der kybernetischen Religion einordnen läßt oder nicht, letztlich hängt das Verhalten jedes Menschen zur Mitwelt »immer von einer im weitesten Sinn religiösen – oder existenziellen – Orientierung ab, die allen Argumenten vorausliegt.«[13] Im großen und ganzen gesehen aber wird man sagen müssen, daß die Industriegesellschaft die Masse der heutigen Menschen so determiniert, daß sie den »Glaubenssätzen« dieser Gesellschaft blindlings folgt und das Eintreten der ökologischen Katastrophe beschleunigen hilft. Nur ein entgegengesetztes Weltbild, wie es am umfassendsten die Ökologische Religion aufbaut und darstellt, kann auf lange Sicht jene Ganzheitsmedizin liefern, die den modernen Menschen aus den geistiges, psychisches und körperliches Übel verursachenden Zwängen der industriell-megatechnischen Religion herausführt, ihn befreit und heilt und damit der ökologischen Katastrophe letztlich am effektivsten entgegenwirkt. Da alle Ismen (auch der Industrialismus, Kommunismus, Kapitalismus, Imperialismus, Säkularismus usw.) immer mindestens pseudo-religiöser Natur sind, weil in ihnen ein an sich unter gewissen Umständen berechtigtes Prinzip ideologisiert, absolut gesetzt wird (wie z. B. das Kapital, das Kollektiv, die Industrie usw.), nützen Detail-Korrekturen an ihnen und wissenschaftliche Widerlegungen letztlich nichts. Es muß eine der Wirklichkeit, der Wahrheit entsprechendere religiöse (da sie auch die Tiefenschichten des Menschen anspricht und mobilisiert) Ganzheitssicht an die Stelle dieser »Ismen« treten, ein umfassender Rahmen der Neuorientierung an der Gesamtwirklichkeit der Natur, die in ihrer Wert- und Sinnhaftigkeit und in ihrem sinnstiftenden Urgrund ein angemessenes Objekt der Verehrung darbietet.

Aber ist das, wofür wir hier plädieren, angesichts moderner, säkularistischer Zivilisation nicht wieder ein Anachronismus? Wo gibt es denn noch Natur, die wir verehren sollen, wird uns mancher Zeitgenosse ironisch oder hämisch fragen. Und vielleicht gleich die Frage anschließen, ob es sich denn hier um die Forderung der Rückkehr zur Natur-Religion der Primitiven handle. Nun ist es sicherlich wahr, daß sich die Natur auf unserem Planeten auf dem Rückzug befindet; daß Technik und Industrie ihren Herrrschaftsbereich auf unserer Erde immer weiter ausgedehnt haben; daß es sich selbst dort, wo der Mensch die lebende Natur schützt, bewahrt, pflegt, ihr zur Entfaltung verhilft, nicht mehr um ganz »natürliche Natur« handelt; daß die brutale Technokratie des Raubtiers Mensch selbst jenes Gewaltige, Mächtige, Erhabene, Schöne angetastet, verletzt, mißhandelt hat, das die Dichter besangen und das früheren Zeiten als unverfügbar galt wie die »Grenzenlosigkeit« und »Unendlichkeit« der Meere mit ihrer sogar in ihren Tiefen verschwenderisch ausgebreiteten bizarren Schönheit, wie die majestätischen Hochgebirge mit ihrem »ewigen«, in der Sonne leuchtenden Schnee, wie die großen Wälder und Urwälder auf den meisten Kontinenten.

Gehen wir in der Antwort auf die Frage nach der reduzierten Bedeutung der Natur zunächst noch ganz oberflächlich von den Phänomenen aus. Schlicht gesagt: Es scheint noch die Sonne, und es leuchten noch die Sterne, wenn sie nicht durch die Dunstglocke der Industrieemissionen daran gehindert werden, bis zu uns durchzudringen. Auch gibt es noch Tiere und Pflanzen auf der Erde, mit ihren später noch zu charakterisierenden mannigfaltigen Wesensaspekten, wiewohl bis zur Jahrtausendwende 15 bis 20 Prozent aller lebenden Arten, also etwa zwischen 500000 und 2 Millionen Arten, ausgerottet sein werden. Aber wer Natur im umfassenden Verständnis dieses Begriffs denkt, darf die Millionen und Abermillionen Galaxien mit Milliarden und Abermilliarden Sternen nicht vergessen, die das Universum bilden. Auch nicht die zahlreichen Planetensysteme, auf denen Leben – vielleicht weit höherentwickeltes als bei uns – anzunehmen ist.

Ein unermeßlich großer Teil der Natur wird also immer Natur, sogar im Sinne restloser technischer Unverfügbarkeit durch den Menschen bleiben. Es gehört zur weiter oben geschilderten Blickverengung des modernen Massenmenschen durch die sozialdarwinistisch-technisch-ökonomische Sichtweise, daß die Natur in diesen ihren wahrhaft universalen Dimensionen, in diesem wirklich kosmischen Ausmaß kaum mehr registriert, geschweige denn echt wahrgenommen wird. Auf jeden Fall sind die ungeheuren Dimensionen, Massen, Energien des Weltalls ein sehr beredter, eindeutiger, phänomenaler Hinweis auf die in ihrer Bedeutung weithin ungeschmälerte Existenz der Natur. Gerade Astronomen, die etwas von der Weite und Tiefe des Weltalls verstehen, sind selten bereit, die Natur des riesigen Universums in existentialistischer, anthropozentrischer oder technokratischer Blickverengung als »Verfügbares«, als »Zubehör des Menschen«, als »Stück des Menschen«, als »Ressource« und dergleichen mehr mißzuverstehen. Im Gegensatz zu all denen, die das Ende für eine Offenbarung oder auch nur für eine Annahme des Göttlichen und eines absoluten Prinzips in der Naturwirklichkeit gekommen sehen, glaube ich, daß die Menschheit im Zeitalter der Quanten- und Relativitätstheorie, des Elektronenmikroskops und Riesenteleskops, des Einblicks in die Struktur des Atoms und des Ausblicks in die Weiten des Universums prinzipiell in den Stand gesetzt ist, von einer viel breiteren und umfassenderen Basis aus als je zuvor den belebten und unbelebten Kosmos der Natur in der Geordnetheit seiner Strukturen und Entwicklungsprozesse, in seiner aufsteigenden Sinnhaftigkeit zu erkennen. »Vom Atom bis zur Riesensonne rotierender Sternsysteme, vom Lebensmolekül als dem einfachsten Baustein des Lebendigen bis zum Menschen«[14] zeigt die Natur durchgehend einen grundlegenden Ordnungsaufbau, weist sie Spuren geistiger Tätigkeit auf, die unser Geist deshalb auch aufnehmen und – wenigstens zum Teil – verstehen, aber auch verehren kann.

Wir stellen also fest, daß Religion in einer merkwürdigen Dialektik immer beides ist, unmodern und modern. Unmodern, weil sie in jeder neuen Epoche des menschlichen Bewußtseins als schon vorher bestehend oder althergebracht vorgefunden und dementsprechend kritisiert wird. Modern, weil sie sich aufgrund dieser Kritik und neuer Erfahrungen und Bewußtseinserweiterungen des religiösen Subjekts stets weiterentwickelt und bei diesem Fortschreiten alten Ballast und falsche bzw. hinderliche Traditionen abschüttelt. Es ist demnach auch keineswegs unter dem Niveau der Wissenschaften, ihre eigenen Ergebnisse mit den Intuitionen, Einsichten, Erleuchtungen, Inspirationen religiöser oder mystischer Erfahrung zu vergleichen und auf diese Weise in ein Gespräch mit der Religion einzutreten.[15] Es zeigt sich obendrein, daß manche Resultate und Interpretationsmodelle der Naturwissenschaften und der Psychologie ganz von sich aus, also auch ohne die erklärte Absicht, mit der Religion ein Gespräch führen zu wollen, Fragen, teilweise auch Antworten nahelegen bzw. geradezu aufdrängen, die der (religiösen) Sinndimension angehören oder auf sie verweisen. Gerade diese spontan und originär die metaphysische und religiöse Dimension tangierenden, erst in jüngster Zeit aufgebrochenen Themenkomplexe und Perspektiven einiger Zweige der modernen Wissenschaft erwecken die nicht ganz unbegründete Hoffnung, daß sie doch noch insgesamt, d. h. in der ganzen Breite ihrer verschiedenen Disziplinen, zu einem neuen Selbstverständnis hinfinden wird, einem Selbstverständnis, das der mehrdimensionalen, unermeßlich vielfältigen Wirklichkeit angemessener ist und nicht in »vornehmer« Bescheidenheit und Selbstbeschränkung lediglich das Quantifizierbare, das Zähl-, Meß- und Wägbare an dieser Wirklichkeit registriert.

Doch zurück zur Ökologischen Religion. Sie wird in diesem Buch als das eigentliche Gegenstück zur geheimen, verkappten Religion des Menschen des überindustrialisierten, technokratischen Zeitalters dargelegt. Diese Auffassung in unserem technokratischen

Zeitalter verficht – das ist den meisten nicht bewußt – permanent den Glaubenssatz der absoluten Überlegenheit, der Abgesondertheit und Isolierung des Menschen von der Natur. Deshalb sei es ihm erlaubt, mit seinem Eroberstiefel über die Erde zu stampfen und alles auszunutzen und auszubeuten, was ihm in den Weg komme. Dieser Glaubenssatz muß nicht ständig offen und öffentlich verkündet werden, er liegt aber als selbstverständliches Axiom allem Tun des technokratischen Menschen zugrunde. Man könnte ihn auch noch einfacher so formulieren: »Der Natur gegenüber ist dem Menschen als Herrn der Schöpfung alles erlaubt.« An diesem Punkt wird wohl endgültig klar, daß dieser ego- und anthropozentrischen Lebensphilosophie und Pseudoreligion (der Anbetung und Verehrung der Macht des Menschen) eine ganz andere Gesamtverhaltensweise entgegengestellt werden muß, ein alternatives, den Menschen in seinem Innersten ergreifendes, existentielles Weltbild; daß es also nicht genügt, lediglich gewisse Korrekturen und Teilreparaturen an unserer gegenwärtigen Weltsicht und den aus ihr folgenden ungeheuerlichen Eingriffen in die Natur und die natürlichen Abläufe des Lebens anzubringen. Ein neues Selbstverständnis des Menschen, ein neues Naturverständnis und -verhältnis und ein nicht nur rationales, sondern auch emotional-meditativ vertieftes, zum Erlebnis gewordenes Wissen um die universalen Zusammenhänge allen Lebens, allen Wirkens im Rahmen einer kosmischen Spiritualität, kurz: eine neue Religion muß her, die das Paradigma, das Grundmuster für alle ökologisch-ethischen, für alle alternativen wirtschaftlichen, technischen, politischen Überlegungen, Motivationen und Aktivitäten her- und bereitstellt. Es genügt ja beispielsweise auch nicht, jeweilige gegen das Ganzheitsgut Leben gerichtete Übergriffe der Gentechnik zurückzuweisen. Eine grundlegend neue Religionsphilosophie des Lebens, der Natur, und ein dieser Philosophie entsprechendes neues Lebensgefühl des Menschen müssen sich ganzheitlich und umfassend der gentechnischen Manipulation mit unseren Lebensgrundlagen entgegenstellen. Unser aller Leben müßte sich verändern, eine andere Bahn einschlagen, in der das Quantitative, das

Meß- und Wägbare, der sichtbare materielle Erfolg, Profit und Konsum keine ausschlaggebenden Rollen mehr spielen. Notwendig, und vielleicht not-wendend, ist also eine umfassend-grundlegende Philosophie und Religiosität des Lebenszusammenhangs und der Einheit (nicht Eins-heit!) aller Wesen, wie sie im vorliegenden Buch systematisch vorgestellt wird. Wir dürfen, wie gesagt, nie vergessen, daß auch jetzt ein Paradigma, das Grundmuster einer verkappten Religionsphilosophie, die wenigen Menschen bewußte Grundlage und Voraussetzung aller Auffassungen und Aktivitäten des technokratisch-hyperindustriellen Zeitalters bildet: das Paradigma von der gottgleichen Herrschaft des Menschen über die Natur, das ihn berechtigt, alles technisch Machbare auch tatsächlich zu machen. Daß wir heute eine neue, der so noch nie dagewesenen fundamentalen Weltkrise gerechtwerdende und sie zu überwinden trachtende Globalreligion brauchen, zeigt sich demnach auch an ihrem Gegenteil, an der der technisch-wirtschaftlich-industriellen Welt der Gegenwart zugrundeliegenden kybernetischen Religion, genauer: Pseudoreligion.

Das vorliegende Buch setzt sozusagen in die Tat um, was tiefer sehende Zeitgenossen seit einiger Zeit fordern: eine radikale Vertiefung des ökologischen Gedankens, der heute die Klammer, das Grundmotiv aller welt- und gesellschaftserneuernden Aktivitäten ist, bis in seine spirituell-religiöse Tiefendimension hinein. In drei mühsamen Jahren habe ich Baustein um Baustein für den systematischen Aufbau einer Ökologischen Religion und Spiritualität zusammengetragen, obwohl ich beim Start dieser Arbeit überzeugt war, sehr schnell, spätestens im Laufe eines Jahres, damit fertig zu werden. Aber das gewaltige, über die verschiedensten Wissenschaftszweige verstreute ökologisch bedeutsame oder verwertbare Wissen der Menschheit mußte – wenigstens zu einem nicht unerheblichen Teil – durchleuchtet, integriert und systematisiert werden. Selbstverständlich konnte hier absolute Vollständigkeit in der Bearbeitung des Hauptthemas trotzdem nicht erreicht werden. Aufsätze zu verschiedenen Teilaspekten dieses Themas liegen vor oder sind in Bearbeitung und sollen im Laufe der nächsten Jahre veröffentlicht werden.

Die notwendigerweise allgemeiner und abstrakter gehaltenen Ausführungen dieser Einleitung sollen nicht vergessen lassen, daß Ökologische Religion, wie das die weiteren Kapitel des Buches immer deutlicher auszudrücken versuchen, konkretes *Leben* ist, Erleben und Fortsetzen des Lebens der Natur in ihren ästhetischen, sozialen, altruistischen, schöpferisch-kreativen, spontanen, originellen, selbststeuernden und -organisierenden sowie -transzendierenden Bezügen. Das unerhört reichhaltige, vieldimensionale Leben der Natur ereignet sich auf der humanen Stufe der Evolution in bewußterer, reflexerer Weise, sollte es wenigstens tun, obwohl wir ja heute meist das Gegenteil, z. B. in Gestalt der Verödung und Verarmung erlebter Naturlandschaften, zu beklagen haben, und in der Folge davon die Leere der menschlichen Innenwelt. Ohne die wirklichkeitsdurchtränkte, materialgebende Anschauung, wie sie uns das Universum der Natur liefert, wird unser Geist, unsere Innenwelt leer und trocknet aus. Selbst die Christen wüßten nicht, was Allmacht, Unendlichkeit, Unermeßlichkeit, ewige Dauer, Allgegenwart, Allwirksamkeit ihres Gottes zu bedeuten hat, wenn das Medium Natur wegfiele. Es kann theoretisch geleugnet werden, praktisch aber kommen unsere Erkenntnisorgane ohne es nicht aus. Die Christen haben lediglich in vielen Jahrhunderten ihrer Geschichte vergessen, daß sie Gott nie ohne den Kosmos hatten. Alles, was ihre Theologen über Gott sagten, war nur aus Analogien, aus Ähnlichkeitsbeziehungen zu diesem Universum der Natur geschlossen und gefolgert. Auch wenn man auf dem Weg der Erhöhung und Verneinung *(»via eminentiae«, »via negationis«)* über die Welt hinauszukommen, sie abzustreifen versuchte, so war doch das, was man da negierte und überhöhte, als notwendiger Bezugspunkt stets gegenwärtig. Die römisch-katholische Kirche hat es sich nicht nehmen lassen, die reale Möglichkeit, daß der Mensch Gottes Existenz erkennen könne, zum Dogma zu erheben. Aber indem sie dogmatisch-autoritativ erklärt, der Mensch könne Gottes Existenz *»per ea, quae facta sunt«*, also durch das Geschaffene, erkennen, gibt sie zu, daß die durch unsere Sinne gegebene Wirklichkeit, die Natur, das Medium aller Gottes-erkenntnis ist.

Die Welt, die Natur, Tiere und Pflanzen bieten unserer Psyche Nahrung in Gestalt einer reichen Bilder- und Symbolwelt. Was ging gerade der christlichen Religion nicht alles verloren, als sie das religiöse Verhältnis auf die Gott-Seele-Beziehung zusammen-schrumpfen ließ. Wer das Seelische, Kosmische in Tier und Pflanze nicht sieht, den Strom des All-Lebens, der durch sie geht, nicht wahrnimmt, der kann keine eigene lebendige, beseelte Reli-gion haben. Wie soll einem solchen das Schicksal dieser Lebewe-sen wirklich am Herzen liegen? Selbst wenn er eine Ethik zugun-sten der Tiere und Pflanzen aufstellen sollte, wie sollte diese an-ders als abstrakt und blutleer erscheinen, ohne die Fähigkeit, wirk-lich zu motivieren. Wir werden im Folgenden nachhaltig auch wie-der daran erinnert, daß wir in den Tiefenschichten der Psyche, in ihrem Un- und Unterbewußten wie in den Höhenschichten unse-res Geistes mit allem Leben verbunden sind, ganz ursprünglich »im Leben« sind. Das All- und Urleben der Natur geht auch durch uns hindurch, wir nehmen es aber erst wieder wahr, wenn wir die gesellschaftlich bedingte, oft aber auch selbstverschuldete Ent-fremdung von unseren eigenen Höhen- und Tiefenschichten rück-gängig gemacht haben. In der religiösen Lebensgestimmtheit sind wir ohnehin ursprünglich mit allem Leben, mit Tieren und Pflan-zen, brüderlich-schwesterlich vereint. Wir – das ist ein immer wie-der beobachtetes Phänomen – sprechen unwillkürlich mit ihnen, reden sie an, und sie fühlen sich zu den sich wohlwollend verhal-tenden Menschen hingezogen. Insofern drückte Franz von Assisi, der mit den Kreaturen redete, nur eine natürliche religiöse Be-wußtseinshaltung und -gesinnung aus. Ontisch sind Tiere und Pflanzen sozusagen religiöser als der Mensch, weil sie unausweich-lich mit ihrem Sein auf ihren letzten Ursprung, auf das hervorbrin-gende Prinzip der Natur bezogen sind. Psychologisch, onto-logisch (um das Sein wissend) sind wir dagegen die Religiöseren, wenn wir bewußt unsere Rückbindung *(re-ligio)* an den Urgrund leben und erleben. Der Mensch also »das religiöse Tier« (Alister Hardy), das psychologisch religiöseste Lebewesen. Manche Religionen haben sich nicht gescheut, gewisse Aspekte des Absoluten, z. B. seine Tiefe und Stille, das Ruhen des höchsten Prinzips in erhabener Beschaulichkeit in sich selbst, durch bestimmte Tierarten zu symbolisieren. Gewisse Meditationspraktiken, die von Tieren und Pflanzen als Bezugsgegenständen ausgehen, könnten auch heute wieder den gestreßten Menschen der Gegenwart religiös-lebendiger werden lassen. »Werde«, so könnte eine Meditationsanleitung lauten, »still wie die Pflanze, laß es ›geschehen‹. Setz dich den Sonnenstrahlen und dem Wirken der Erde aus, sei wie diese ganz beschenktes, ganz empfangendes Sein. Laß den Ehrgeiz von dir abfallen, aus der Reihe des Seins zu treten, laß die Geltungssucht und das Karrierestreben fahren.« – »Ich meine«, sagt W. Whitman, »ich könnte mich zu den Tieren wenden und mit ihnen leben; sie sind so ruhig und selbständig... Kein einziges ist unzufrieden; kein einziges besessen von der Manie nach Besitz; kein einziges kniet vor einem anderen...«[16]

Eine Meditation könnte auch davon ausgehen, daß Tiere und Pflanzen durch das Band der Evolution mit uns genetisch verbunden und verwandt sind. Sie sind unsere Brüder und Schwestern, die die Stafette des Lebens an uns weitergereicht haben. Sie haben uns mitbereitet, mitaufgebaut, und wir erwecken in der Meditation Gefühle der Dankbarkeit für sie, für ihren Beitrag im Rahmen der Gesamtanstrengung der Erde, der Natur, reflex-bewußte Lebewesen hervorzubringen, in welchen sie sich wiedererkennt, zum Bewußtsein ihrer selbst gelangt. Daraus erfließt dann die ethische Verpflichtung, ihnen kein Leid anzutun, allen Tierquälereien, Baumbeschädigungen, der Abholzung gesunder Bäume, dem sorglosen, mutwilligen Umgang mit Blumen und Pflanzen ein definitives Ende zu bereiten.

Religion hat es mit dem Heiligen, Numinosen zu tun, wie Rudolf Otto unwiderlegbar nachgewiesen hat. Die meisten Religionen, das Christentum besonders, aber haben vergessen, daß Tiere und Pflanzen Teile des Heiligen Lebens sind und in unsere religiöse Grundbeziehung daher wieder integriert werden müssen. »Ethisch ist der Mensch nur, wenn ihm das Leben als solches, das der Pflanze und des Tieres wie das des Menschen, heilig ist.«[17] Sensibilität für die numinose Tiefe der Wirklichkeit, für eine letzte Geheimnisqualität des Seins können gerade Tiere und Pflanzen in uns erwecken, wenn wir sie nicht unter dem Gesichtspunkt des Nutzeffekts betrachten. »Liebet die Tiere, liebet die Pflanzen, liebet jedes Ding! Wenn du aber jedes Ding lieben wirst, dann wirst du auch das Geheimnis Gottes in den Dingen erfassen!... Und du wirst dann endlich schon die ganze Welt liebgewinnen in ihrer Einheit und mit einer Liebe, die das Weltall umfaßt«, läßt Dostojewski einen Mönch in *Die Brüder Karamasow* sagen. Er trifft sich damit mit dem wohl genialsten Kopf der modernen theoretischen Physik, mit Albert Einstein, der denjenigen, der sich in Anbetracht der Natur unseres Universums »nicht mehr wundern und in Ehrfurcht verlieren kann«, für »seelisch bereits tot« hält.[18]

In diesem Buch werden unter anderem jene Aspekte, Merkmale, Qualitäten von Tieren und Pflanzen im Rahmen der Gesamtnatur herausgearbeitet, durch die sie einen eigenständigen, originellen Beitrag zur unwiederholbaren und – bei Verlust – unwiederbringlichen Vielfalt der Bestandteile dieses unseres Kosmos' darstellen und leisten. Gezeigt wird zudem, wie das Verhältnis zu Tieren, Pflanzen und Naturelementen in die Religiosität des heutigen Menschen eingebaut werden muß, damit diese eine ökologische werden kann.

Daß aber darüber hinaus Ökologische Religion einen ganz eigenständigen, originären, genuin-spezifischen *Zentralgegenstand* hat, soll hier – im Rahmen dieser Einführung – nur eben angedeutet und erst im Fortgang der Untersuchungen dieses Buches stufenweise aufgedeckt und geklärt werden.

Gerade aber durch diesen Zentralgegenstand und die konsequent-systematische Konzentration und Hinordnung auf ihren ökologischen Bedeutungskern, ihre ökologische Sinnmitte bedeutet die Ökologische Religion einerseits das *Ende,* andererseits die *Vollendung* aller anderen Religionen. Auch das wird erst im Verlauf des ganzen Textes klarer herausgearbeitet. Vorweggenommen sei aber wenigstens die Erkenntnis, daß im Grunde alle Religionen einen verborgenen, meist verkannten ökologischen Kern haben, daß sie Versuche menschlicher Kollektive waren bzw. sind, das Leben des Menschen im Gesamtrahmen der Natur nicht nur zu sichern, sondern es zu heilen, zu vollenden, es ganz integer und integral zu machen, es mit allen Kräften und Elementen der Wirklichkeit zu harmonisieren und zur höchsten Intensität, mit einem Wort: zur Gipfelerfahrung erlebten Lebens zu führen. Wir werden sehen, wie manche Aussagen und Verrichtungen in den Religionen überhaupt erst im Zusammenhang und System der Ökologischen Religion ihre tiefere, eigentliche ökologische Bedeutung und ihre ganze Tragweite enthüllen, wie das Tiefen-Ökologische, das Ökologisch-Spirituelle die wieder zu entdeckende, wieder zu erringende Herzmitte aller Religionen ist. Die Religionen werden vor eine Entscheidung gestellt, werden aufgefordert, den Schritt zu ihrer ihnen bis dahin unbewußten ökologischen Sinnmitte zu vollziehen. Tun sie ihn nicht, dann beweisen sie damit selbst, daß eine neue Religion kommen muß. Diese kommt sanft und leise – wie alles wirklich Neue. Sie steht zu nichts Großem in den etablierten Religionen im Widerspruch. Aber sie hat einen neuen Elan und die konsequente Ausrichtung auf das heute allein noch Notwendige. Die Ballaststoffe dieser etablierten Religionen, die alles wirklich Große und Ökologische in ihnen oft bis zur Unkenntlichkeit niederdrücken, schleppt sie nicht weiter mit. Sie will nicht neuen Wein in poröse Schläuche gießen. Diese neue (zugleich ursprünglich-alte) Religion heißt Ökologische Religion. Sie ist die *religio perennis,* die Ewige Religion, die das Band darstellt, das die besten Elemente der archaischen und Naturreligionen mit denen der heute noch bestehenden großen Weltreligionen verknüpft. Gleichzeitig aber ist die Ökologische Religion die modernste und zeitgemäßeste Religion, weil sie Gesichtspunkte ein- und beibringt, die erst durch unsere heutigen detaillierten

Kenntnisse über die außerordentlich mannigfaltigen, subtilen Zusammenhänge zwischen Mensch und Universum aufgetaucht sind.

Die Akzeptanz der Ökologischen Religion als Basis eines neuen Weltbilds und Umgangs mit der Gesamtwirklichkeit hätte revolutionäre Folgen auf allen Gebieten des modernen Lebens, in Wissenschaft, Wirtschaft und Politik. In der Medizin z. B. sähe diese Folge so aus, daß Ärzte sich wieder als »Diener des Lebendigen«, daß sie »Heilen als Heiliges« verstehen; daß sie aufhören (jedenfalls im Geiste), »den kranken Organismus zu zerlegen wie ein defektes Uhrwerk«; daß sie den Kranken nicht mehr mit »dem kalten, bösen Blick des ärztlichen Wissenschaftlers... vermessen«, sondern ihn mit dem gütigen des ärztlichen Heilers wirklich erkennen und dementsprechend ökologisch behandeln.[19] Insgesamt aber wäre die globale Konsequenz, daß der titanenhafte, demiurgische (weltschöpferische), technokratische Macher durch den öko-religiösen Menschen abgelöst würde. Der demiurgische Mensch richtet sich zwar auch auf das Ganze des Universums der Natur aus, aber er möchte den gesamten Kosmos, soweit es in seiner Macht steht, in ein einziges auszubeutendes Rohstofflager, eine riesige Lagerhalle oder eine schmutzig-düstere Mammutfabrik umfunktionieren, also das tun, was er mit der Erde schon weitgehend getan hat. Der öko-religiöse Mensch steht dagegen nicht mehr unter dem mörderischen Zwang, die ganze Welt als Objekt zu besitzen oder zu erwerben, er erkennt dem Kosmos eine letzte Unverfügbarkeit und Geheimnistiefe zu. Deshalb ist nicht der demiurgische, sondern der öko-religiöse Mensch der Sinn der Erde und des Universums. Wenn einer überhaupt noch Zukunft hat, dann ist er es. Er wäre, wenn die ökologische Endkatastrophe nicht schon morgen oder übermorgen eintreten sollte, der *universale Mensch*, den die Erde, die Natur als ihre eigene Zukunft, als ihr letztlich stets angesteuertes Sinnziel anstrebt, d. h.: *der das Universum der Natur zu seiner Selbsterkenntnis und sozusagen Selbsterfühlung bringende Mensch; der für die ganze Wirklichkeit offene Mensch,* der sich nicht körperlich, seelisch oder durch Teilinteressen verklemmen, hemmen und einengen läßt und deshalb die Gesamtwirklichkeit auf sich einwirken lassen, sein Verankertsein in ihr unbehindert erleben und eine umfassende Sinngebung des Daseins durchführen kann; *der gesammelt-schöpferische Mensch* – der Mensch der Konzentration und Kreativität, der Spontaneität und Freiheit, der infolge seiner Gelöstheit und Gelassenheit den Geistesblitzen der Eingebung und Phantasie, den lebendigen Aufbrüchen des menschlichen Seins, den Regungen des Gemüts geöffnet ist, dem deshalb jene Energieströme aus dem All zufließen, die kraftvolles ethisches Handeln in Selbstbestimmung ermöglichen –, frei von Nervosität, Zerfahrenheit und seelischer Störungsanfälligkeit, den Symptomen des modernen Menschen; *der Mensch der neuen Mitmenschlichkeit,* der also eine neue Form der Verständigungsbereitschaft, Anteilnahme und Geschwisterlichkeit lebt, der einen unbestechlichen Gerechtigkeitssinn und eine besondere Feinfühligkeit bei ungleicher Behandlung von Einzelmenschen, religiösen, völkischen, rassischen, kulturellen und anderen Minderheiten entwickelt, somit eine tätige Toleranz für die Verteidiger andersartiger Lebensstile und Daseinsentwürfe entfaltet, der Freude und Teilnahme an Lust und Glück der anderen erlebt anstatt Mißgunst, Neid und Eifersucht; *der Mensch der umfassenden Verantwortung für Umwelt und Welt,* der im Namen und Rahmen dieser Verantwortung persönliche Einsatzbereitschaft, Charakterfestigkeit, Unbestechlichkeit, Mut, Zivilcourage, ja – wo es nottut – schöpferischen Ungehorsam aufbringt und dabei materielle Nachteile in Kauf zu nehmen bereit ist, der kritische Haltung und vernünftigen Protest gegen Druck und Nötigung durch wirtschaftliche, politische und religiöse Machtinhaber zeigt, der für die ökologische Rettung der Erde und aller ihrer Bewohner, nicht nur der Menschen, für Dezentralisierung von Wirtschaft und Verwaltung, für die wirtschaftliche Besserstellung und Sicherung der sozial Schwachen kämpft; der Mensch also, *der klare Vernunft* im Sinne der Bewußtmachung der für die heutige Menschheitssituation entscheidenden Tatbestände *mit einem hohen Maß an Wärme und Tiefe des Gemüts zu einer lebendigen Einheit verbin-*

det, der, um es etwas pathetisch zu sagen, das Universum da draußen mit dem Universum da drinnen zur Harmonie bringt, zu einer
Harmonie, die angesichts der tragischen Zerrissenheit der Welt
am Ausgang des zweiten Jahrtausends allerdings unendlich schwe-
rer herstellbar ist als je zuvor in der Menschheitsgeschichte.

Die Gestalt
der Ökologischen Religion

Merkmale
Aufgaben
Zukunftsperspektiven

Der Gegenstandsbereich
der Ökologischen Religion

Keine Religion verdient diese Bezeichnung, die sich nicht zum Ganzen des Seins in eine umfassende Beziehung setzt. Diesen Bezug auf das Ganze des Seins teilt die Religion mit der Philosophie (zumindest haben sich die klassischen Systeme großer Philosophie von Plato bis Heidegger immer so verstanden). Aber stärker als der Philosophie geht es der Religion nicht nur um »Lösung« der Welträtsel und Seinsprobleme, sondern um Erlösung, um Heil und Heilsein, also um das »Öko-Logische«. »Das Heil und die Liebe zum Heil aller Dinge bleiben selbständige Urkategorien der Religion, das Seiende, wie es an sich ist, bleibt die selbständige Urkategorie der Metaphysik.«[1]

Indem also der religiöse Mensch sich auf das universale Ganze des Seins bezieht, ihm zu entsprechen sucht und dabei auch sein ganzes eigenes Sein in den Vollzug bringt, erwirkt er sein Heil, seine Integrität, sein wahres Gesund-Sein und – nach seiner Überzeugung – auch das der Dinge, der Natur, deren Teil er ist. Insofern ist jede Religion, die diese Bezeichnung verdient, in ihrer Tiefe und Zentralität ökologisch bestimmt und ausgerichtet. Keine kann sich das Heil des Menschen ohne das der Welt, des Kosmos, der Natur vorstellen. Das Paradies am Anfang und am Ende der Geschichte, von dem viele Religionen berichten, beinhaltet auch den totalen Frieden mit und unter den Tieren und Pflanzen, die in jeder Hinsicht befriedete Natur, weil der Mensch mit allem, was zur Natur gehört, die Geschöpflichkeit, die Kreatürlichkeit teilt, und eine partielle Erlösung, also die Erlösung eines Teiles, etwa nur die des Menschen, keine echte Erlösung wäre.

Aber gerade die großen, historisch gewordenen Religionen haben fast alle einen Sündenfall hinter sich, der dazu führte, daß sie sich ihres ökologischen Zentralanliegens nicht mehr bewußt waren, daß die goldenen »ökologischen« Lebensregeln, die sie einmal aufgestellt hatten, von Dogmen, die nur noch der Machtstabilisierung dienten, und von immer unverständlicher gewordenen Riten und Kultpraktiken überlagert, ja überwuchert wurden. Auch wurde – wie in der Einführung bereits erwähnt – die Natur aus dem religiösen Seins- und Wertverhältnis immer mehr hinausgedrängt, im Christentum spätestens seit der Ära des großen Kirchenvaters Augustinus (in manchem ein Vorläufer von Descartes, einem der Hauptväter der neuzeitlichen Philosophie der Subjektivität und Anthropozentrik sowie einer dadurch bedingten Geringschätzung und Mechanisierung der Natur). Das Heil wurde nur noch zwischen der Seele und Gott abgehandelt, die Natur blieb draußen, die Seele war naturlos, körperlos geworden. »Gott und die Seele begehre ich zu kennen, nichts sonst«, betonte, wie schon zitiert, Augustinus. Ja, die Beziehung zur Natur wurde zu etwas dem Heil der Seele Abträglichem: »Und die Menschen gehen hin und bewundern die Bergesgipfel, die gewaltigen Meeresfluten, die breit daherbrausenden Ströme, des Ozeans Umlauf und das Kreisen der Gestirne und vergessen darüber sich selbst.«[2]

Nur noch einmal gab es einen Lichtpunkt in der christlichen »Heilsgeschichte der Naturvergessenheit«: Franz von Assisi, seine vorbehaltlose Anerkennung von Tieren und Pflanzen, von Sonne und Mond, von Bergen, Flüssen, Meeren und Gestirnen als Brüder und Schwestern. Doch gerade zu seiner Zeit, nämlich im 12. und 13. Jahrhundert, nicht erst in der sogenannten Neuzeit, begann die technokratische Unterwerfung der Natur mit einer Vielzahl agrar-, verkehrs- und energietechnischer Erfindungen ihren spektakulären Siegeszug, der in der Industriegesellschaft unserer Tage gipfelt. Ausgerechnet ein Ordensbruder des Franz von Assisi, nämlich der englische Franziskanermönch Roger Bacon, entwarf im Spätmittelalter den Plan einer *scientia experimentalis,* einer Experimentalwissenschaft, die die wissenschaftliche Grundlage für die militärische und technische Beherrschung der Natur und menschlicher Gesellschaften liefern sollte. Doch das alles sei nur am Rande erwähnt. Den vielfältigen und komplexen Beziehungen zwischen Christentum und Geschichte der Technik und Industrialisierung kann hier nicht weiter nachgegangen werden.

Es muß jedoch noch einmal ganz deutlich gesagt werden: Echte Religion berücksichtigt das Ganze des Seins, denn nur durch den Bezug zu diesem Ganzen kann alles heil und heilig werden (das deutsche Wort »heilig« leitet sich vom griech. *holos* = ganz ab). Es ist dann schon eine – wenn auch nicht unbedingt in böser Absicht vorgenommene – Verengung der Religion, wenn diese allein durch den Gottesbezug definiert wird, indem man etwa begründend hinzufügt, daß Gott ja das Ganze des Seins sei. Deswegen habe ich in der Einführung das ganzheitliche Seinsverhältnis, das für Religion wesentlich ist, von vornherein konkreter ausgestaltet, indem ich die Ökologische Religion als jene bezeichnet habe, die das Verhältnis des Menschen zur Gesamtnatur und zum Kosmos in den Mittelpunkt stellt, die sich an das »große Haus des Universums« rück-bindet (von: *religare*), die die großen Ordnungen und Gesetze des äußeren Universums wie des inneren, nämlich der Psyche, erkennen, erfühlen, bewundern und verantwortungsvoll praktizieren will.

Das absolute Prinzip, ohne das allerdings keine Religion auskommt, fehlt dabei nur scheinbar. Es ist in den Begriffen Natur, Kosmos, Universum im Grunde bereits enthalten. Aber durch meine Art von Definition der Ökologischen Religion wird von vornherein der Annahme ein Riegel vorgesetzt, ein Mensch oder überhaupt irgendein intelligentes Lebewesen könne ohne Vermittlung durch den Kosmos, also unter Überspringung des Universums, in seiner geistig-materiellen Sinnlichkeit und Sinnhaftigkeit, eine Beziehung zum absoluten Prinzip aufnehmen. Eine solche Beziehung ist der Sache nach unmöglich, wer sie für sich behauptet, ist einer Illusion zum Opfer gefallen.

Die Natur kommt erst in der Ökologischen Religion und Spiritualität wieder voll zur Geltung

Ökologische Religion hat also zum Gegenstand nur die Natur, den Kosmos, das Universum, das Leben. Aber Natur, Universum und Leben werden jeweils in ihrer größten Tiefe und Weite ausgelotet, und dann enthalten sie auch das absolute Prinzip, dann gehört Transzendentes ganz natürlich zu ihnen. Ökologische Religion ist nur der Natur zugewandt und nichts anderem. Aber diese Natur ist mehr als Natur in ihrer vordergründigen Bedeutung. Der Begriff umfaßt weit mehr, als gewöhnlich mit Natur gemeint ist, weist in transzendente Tiefen, zu ihr gehört ein »Hintergrund der Unerschöpflichkeit«,[3] das Mitsehen und Anerkennen der »Werttiefe ihrer Existenz«.[5]

Gewöhnlich versteht man unter Natur einfach einen Katalog von Dingen und Lebewesen: Tiere, Pflanzen, Blumen, Bäume, Steine, Sonne, Erde, Licht, Luft, Wind und Wasser. Der Durchschnittswissenschaftler wird darüber hinaus Natur als das definieren, was als Materie oder Energie den Gesetzen der Physik genügt oder als Material nach den Gesetzen der Ökonomie benutzt wird. Aber auch seine Sicht beinhaltet noch eine Blindheit gegenüber der Natur. »Der gemeinsame blinde Fleck in der Wahrnehmung der Natur durch die Physik und die Wirtschaft ist, daß für die Wirtschaft alles zum *Material* wird, was für die Physik *Materie* ist. Der ökonomische Ausdruck für Material ist: Ressource. Die ganze weite Welt, soweit die Materie reicht und Naturgesetze herrschen, wird für die industrielle Wirtschaft zur Ressource, um daraus mit Hilfe von Energie etwas Neues zu machen, worin die natürliche Welt nur noch als Material erscheint: wirtschaftliche Güter.«[5] Allein die auch von der industriellen Wirtschaft endlich wahrgenommenen Grenzen der Ressourcen, ihre Endlichkeit, lenken jetzt wenigstens den Blick der Mächtigen in Wirtschaft, Industrie und Politik auf die bisher völlig unterschlagenen sogenannten Sozialkosten,[6] d. h. auf das, was durch den wirtschaftlichen Verbrauch der Industriegesellschaften an (Qualität der) Lebensbedingungen, an Naturressourcen geschädigt wird oder verlorengeht und vorher in den betriebswirtschaftlichen Kostenrechnungen gar keine Berücksichtigung fand. Aber auch für die wissenschaftliche Umweltökonomie, die also die Sozialkosten im Wirtschaftsprozeß zu berücksichtigen bereit ist, die Wasser, Luft usw. nicht mehr als kostenloses, freies Gut behandelt, kommt die Natur »immer nur als Ressource im Sinn des bloßen Materials« vor, »aus dem nicht schon von sich her etwas Gutes wird, sondern das erst durch die Menschen zu einem Gut gemacht werden muß«.[7]

Wer aber die Natur nur als Ressource sieht, sieht an ihr vorbei, sieht nicht das Eigentliche an ihr: ihren Selbstwert und ihre auf diesem Wert beruhenden Eigenrechte. Ein Selbstwert der Natur ist z. B. die *Schönheit* ihrer mannigfaltigen ästhetischen Gestaltungen, die ja in der Behandlung der Natur als Ressource so gut wie vollständig unter den Tisch fällt. Selbstwert schließt Bezugswert keineswegs aus. Es ändert sich an dem eben Gesagten also nichts, wenn erkenntnistheoretisch behauptet wird, die Schönheit der Natur komme erst im Erkenntnisvermögen und -prozeß reflex-bewußter Lebewesen, wie des Menschen, voll zur Geltung. Schließlich muß das *fundamentum in re,* die Grundlage in der Sache selbst vorhanden sein, wenn etwas vom Menschen als schön erkannt und gewürdigt werden soll.

Wir übersehen in unserer Naturvergessenheit, unserer anthropozentrischen Naturblindheit und Bewunderung für die technischen Errungenschaften der modernen Menschheit allzu häufig, daß die Natur auch und wesentlich ohne Zutun des Menschen Gutes und Schönes in einer atemberaubenden Überfülle erzeugt. Gerade »die Schönheit ist eine Zugabe zur Notdurft des Lebens von idealem selbständigem Wert... sie ist so alt wie die Natur selber und wird erst mit ihr sterben; denn sie ist nach einem ewigen Gesetz an die Offenbarung der Idee in der Erscheinung gekettet. Die Schönheit der Natur allein sollte hinreichen, uns von der in ihr sich offenbarenden Idee unmittelbar zu überzeugen und uns für immer vor dem Irrtum zu bewahren, als ob jemals ein toter Mechanismus die Natur würde erklären können.«[8] In der Tat ist Schönheit »ein

Wesenselement der Natur«.[9] Unter dem Mikroskop zeigt sich auch das kleinste Tier, die winzigste Pflanze als harmonisch-schönes Gebilde. Der Umriß jeder Pflanze weist bei voller individueller Eigenart die Kennzeichen echter Kunst auf, ebenso wie jedes Blatt eines gesunden Baumes eine vollkommene Gestalt hat. Jedes Tier trägt die Idee einer bestimmten Vollkommenheit und Schönheit in sich, so daß Arten, die sich aufgrund von Anpassung an besonders schwierige Lebensbedingungen oder infolge eines spezifischen Schutzbedürfnisses sozusagen gegen das Schönheitsideal entwickelt haben, den – allerdings oft ebenfalls künstlerischen – Eindruck des Grotesken hervorrufen. Auch die Bewegungsabläufe der Tiere sind dynamische Schönheit, bewegte Gestaltganzheiten, so der Flug der Vögel oder die Schwimmkunst der Fische. Aber selbst »die kristallinischen Linien der Elemente und ihrer Verbindungen, von der Schneeflocke bis zu unendlich kleineren Formen sind so wunderbar, daß der Künstler nichts Besseres tun kann, als sie nachzuahmen«.[10]

Die Schönheit in der Natur entspricht einer ganz ursprünglichen Tendenz derselben, ist ein originärer Eigenwert, der auch durch das darwinistische und neodarwinistische Prinzip der Selektion, der Auslese des Zweckmäßigen, in keiner Weise ausreichend erklärt werden kann. Wer die zahllosen schönen Formen in der belebten Natur und die mannigfaltigen harmonischen, kunstvollen Einrichtungen mit ihrer Darstellungsfunktion und Ausdruckskraft selektionistisch im Sinne von Nutzwerten zu erklären versucht, der ist von einer fatalen Blindheit für die Eigenart und den Eigenwert des Naturschönen befallen. Morphologische Schönheit ist ein Gestaltungsgesetz der Natur und kann aus dem Zusammenspiel planloser Mikromutationen und wechselnder, Auslese betreibender Umweltbedingungen nicht abgeleitet werden: »Es ist schwer zu begreifen, wie man jemals den mit künstlerischer Phantasie geladenen, übervitalen Gestaltungswillen der ›Natur‹ hat übersehen können und die unübersehbare Vielfältigkeit der Formen- und Farbwelt, die da entgegentritt, als Folge des Kampfs ums Dasein und der Notwendigkeit etwa von Anpassung und Auslese hat deuten wollen. Es existiert hier eine mit vitalen Fortsetzungszwecken nur lose zusammenhängende Produktivitätsexuberanz, die im Schönen, im Häßlichen, in den Ausdrucksformen des Gutmütigen, des Bösen, des Hinterlistigen alles menschlicher Phantasie Mögliche weit übersteigt und die unendlich variierte Chiffre des beabsichtigten überzweckmäßigen Ausdrucks mit absoluter Sicherheit zeichnet. Im Reichtum der Farbenkomposition, in der Präzision und Fülle der linearen Gestaltung ist diese Produktivität schlechthin unerreichbar. Ja, gelegentlich ist sie bis ins Kapriziöse gesteigert«.[11]

Wir alle müssen wieder wahrnehmen lernen, daß die Natur eine *ästhetische Grundkomponente* besitzt. Gedacht sei dabei auch an die unerhörte Vielfalt der musikalischen Leistungen der Singvögel[13], an den Spieltrieb vieler Tiere, ja der Natur überhaupt mit ihren vielfältigen spielerischen Hervorbringungen.[13] Im Streben der Natur nach Schönheit, in den künstlerischen – wenn auch weitgehend instinktiven – Leistungen der Tiere (z. B. den kunstvollen Nestern der Schwalben oder des Webervogels, den baulichen Leistungen des Bibers im Wasser, der Ingenieurkunst und Staatsorganisation von Ameisen, Termiten und Bienen, den kultivierten Formen der Brautwerbung vieler Tierarten), in den Spielformen und der Musikalität mancher Tierarten zeigt sich »eine ganz ursprüngliche Lebenserscheinung, die, unabhängig von aller Zweckbestimmtheit, zunächst als solche aus einem ganz elementaren, tief eingewurzelten Lebenstrieb heraus verstanden werden muß, der, durchaus entsprechend der Analogie zwischen Menschengeist und Welt, das Reich der Menschen wie der Tiere durchdringt«.[14] »Selbstdarstellung«, »Ausdruck« (noch vor jedem sprachlichen Ausdruck wie bei uns Menschen) ist ein »Urphänomen des Lebendigen überhaupt« (Max Scheler). Nach dem Schweizer Biologen Adolf Portmann müssen allem Lebendigen zwei oberste Kennzeichen zugeordnet werden: 1. eine Innerlichkeit, die den Umgang des Organismus mit der Welt in sich schließt, zum guten Teil unbewußt, bis hinab zur stillen Seinsweise der Pflanze; 2. das Vermögen dieser Innerlichkeit, sich in einer äußeren Erscheinung, in Gestalt, in Farbe oder Ton »darzustellen«. Aufgrund dieser – auch uns Menschen ungeheuer bereichernden – Innerlichkeit und eigenständigen Darstellungsweise der Natur sind wir verpflichtet, der Natur einen Selbstwert und ein (wenigstens relatives) Eigenrecht zuzugestehen. Die Natur verkörpert Sinn, Sinnvolles ganz unabhängig vom Sinn (vermeintlich erstmalig) stiftenden Menschen. Sie verdankt ihre Gestaltungen und Hervorbringungen zu einem großen Teil keineswegs dem Zufall, dem blinden Walten mechanischer Kräfte. Deshalb hat sie ein Anrecht darauf, nicht wie ein zufällig entstandener grober, roher Stoff, wie ein relativ wertloses, formloses Material – eben eine Ressource – behandelt zu werden, das erst in den Händen des Menschen zu etwas eigentlich Wertvollem umgeformt wird. »Heute beginnt man wieder, zu empfinden, daß das Wort Zufall für das Werden der großen Tier- und Pflanzentypen... ein Unbegriff und ein Unsinn ist, trotz der vermeintlich schöpferischen Kraft, die der Begriff ›Selektion‹ diesem Zufall einflößen sollte... Heute empfinden viele wieder das von innen heraus Gesetzmäßige, Planvolle, Harmonische des Kosmos und der lebendigen Welt... sachlich auf Grund eines verfeinerten Gefühls für Gleichgewicht, Stil, Rhythmus. Was so in sich und mit seiner Umwelt ausgeglichen ist und dabei so deutlich eigenen ›Stil‹ verrät, wie eine Birke, ein Falke, ein Kristall, das hat ebensowenig mit ›Zufall‹ zu tun wie der Bauplan und Werdegang einer Blüte, eines Wirbeltieres, einer Biene, eines Kunstwerkes, eines mathematischen Axioms, eines Planetensystems oder des Elektronengefüges in einem Atom.«[15]

Wir alle sind aufgerufen, die durch die Technokratie unseres Zeitalters hervorgerufene Zerstörung unseres Wahrnehmungsvermögens wieder rückgängig zu machen, wieder sehen zu lernen, wieviel Schönheit trotz der weitreichenden Ausbeutung und Mißhandlung der Natur noch in ihr anzutreffen ist. Gerade gegenüber dem Problem des Schönen in der Natur ist die Mutations-Selektions-Theorie des (Neo-)Darwinismus letztlich ratlos, ja man muß sagen, daß sich an diesem Punkt ihre Erklärungen besonders hilflos ausnehmen. In der Pflanzenwelt, genauer bei den von Insekten befruchteten Blüten überschreitet z. B. der Aufwand an Schönheit, an Farben und Formen, bei weitem das, was das Insektenauge wahrnimmt. Anders ausgedrückt: ein großer Teil dieser Schönheit ist »funktionslos« und »zwecklos« im utilitaristischen Sinne der (Ausgerichtetheit auf die) Fortpflanzung und damit Arterhaltung. Die pflanzliche Blütenwelt entfaltet nach dem Botaniker W. Schumacher »natürlich... eine gewisse Lockwirkung«, sie erleichtert das »Auffinden und Wiederfinden bestimmter Blüten«. Aber: »Die Feinheiten des Blütenbaues entgehen sicher den viel zu stumpfen Insektenaugen. Gestaltungskraft und Mannigfaltigkeit gehen weit über die biologischen Bedürfnisse hinaus.« Schumacher nimmt eine »innere Gestaltungskraft« an, die aller äußeren Anpassung vorangehen muß. Die wunderbaren Blütengebilde mit ihren bunten Farben und feinen Düften »können gelegentlich in Wechselwirkung mit der Umwelt treten und Selektionswert erlangen. Das alles aber ist sekundärer Art, was die Wirksamkeit primärer Triebkräfte bereits voraussetzt.«[16] Adolf Portmann weist auf die überwältigende »Blätterfülle der grünen Vegetation« hin, die »optisch fast ausschließlich zur bescheidenen Rolle eines ›Hintergrundes‹ gebraucht... in tausend Formen die gleiche lebenserhaltende Rolle als chemische Arbeiterin im Dienst des Lebens« erfüllt. Aber er macht geltend, daß zwar »manches in der Blattstruktur dieser Leistung dient«, daß jedoch »vieles andere in der Blattgliederung, in der Gestaltung der Umrisse nicht Anpasssung, sondern Glied der Selbstdarstellung eines pflanzlichen Wesens« ist.[17] Der große Biologe Ludwig von Bertalanffy spricht vom »Kunstgewerbe des Schmetterlingsflügels«, das, mit geringen Einschränkungen, praktisch funktionslos im Sinne des darwinistischen Zweckmäßigkeitsprinzips ist. Und R. Woltereck hat den Begriff der »Aristie der Gestaltung«[18] in die Biologie eingeführt, d. h. den Begriff des möglichst reinen, über technisch-zweckmäßige Perfektion hinausgehenden Ausdrucks einer Ebenmaß und Harmonie beinhaltenden Formidee in Tieren und Pflanzen. Gedacht sei bei dieser Aristie der Gestaltung z. B. an Edel-Hirsche, -Tannen, -Falken, an Löwen, Adler, prachtvolle Pferde, schöne Eichen usw. Diesbezüglich kann man geradezu mit Händen greifen, daß die lebendigen Formen und die verschiedenen Arten von Lebewesen neben ihrer physiologischen Funktion auch eine eigenständige morphologische, rein ästhetische und ideale Aufgabe erfüllen.

Hier wäre noch eine Unmenge ästhetischer Fundamentalelemente der Natur auszubreiten, um uns für diesen Eigenwert innerhalb der natürlichen Wirklichkeit wieder sensibel zu machen. Diese Arbeit ist aber bereits einige Male geleistet worden[19] und kann schon aus Raumgründen hier nicht noch einmal vollzogen werden. Doch kommt kein wahrhaft religiöser Mensch, der nach dem oben Gesagten »ökologisch-religiös«, »natur-religiös« sein muß, weil ihm sonst das Absolute abstrakt-unanschaulich entschwindet, daran vorbei, die ästhetischen, keinem besonderen Leistungszweck dienenden Wesenselemente der Natur immer neu zu entdecken und aufzuspüren.

Freilich entspricht das dem technokratischen Zeitgeist keineswegs. In der offiziellen, industriell bzw. staatlich-universitär unterstützten Forschung herrscht ja noch weitgehend die Tendenz zum so gut wie ausschließlichen technischen Verstehen der Organismen vor. Man hat diesen Weg des technischen Verstehens als »eine besonders breite und vielbefahrene« Straße, als eine »wahre Autostraße« bezeichnet, auf der »der Blick nur noch einem Ziel zugewandt ist und daher vieles von der wirklichen Mannigfaltigkeit des Lebendigen gar nicht mehr zu sehen vermag«. Daß diese Tendenz, dieses fast exklusive Fragen nach den Leistungen der Organismen und ihrer Teile als besonders wesentlich gilt, ist allerdings »im Zeitalter der Technik... nicht weiter verwunderlich«. Die Schulbücher sind voll von Darstellungen der Leistungen tierischer und pflanzlicher Organismen, weil dies »der Anteil der lebendigen Gestalt ist, den der technische Verstand am schärfsten und raschesten auffaßt und der uns infolgedessen die Sicherheit gibt, daß wir da wenigstens etwas vom Rätsel des Lebendigen ganz klar durchschauen«. Ihre extreme Formulierung fand die technische Deutung des Organismus in der These: *Form follows Function,* die Form also das Ergebnis der Leistung, die Form als Zweckgestalt. Aber auch wenn heute noch das technisch-zweckmäßige Verstehen der »Hauptfaktor für die Formung unseres gegenwärtigen Bildes vom Lebendigen«[20] ist, ist es falsch, weil nicht wirklichkeitsgemäß. Das technisch Richtige ist nun einmal nicht das alleinige Ziel der Natur, der technische Verstand kann stets nur einen relativ geringen Teil der lebendigen Gestalt erhellen. Das Verheerende ist nur, daß unsere extrem einseitige, technisch-manuelle Natursicht sowohl die nichtmenschlichen Lebewesen als auch uns selbst zu Dingen degradiert, die nur noch als Leistungsobjekte etwas wert sind. Hier liegt der eigentliche Grund dafür, daß wir die Tiere dann auch in zahllosen sinn- und nutzlosen Tierversuchen »verwerten«, daß wir viele von ihnen, die »eßbar« sind, in einem permanenten Holocaust abschlachten und daß die Staaten Millionen ihrer eigenen Menschen in die wahnwitzigen Materialschlachten des modernen Krieges schicken und dort verenden lassen. Auch die Konzentrationslager entsprangen nur zum Teil faschistisch-rassistischer Überheblichkeit, sie sind auch Ausdruck und letzte Konsequenz der Tatsache, daß man der Natur und dem Menschen das geistige Antlitz geraubt und sie nur noch als Leistungsträger im Sinne des Nazi-Mottos »Arbeit macht frei!« bewertet und behandelt hat.

Unter dem Einfluß des Darwinismus und des Leistungsdrucks (Konkurrenzprinzips) der technisch-industriellen Gesellschaft sehen viele Naturwissenschaftler und in ihrem Gefolge die meisten Zeitgenossen Tiere und Pflanzen nur in einer Rolle: der der Lebenserhaltung, der Erhaltung des Individuums und der Art. Sie sei der Zweck, der Sinn der Gestalt, der Form, der Struktur. Daher der Triumph der funktionellen Morphologie und auch des noch moderneren Zweiges: der Biotechnik. Natürlich kann und soll gar nicht geleugnet werden, daß ökonomisch-technische Werte in der Biosphäre in einer Fülle von Funktionen und Einrichtungen, die der Erhaltung des Individuums und der Art dienen, verwirklicht sind. Auf diese Werte braucht uns auch niemand zu stoßen, sie drängen sich uns als erste auf. Wir alle haben ja die Brille des technischen Zeitgeistes auf und filtern entsprechend die uns begegnende Wirklichkeit. Wir glauben, ein Tier sofort und umfassend verstanden zu haben, wenn wir es technisch erklären können. Wir haben dann z. B. einen schnell durchs Wasser gleitenden Fisch »verstanden«, wenn wir seine Torpedogestalt als Mittel zur Leistung des schnellen Schwimmens und damit im Dienst überraschender Raubzüge oder eiliger Flucht vor Feinden, also der Lebenserhaltung, erkannt haben. Die Torpedoform als Konvergenzerscheinung bei Fischen, Delphinen oder beim ausgestorbenen Reptil Ichthyosaurus ist dann auch für uns das Mittel zum »Verstehen« dieser Tierarten. In Wirklichkeit haben wir damit aber nur einen Aspekt dieser Lebewesen und nicht einmal ihren wichtigsten in den Blick genommen. Aber der Biotechnik genügt das, weil sie nur die Parallelen zwischen »technischen« Hervorbringungen im pflanzlichen und tierischen Körper und technischen Einrichtungen des Menschen zu entdecken und die ersteren für die Perfektionierung der menschlichen Technik auszuwerten sucht. Deswegen ist sie nur an den »technischen Wunderwerken« der Natur interessiert (und stellt die Befriedigung dieses Interesses dann als volles Verstehen der Organismen hin), z. B. an dem »reinen Flugwesen« der Segler unter den Tieren, an der Konstruktion des Vogel- oder Insektenflügels, der regulierbaren Tauch- oder Schwebefunktion der Luftkammern einiger Tintenfischarten, dem Hebelwerk der Beine tierischer Steppenläufer, den Bälkchensystemen der Knochensubstanz in ihrer Anpassung an die jeweiligen Kraftlinien, weil sie dem Ideal der Festigkeit in den Berechnungen menschlicher Ingenieurskunst so erstaunlich entsprechen, ähnlich wie der Feinbau der Stützgewebe in den Pflanzenstengeln, z. B. den Gräsern, eine überaus gut abgestimmte Harmonie von Festigkeit und Elastizität darstellt. Auch das höchste Organ der ganzen terrestrischen Biosphäre, das menschliche Gehirn, interessiert ja den Biotechniker nicht als Träger des Geistes und geistiger Werte, sondern nur als Wunderwerk der Technik, das weitere, noch größere Wunderwerke der Technik ersinnen soll. Das pflanzliche, tierische und menschliche Erbgut fasziniert ihn vor allem unter dem Gesichtspunkt der Mikroelektronik, im Hinblick auf die Frage, wie man eine so gewaltige Menge von Erbinformationen auf kleinstem Raum ansiedeln konnte und wie das technisch nachzuahmen und zu realisieren wäre. Mit einem Wort: Statik, Motorik, Leistungen der pflanzlichen und tierischen Sinnesorgane, Stoffwechsel, Erbinformationen – das allein ist der vermeintlich legitime Gegenstand der biotechnischen Forschung, weil dieser Bereich der Lebewesen ja auch weitgehend präzis mit den Mitteln der Chemie, Physik und Mathematik, also mit Hilfe der exaktesten Wissenschaften einsichtig gemacht werden kann.

Das alles ändert aber nichts an der der Wirklichkeit von Tier und Pflanze nicht entsprechenden Dürftigkeit und Einseitigkeit des biotechnischen Weltbildes. Vor allem der Schweizer Biologe Adolf Portmann hat einen Großteil seines Forscherlebens darauf verwandt, die Unrichtigkeit dieses Weltbildes nachzuweisen. In seinem Gefolge sind von anderen Forschern zahlreiche weitere Belege für die Tatsache erbracht worden, daß die Natur keineswegs nur die Erhaltungsleistung, also die Zweckmäßigkeit in bezug auf die Art- und Individualerhaltung im Sinne hat. In einer Rangordnung der Lebensmerkmale, wie sie Portmann zu begründen versuchte, müßten die erhaltenden Strukturen und Prozesse im tierischen und pflanzlichen Organismus als eine Gruppe den Merkmalen, die der »Weltbeziehung durch Innerlichkeit« und der »Selbstdarstellung in der Erscheinung« dienen, als einer anderen Gruppe untergeordnet werden. »Alle Erhaltung . . . steht im Dienste dieser obersten Kennzeichen des Lebendigen.« Der Selbstwert der Tiere und Pflanzen, dessentwegen ihnen auch vom Menschen Eigenrechte zugebilligt werden müssen, besteht darin, »daß der Organismus nicht dazu da ist, um Stoffwechsel zu treiben, sondern daß Stoffwechsel von ihm betrieben wird, auf daß diese besondere Lebensform in Individuen wirklich sei, da sei. Der Organismus betreibt Stoffwechsel, damit seine spezifische Seinsweise in Einzelwesen sich eine Weile lang in der Erscheinung behaupten kann. Das besondere Gebilde, das hier und jetzt als diese Pflanze, jenes Tier vor uns ist, ist als Ganzes mehr als die Ordnung von Prozessen, die es am Leben erhält . . . Erscheinen schlechthin in kennzeichnender Form, in typischem Verhalten ist ein Glied der frühesten Weltbeziehung, zu der jeder Keim der apparativen Lebensstufe sich ausformt. Weltbeziehung ist nicht nur auf Austausch von Stoffen angelegt, sondern auch auf Darstellung der Sonderart im Erscheinungsbild. Der größte Anteil der Formenfülle, die uns Botanik und Zoologie schildern, empfängt seine umfassende Deutung nicht von den elementaren erhaltenden Funktionen her, sondern zuallererst aus dem Faktum dieser Selbstdarstellung.« Die Lebewesen sind nicht und waren nie die bloßen Stoffwechselwesen, die »›physiologischen Säcke‹, zu denen eine nur die Erhaltung beachtende Biologie sie zuweilen entwertet hat«. Die lebendigen Gestalten haben einen Eigenwert, einen Wert, »der über die bloßen Erhaltungsfunktionen hinausweist«,[21] die Organismen sind nicht nur und nicht einmal in jeweils erster Linie »Träger von lebensfördernden Funktionen«; sie sind »Lebensformen«, die sich nicht bloß am Leben erhalten und ihre eigene Art fortpflanzen, sondern die »auf vielerlei Weise gerade diese eine besondere Art des Seins in Gestalt und Gehaben manifestieren«.[22]

Portmann betont noch eigens die Unmöglichkeit der Erklärung der Schönheit bzw. der der Kategorie des Ästhetischen im weitesten Sinne untergeordneten Selbstdarstellung in der Erscheinung durch Selektion und (die uns bisher bekannten) Mutationen. Er weist hin auf »geordnete Phänomene«, die als Erbgeschehen und Merkmal schon vorhanden sein müssen und so erst die Voraussetzung und Grundlage einer möglichen Selektion, der Möglichkeit ihres Einwirkens bilden. Erscheinungen, wie die Zusammenarbeit mehrerer Vogelfedern zu einer optisch wirksamen Einheitsleistung oder die rhythmische Eigenstruktur beim Muster des Schlangenleibes, weisen nach dem Basler Biologen auf gestaltende Wirkweisen hin, »die nicht von den Faktoren geleistet werden, welche uns die bisherige experimentelle Forschung als ›Mutationen‹ am Werk zeigt«. Es sei auch nicht möglich, Wirkungen wie die soeben genannten als eine Nebenfolge anderer Mutationseffekte zu deuten, die ihrerseits Selektionswerte besäßen. »Diese Nebenwirkungen müßten experimentell bezeugt sein, was sie in keinem Fall der eigenartigen kombinierten Einheitsleistungen sind, die [z. B.] in vier getrennten Flügelanlagen eines Falters Musterteile zu einem künftigen Ganzen ›komponieren‹.« Die große Anzahl von Kennzeichen des Lebendigen, von Formmerkmalen also, die nicht im Dienst lebenserhaltender Leistungen stehen und daher als »unadressierte Erscheinungen« zu gelten haben, darf nach Portmann nicht dadurch verharmlost werden, daß man diese Erscheinungen genetisch als belanglose Nebenresultate von Vorgängen hinstellt, denen ihrerseits Erhaltungswert zukommt. Vielmehr nimmt der Organismus für »die Selbstdarstellung seiner besonderen Art in seinem Keim bereits ebenso viele und ebenso komplizierte Aufbauprozesse und Strukturen in Dienst, ebenso viele Fermentwirkungen und Ketten von Vorgängen, wie er sie für die bloße Erhaltung des Individuums oder der Art aufwendet«.[23] Ja, es müsse die Möglichkeit offengelassen werden, »daß für die Organisation der Selbstdarstellung oft Anlagen bereitgestellt werden, deren Leistungen die der Selbsterhaltung übersteigen«. Die hypertelischen- oder Luxusbildungen, die »luxurierenden Formbildungen« (z. B. das übermächtig gewordene Geweih des Riesenhirsches der Vorzeit), bekämen in dieser Perspektive vielleicht einen neuen Sinn. Sie wären nur insofern hypertelisch, über das Ziel hinausschießend, als mit diesem Ziel die Erhaltung gemeint ist. Sie wären sozusagen nur eine physiologische Übertreibung, andererseits aber könnten sie als die Erfüllung einer wichtigen, der Darstellung der eigenen Seins- oder Artform zugeordneten »Aufbauleistung des lebendigen Stoffes« gelten.

Das Lebendige als Ganzheit und »Einheit von Innerlichkeit, Erscheinung und Erhaltung«[24] widersetzt sich also nachdrücklich der anthropozentrischen Sicht und der technokratischen Behandlungsweise. »Wir verfehlen den Sinn unserer Existenz und damit die Menschenwürde, wenn wir so leben, als sei der Rest der Welt nichts als für uns da. So zu leben ist unmenschlich.«[25] Leider haben wir alle unsere Sinnesorgane und Wahrnehmungsrezeptoren schon so geschädigt, daß wir die Häßlichkeiten der industriellen Welt, die ebenso viele Mißhandlungen der natürlichen Mitwelt, der Tiere, Pflanzen und der Landschaft beinhalten, oft nicht mehr empfinden. Aber »wenn wir die Zerstörung unserer natürlichen Umwelt mit unverbildeten Augen betrachten, bemerken wir: alles, was unsere Umwelt schädigt, ist häßlich. Der Sinn für Schönheit ist ein Vermögen, das uns darüber belehren könnte, was in der Natur zulässig ist und was nicht. Wir besitzen in unseren ästhetischen Organen ein unerhört sensibles Instrument, um Wechselverhältnisse und Systemstrukturen erfassen zu können, die für die plumpen Mechanismen unseres rationalen Denkens zu komplex sind.«[26]

Letztlich aber ist nur eine Ökologische Religion, eine die ganze Weite und Tiefe der Natur liebende und ehrfurchtsvoll zugewandte Religiosität, imstande, das ästhetische Sensorium am Leben zu erhalten und auf die Dauer nicht verkümmern zu lassen. »Nur wenn der Mensch heute die anthropozentrische Perspektive überschreitet und den Reichtum des Lebendigen als einen Wert an sich zu respektieren lernt, nur in einem wie immer begründeten religiösen Verhältnis zur Natur wird er imstande sein, auf lange Sicht die Basis für eine menschenwürdige Existenz des Menschen zu sichern. Der anthropozentrische Funktionalismus zerstört am Ende den Menschen selbst.«[27]

Was hier relativ ausführlich, aber notgedrungen keineswegs erschöpfend über den ästhetischen Selbstwert der Natur dargelegt wurde, wäre nun auch – an sich wenigstens in derselben Ausführlichkeit – von weiteren Wesensaspekten der Natur analog zu sagen. Ganz besonders von den *altruistischen* und *sozialen* Eigenwerten, die im nichtmenschlichen Teil der Biosphäre bereits (wenn auch überwiegend instinktiv) realisiert werden. Aber wir müssen uns hier auf einige Hinweise beschränken. Soziale Triebe, Tendenzen, Tätigkeiten, Wechselbeziehungen stellt ein offener Forscherblick allenthalben im Pflanzen- und Tierreich fest. Letztlich scheint die eigentliche Dominante, der Grundzug in allen Lebewesen doch Annäherung, Gemeinschaft, teilweise ein echtes Mitempfinden und Mitgefühl zu sein. Altruistische und soziale Strebungen sind in ihren Ansätzen, Anfängen bzw. Entsprechun-

54

gen tief im subhumanen Bereich, im Leben der Natur, verankert. Es besteht eine »Einheit in der Entwicklung«, ein Band, das auch noch die höchsten Werte und Vorzüge des Menschen mit analogen Merkmalen des vormenschlichen Bereichs auf irgendeine Weise fest verknüpft. Die mannigfachen, oft unter großen Anstrengungen und Opfern durchgeführten sozialen Leistungen in der Biosphäre können meist nur schwer oder gar nicht mit den (neo-)darwinistischen Prinzipien des Eigennutzes, des Daseinskampfes und der Selektion vereinbart bzw. erklärt werden. Die Abstempelung der sozialen, altruistischen Tätigkeiten von Lebewesen zu abgeleiteten, aus ursprünglich »egoistischen«, utilitaristischen Verhaltens- und Anpassungsweisen hervorgegangenen Aktivitäten wird der elementaren Gewalt des sozialen »Urtriebes« nicht gerecht. Der Drang des Lebens nach Vergemeinschaftung, nach Vereinigung, Hilfe, Zweckdienlichkeit, ja nach einem gewissen »Geben« und »Beschenken« muß als ebenso ursprünglich und primär – in manchen Fällen sogar als vorrangiger – anerkannt werden, wie der pure Selbsterhaltungstrieb, wenn dieser auch manchmal – das sei nicht geleugnet – Lebewesen zum Zusammenleben zwingen kann, indem diese den Vorteil, der ihnen daraus erwächst, instinktiv spüren bzw. bei höherer Bewußtheit aufgrund ihres sinnlichen Urteilsvermögens irgendwie »berechnen«. Besonders deutlich zeigt sich die unableitbare Urgewalt des sozialen Triebes in der Mutterliebe, von der man mit Recht gesagt hat, es sei »unmöglich, ihre tief im Biologischen verankerten Motivkräfte eigentlich und allein auf Ichbezogenheit zu begründen«.[28]

Ein Indiz dafür, daß die Idee des Friedens und Wohlwollens keimhaft in den Tieren verankert liegt, könnte ihr Verhalten angesichts von Naturkatastrophen sein. Verschiedene Tierarten handeln im Angesicht einer gemeinsamen Gefahr so, als seien sie Angehörige der gleichen Familie. Einer Überschwemmung, einer Dürrekatastrophe, einem Waldbrand u. a. bieten sie nicht einzeln, sondern als Gruppe Trotz. »Nicht nur tun sich Elefanten mit den fliehenden Wieseln zusammen, sondern Panther helfen den wilden Büffeln, und Reiher zeigen Sperlingen, auf die sie in gewöhnli-

chen Zeiten Jagd machen, den Weg.«[29] Vielleicht ist es mehr dem
Dichter als dem nüchternen Forscher vorbehalten, solche Phänomene zu sehen und sprachlich gebührend auszudrücken. Bei Ste-
fan George heißt es:

>   »Wie das Getier der Wälder, das bisher
>   Sich scheute oder fletschend sich zerriß,
>   Bei jähem Brand und wenn die Erde bebt
>   Sich sucht und nachbarlich zusammendrängt.«

Neben der Mutterliebe im Tierreich und dem eben dargestellten
sozialen Verhalten der Tiere bei Naturkatastrophen sei noch auf
das eindrucksvoll altruistische Verhalten der Schimpansen hingewiesen. Es besteht bei diesen sogar ein starkes und durchaus wirk-
sames Bedürfnis, gefährdete Artgenossen unter Einsatz des eigenen Lebens zu retten.[31] Auch die Tatsache, daß man Schimpansen
nicht in Fallen fangen kann, muß wohl in erster Linie »sozial« erklärt werden, und nicht wie bisher primär durch den Hinweis auf
ihre Intelligenz, die es verhindere, daß sie in Fallen hineinlaufen.
Jedenfalls fand der holländische Zoologe Adriaan Kortlandt »An-
haltspunkte dafür, daß ein gefangener Schimpanse von seinen
Truppgenossen sofort wieder aus der Falle befreit wird«. Die
Hilfsbereitschaft der Schimpansen erstreckt sich nicht nur auf
Artgenossen. Der soeben genannte Zoologe pflockte allerlei lebende Tiere – ein Küken, eine schwarze Ziege und andere – an, um
in Erfahrung zu bringen, wie sich Schimpansen zu ihnen verhalten
würden. Das Ergebnis seiner Beobachtung lautet: »Ohne das zarte
Bein des Kükens zu verletzen, befreiten die robusten Schimpansen
das kleine Tier von der Fessel. Auch die übrigen Tiere wurden los-
gebunden.«

Die Schimpansen sind überhaupt – allerdings im Gegensatz zu
ihren hinter Zoogittern gefangengehaltenen Artgenossen, die mit
zunehmendem Alter immer mürrischer und gewalttätiger werden
– »selbst in der Erregung würdevoll und gutmütig. Niemals bringen sie sich gegenseitig um«. Prügeleien kommen bei wildleben-

den Schimpansen selten vor. »Meist lassen es die Streitenden bei lautem Geschrei und Drohfuchteln bewenden.« Kortlandt betont, daß von den etwa fünfzig Schimpansen, die er beobachtete, keiner Verletzungen, Bißwunden oder Narben aufwies. Die Beziehungen der Tiere zueinander sind im allgemeinen »recht freundschaftlich«. »Die Männchen kämpfen nicht einmal um ein Weibchen. Jedes gehört jedem.« Selbst wenn zwei Schimpansengruppen im Urwald aufeinandertreffen, kommt es nicht etwa zu Kämpfen, sondern zu recht deutlichen Ausdrucksweisen der Wiedersehensfreude. Die beiden Gruppen bleiben für einige Stunden, mitunter sogar tagelang zusammen. Währenddessen scheinen sich neue Neigungen, Sympathien, soziale Bindungen herauszubilden, denn die Gruppen, die sich dann wieder trennen, sind fast immer anders zusammengesetzt als die, die sich vorher begegneten.[31]

Mit Recht betont deshalb J. Goodall gerade unter Bezugnahme auf die Schimpansen: »Wenn die Aggressivität des Menschen angeboren sein sollte – was immer das bedeutet –, so können wir diese verderbliche Eigenschaft keinesfalls unseren vormenschlichen Ahnen zur Last legen.«[32]

Man darf schließlich wohl mit gutem Recht auch von einem sozialen Prinzip und sozialen Tendenzen innerhalb des Organismus selbst sprechen. Damit meinen wir den Sachverhalt, daß alle Glieder und Organe eines Lebewesens mit ihren eigentümlichen Funktionen der Entwicklung des Ganzen dienen und nur mittelbar sich selber. Das Leben ist ökologische Einheit und Einheitstendenz in der Vielfalt und Mannigfaltigkeit der Organe und Funktionen. In der Überlegenheit des Ganzen, in der überlegenen Einheit des Ganzen kann man eine Verknüpfung des Machttriebes und des (sozialen oder) Einheitstriebes des Lebens erblicken, so jedoch, daß der erstere im Dienste des letzteren steht,[33] daß er die auseinanderstrebenden oder gar gegensätzlichen Tendenzen bzw. Leistungen der einzelnen Teile, Glieder und Organe zum Dienst an der Einheit zwingt, aufeinander abstimmt, machtvoll im Sinne und zugunsten des lebenden Ganzen koordiniert. Es zeigt sich auch hier, daß der besonders vom Darwinismus des vorigen Jahrhunderts hochgespielte »Kampf der Teile« im Organismus »nur eine Nebenerscheinung[34] gegenüber dem eigentlich beherrschenden sozialen Aufbauprinzip des Organismus«[35] ist.

Auch die moderne Medizin wird auf die Dauer den Organismus nicht als Maschine, als Apparatur mit auswechselbaren, transplantierbaren Ersatzteilen betrachten und behandeln dürfen, sondern »mehr und mehr *als eine Art echtes Sozialgebilde* mit echter Gliedhaftigkeit seiner Teile ähnlich den menschlichen Gemeinschaftsformen«. An die Stelle des Vergleichs mit einer Maschine müßte das »Bild einer Gemeinschaft lebender Subjekte« treten, in dem Organe, Zellen, Gewebe nicht mehr als gestoßene Objekte erscheinen, sondern »eben als Subjekte in echten ›Partnerschaftsakten‹ und in harmonischem Gesamtvollzug Werk und Leistung im Dienst des Ganzen«[36] vollbringen. Nach F. Dessauer ist »der größte, der am feinsten durchorganisierte, am besten gelenkte Staat mit all seinen Funktionären, die so verschiedene Aufgaben, jedoch alle im Dienste der Einheit, erfüllen... eine kindliche Stümperei an Primitivität, gegenüber den koordinierten, differenzierten, einheitlich-vielgestaltigen, sich selbst regenerierenden, steuernden, sich entfaltenden, auf die Umwelt reagierenden Formen und Funktionen in einer Hierarchie des lebendigen ›Zellenstaates‹, die jede Vorstellung übersteigt. Wird der Vergleich weitergetrieben, so daß jeder differenzierten Zellform eine Beamtenart, jeder Zellfunktion eine spezifische Beamtentätigkeit zugeordnet wird, dann ergeben sich einige überraschende Analogien – aber zugleich wird anthropomorphistischem Gedankenspiel Zugang gegeben. Wir lassen dies beiseite und halten fest, daß der ›Zellstaat‹ ein unsagbar feineres, besser geordnetes und millionenmal reicheres Gebilde ist als das Erzeugnis menschlicher Gesellschaftsformung.«[37]

In diesem Zusammenhang sei auch noch auf das Phänomen der Anagenese in der Stammesgeschichte, des Aufstiegs zu immer neuen und höherrangigen Typen hingewiesen. Kennzeichen dieser Höherentwicklung sind unter anderem zunehmende Komplikation, Integration und Zentralisation. Man kann diese Kriterien der Anagenese mit gutem Recht unter sozialem Gesichtspunkt sehen, d. h. als Zeugnisse einer zunehmenden Vergesellschaftung, Vereinheitlichung, Arbeitsvereinigung[38] in den einzelnen Organismen. Tatsächlich werden ja auch diese Kriterien von führenden Biologen oft mit Hilfe von Ausdrücken beschrieben, die dem sozialen Bereich entnommen sind. Man spricht von Zentralisation als demjenigen, »was der Differenzierung oder Sonderung im Organismus entgegenwirkt und die auseinanderstrebenden Glieder von einem gewissen organischen ›Zentrum‹ aus beherrscht«, »was die Sonderung in einzelne Teile zwar nicht aufhebt, aber sie dermaßen in Schranken hält, daß die Formen für unser Auge harmonisch bleiben« (V. Franz), von »Synorganisation«, d. h. der »Zuordnung verschiedener Teile des Organismus zu einem funktionellen Ganzen« (A. Remane), von »physiologischer Zentralisation«, d. h. »Vervollkommnung der korrelativen Beziehungen der Organe zur Erhöhung der Einheitlichkeit und der Harmonie aller Leistungen des Organismus« (L. Plate), von »Staffelung und Überordnung« (O. Jackel), von »zunehmender Verflechtung (Komplexikation)«, »Zusammengesetztsein und Zentriertheit« (Teilhard de Chardin), von »immer großartigeren Verflechtungen der Funktionen und Fähigkeiten« (E. Hennig), von »harmonischer Zunahme der Komplikation« (L. Plate), von »Vielheit in der Einheit« (J. Huxley), ja sogar von einer »Innigkeit der Wechselbeziehungen« (L. v. Bertalanffy).[39]

Der von seiner Kirche indizierte, modernistische katholische Theologe Herman Schell sah schon gegen Ende des 19. Jahrhunderts geradezu als einen »Weltzweck, dem alles Naturstreben dient«, an die »möglichst große Belebung der Welt durch eine zunehmende Fülle von Formen und von Beziehungen, die möglichste Überwindung der Masse, der Einförmigkeit und Gleichgültigkeit, der Unterschieds- und Zusammenhangslosigkeit, der Gleichheit und der Vereinzelung ... die möglichste Belebung des tatsächlichen Seins durch Beziehungen«, die Bereicherung des lebenden Stoffes durch die »mannigfaltigsten Wechselbeziehungen«. Eruierung immer neuer und innigerer Wechselbeziehungen, »Zentralisation« und »Gruppierung« seien ein »Grundgesetz«[40] in der Evolution des Lebens. Das erinnert an Teilhard de Chardin, nach dem »die lebende Materie offensichtlich die Eigenschaft hat, ein System zu bilden, ›in dem nach aller Erfahrung die erreichten Formen im Sinne ständig steigender zentro-komplexer Werte aufeinander folgen‹«[41]. Der Weg von der Zelle, die bereits eine »außerordentliche Komplexität« der Struktur aufweist und einen »Triumph der Vielfalt, die sich in einem Raum-Minimum organisch zusammendrängt«[42], darstellt, über die mehrzelligen Organismen mit ihrer wachsenden Organisationshöhe bis zum Zentralnervensystem des Menschen, dem nach ihm differenziertesten Sozialgebilde der Biosphäre, ist nach Teilhard ein sozial-biologischer Entwicklungsprozeß von gigantischem Ausmaß, zugleich ein Beweis der »evolutionistisch-schöpferischen Funktion der Synthese«. »Auf jeder höheren Kombinationsstufe...*strebt etwas,* das nicht auf isolierte Elemente zurückgeführt werden kann, zu einer neuen Ordnung auf.«[43]

Neuerdings hat auch der bekannte Evolutionsbiologe Rupert Riedl eine fundamentale Polemik gegen die »Spaltung des Weltbildes« durchgeführt, indem er die allgegenwärtig wirkende Interaktion in jedem lebenden Organismus von Teil zu Teil, Schicht zu Schicht, aber auch innerhalb aller Teile und Schichten sowie durch alle hindurch hervorhebt. Alles in der Natur dränge nach immer komplexerer Vernetzung und zugleich aufwärts, so daß aus Teilen, die ihrerseits bereits eine Synthese von Teilen seien, »Material« für ein jeweils höheres Ganzes werde und dieses Ganze im sozialhierarchischen Aufbau der Natur wiederum nur ein Bauteil-Angebot für eine weitere Stufe der Komplexität darstelle.[44]

Die hier soeben durchgeführten Erwägungen über soziale Phänomene und Entwicklungsrichtungen in der Natur lassen das Urteil Armin Müllers, eines Denkers, der sich diesem Phänomen gerade unter dem Gesichtspunkt seiner Nichterklärbarkeit durch die (neo-)darwinistische Mutations-Selektions-Theorie mit besonderer Sorgfalt gewidmet hat, voll berechtigt erscheinen. Der »Soziabilität« im Bereich des Organischen muß nach ihm »ein ganz ursprünglicher, der Nutzhaftigkeit übergeordneter Eigenwert« zugesprochen werden. Das Soziale, »nicht das Ökonomische im Sinne der bloßen Selbsterhaltung, wie der Darwinismus glaubt«, bedinge »wesenhaft die Struktur jeglicher lebendigen Organisation, zumal der höher entwickelten«. Die Hinwendung zu fremdem Leben sei keine abgeleitete Erscheinung in der organischen Welt, sondern ein »primärer Urtrieb«, auf dem »schon auf der Stufe des Instinktes alles soziale Zusammenleben bis hin zur tierischen Staatenbildung, aber auch... der sogenannte Zellenstaat des Einzelorganismus« beruht.[45]

Kein Zweifel, es gibt in der Natur nicht bloß den Kampf ums Dasein, sondern es sind auch »bis zur Selbstaufopferung gehende altruistische ›Instinktfaktoren‹ wirksam: das Verhalten der Eltern für ihre Jungen, das Verhalten zwischen ›Genossen‹. Wobei in den bekannten Ameisen- und Bienenstaaten die Selbstaufopferung... von einem überindividuellen Gesamtwillen« zeugt.[46] Neue Beobachtungen an Ameisen, die man im Rahmen von Testreihen in der letzten Zeit durchgeführt hat, belegen diesen sozialen Gesamtwillen auf überaus eindrucksvolle Weise. Danach gehört absolut gerechtes Teilen der Nahrung und des Wassers zum »zentralen Bestandteil des Soziallebens« der Ameisen; sie scheinen in ihren Kolonien keine wie immer geartete Kommandozentrale zu haben, es genügt das »automatische Steuerungssystem« eines wahrhaft sozialen Gebens und Nehmens. Wenn z. B. in einer Ameisenkolonie Hunger herrscht, zeigt dieses Steuerungssystem durch das bohrende Gefühl in den Eingeweiden jeder einzelnen Ameise an, daß auch der Rest des Staates Hunger leidet. Auf diese Weise wird der Korpsgeist in geradezu unbegrenzter Weise zur Tat gerufen. »Nahrungsstücke mit einem Vielfachen des Körpergewichts werden über weite Strecken geschleppt. Die meisten der mehr als 10 000 Ameisenarten nutzen eine spezielle Technik, um auch Flüssigkeiten sicher transportieren zu können: Arbeiterinnen verstauen das überlebenswichtige Naß im Kropf, Nestgenossen bedienen sich von Mund zu Mund. Hungermäuler... fordern ihren

Anteil, indem sie mit ihren Fühlern und Vorderbeinen auf ein unterlippenartiges Gebilde der Jägerinnen trommeln.« Das Teilen von Wasser und Nahrung geschieht mit »klickender Präzision«, obwohl doch das Gehirn der weiblichen Arbeitsameisen nur etwa eine Million Nervenzellen vereinigt (das des Menschen annähernd 100 Milliarden).

Aufgrund dieser Beobachtungen kommt der amerikanische Soziobiologe Edward O. Wilson von der Harvard University zu der Überzeugung, daß Altruismus, der über die eigene Nachkommenschaft hinausgehe, ein »wichtigerer Bestandteil fortgeschrittenen sozialen Verhaltens [sei] als Herrschaft, Führertum und jede andere Art von Interaktion«. Daß unter den seit über 350 Millionen Jahren existierenden Insekten Ameisen, Bienen und Wespen im letzten Drittel dieser Zeitspanne den Schritt zum organisierten Gemeinschaftsleben geschafft haben, bezeichnet dieser Biologe als einen geradezu »kosmischen Sprung«.[47]

Sozial-altruistische Eigenwerte der Natur stellen auch die oft nicht anders als wunderbar harmonisch zu bezeichnenden Symbioseerscheinungen zwischen Tieren und Pflanzen dar. Durchgehend zeigen z. B. Blütenbiologie und Insektenleben eine sehr enge, wechselseitige, feinabgestimmte Bezogenheit, wobei Phänomene wie die Armierung der Staubbeutel der Salbeiblüten an einem zweiarmigen Hebel zur Pollenablagerung auf dem Rücken besuchender Hummeln oder die überaus kunstvollen Befruchtungseinrichtungen bei den Orchideen noch besonders herausragen.[48] Bei solchen systematischen, einheitlich und übergreifend ausgerichteten Symbioseerscheinungen »muß von einem Verwobensein der Lebenslinie von Tier und Pflanze, einer Verzahnung ihres vitalen Gefüges gesprochen werden. Hier liegen in der Tat im wesentlichen noch durchaus ungelöste Rätsel des Lebendigen vor«.[49] Bei manchen Symbiosephänomenen äußert sich in besonderer Weise die eigene Wirksamkeit von innen, die Eigengesetzlichkeit und -ursächlichkeit des Wirtsorganismus. »Wenn uns der Wirtsorganismus immer wieder wie ein Wesen anmutete, das vor bestimmte Aufgaben gestellt wird und das nun unter den ihm zur Verfügung stehenden Mitteln das jeweils beste auszuwählen vermag, und wir nicht selten geradezu wie von einem Erfinder sprachen, so... sollte das bekunden, daß nach unserer festen Überzeugung derartige Anpassungen niemals von außen angezüchtet werden konnten, sondern auf im Organismus wirkende Kräfte zurückgehen müssen.«[50]

Die Natur realisiert aber in der ihr eigenen Sinnhaftigkeit und Sinnfülle nicht nur ästhetische und sozial-altruistische Werte, sondern auch Empfindungs- und *Bewußtseinswerte*. Ein offener, unverklemmter Blick auf die Natur in ihrem onto- und phylogenetischen Werden wird sich kaum des Eindrucks erwehren können, daß es der Biosphäre an einem Wachstum des Bewußtseins gelegen ist, daß sie gleichsam nach immer mehr »Licht« verlangt, um sich über sich selbst klarzuwerden. Fische, Amphibien, Reptilien, Säugetiere bilden in bezug auf ihre Gehirn- und Nervenstrukturen eine aufsteigende Linie der Vervollkommnung. Parallel zu der wachsenden Komplexität dieser Strukturen nahmen das Empfindungsvermögen und das Bewußtsein ganz generell im Laufe der Stammesgeschichte zu. In den Primaten und speziell im Menschen, aber auch z. B. in walartigen Säugetieren wie den Delphinen, hat sich das Bewußtsein der Natur bereits außerordentlich komplexe und relativ perfekte zentrale Steuerungssysteme und Empfindungs- bzw. Erkenntnisorgane geschaffen. In diesem Sinne spreche ich hier von der »Tendenz« der Natur, logische oder Wahrheitswerte – verstanden als Wahrheit über sich selbst – zu verwirklichen. Die aufsteigende Lebensevolution drängt zu immer tieferer, erkenntnismäßiger Durchdringung des »objektiven Logos«, der alle Strukturen und den Gesamtaufbau des Universums als mathematische Gesetzmäßigkeit, als Zweckmäßigkeit der Einrichtungen, als Planmäßigkeit – trotz aller vordergründigen Zufälle! – des Emporentwicklungsprozesses der Welt, als Gesetz der Schönheit, der Sympathie und der sozialen Affinität bestimmt. Die Natur, sowohl die leblose als auch die belebte, ist objektive Weisheit, und sie scheint ganz offensichtlich danach zu streben, auch subjektive Weisheit, Wissen um ihr eigenes Wesen zu werden. Die Vervollkommnung der Sinnesapparaturen in der Pflanzen- und Tierwelt, die aufsteigende Linie zunehmenden Bewußtseins in der Biosphäre weisen auf die Tendenz der Natur hin, ihrer selbst innezuwerden, die objektive Weisheit und Schönheit, die sie verkörpert, auch zu empfinden, zu genießen, zu erkennen. Die Vergegenwärtigung, Abbildung und Aufnahme der Natur in die »Innerlichkeit des Bewußtseins« scheint ein »maßgebendes Gesetz für die ganze Einrichtung der Natur«[51] zu sein.

Es ist so, daß sich das Universum in der Zeit entfaltet und dabei »ständig komplexer und reicher an Informationen« wird. »Weil biologische Prozesse auch Informationen hervorbringen und weil uns das Bewußtsein befähigt, diese Prozesse unmittelbar zu erleben, erfaßt die intuitive Wahrnehmung der Welt als Evolutionsprozeß in der Zeit eine der fundamentalsten Eigenschaften des Universums.«[52] Die Natur hat im ganzen Ablauf ihrer bisherigen Geschichte »ständig unvorhersehbare neue Informationen« hervorgebracht, »echte Novitäten, und die Bestimmung der neuen Informationen ist die Evolution höherer Formen«. Unter informationstheoretischen Gesichtspunkten läßt sich in der Tat »das gesamte Universum einschließlich dessen, was wir als materiell bezeichnen, als eine Form von Information ansehen, und es liegt auf der Hand, daß die Informationen ständig anwachsen«, denn ihr Vorrat ist »prinzipiell unbegrenzt«.[53]

»Leben selbst«, sagt der Begründer der Vergleichenden Verhaltensforschung, Konrad Lorenz, so kurz wie präzis, »ist ein erkenntnisgewinnender Prozeß.« Es ist tatsächlich so, »daß das Leben mit einer konstitutiven Seite seines Wesens ein Erkenntnisvorgang ist, daß seine Entstehung mit derjenigen einer Struktur gleichzusetzen ist, der die Fähigkeit zukommt, Information zu gewinnen und festzuhalten, und die gleichzeitig so beschaffen ist, daß sie aus dem Strome der dissipierenden Weltenergie genügende Mengen an sich zu reißen vermag, um die Flamme der Erkenntnis mit Brennstoff zu versorgen«.[54]

Die Evolution ist demnach ein Selbstorganisationsprozeß auch des Bewußtseins im Rahmen der Stammesgeschichte, so daß die Grundvoraussetzungen, gleichsam die Grundmuster der menschlichen Vernunft schon naturgegeben, also angeboren sind.[55] Unser bewußtes Erkenntnisvermögen ist »der jüngste Überbau über einem Kontinuum von Erkenntnisprozessen, das so alt ist wie das Leben auf diesem Planeten«, es ist »in den Grundlagen seiner Vernunft als eine Weiterentwicklung seiner Stammesgeschichte zu verstehen«.[56]

Wir haben also in der Evolution der belebten Natur ein in etwa parallel strukturiertes, fundamentales Ordnungsgeschehen zu konstatieren, in welchem das Leben, in Ontogenese und Phylogenese sich selbst überhöhend, zu immer neuen Stufen der Gestaltverwirklichung *und* des Erlebnisreichtums emporsteigt. Einerseits verwirklicht sich jedes Lebewesen nach außen hin in der Ausfüllung der Raum-Zeit, in der dynamischen, zielgerichteten Entwicklung seiner äußeren Gestalt, andererseits entfaltet es in vielfacher wechselseitiger Bedingtheit damit und parallel dazu seine Subjektivität, sein Empfindungsvermögen, sein Bewußtsein, erweitert es seinen Bereich der Informiertheit. Die Frage nach der Deutung dieses Geschehens ist ein philosophisches Anliegen. »Vor der Größe des Geheimnisses, das hinter diesem Anliegen steht, wandelt sich das Schweigen des Biologen in Ehrfurcht. Wer aber glaubt, daß es je möglich sein werde, das organismische Geschehen in seiner Innerlichkeit durch integrative Prozesse nach physikalischen Prinzipien im Sinne einer *explicatio ultima* aus dem absoluten Zufall erklären zu können, macht sich selbst zum Gegenstand eines psychologischen Problems. Whitehead hat dieses Problem treffend charakterisiert: ›Forscher, deren Lebensziel es ist, die Ziellosigkeit des Lebens nachzuweisen, bilden einen interessanten Forschungsgegenstand‹.«[57]

Der Zufall hat natürlich eine Funktion in der Evolution, aber es ist nicht der absolute Zufall, sondern der relative, und dieser wird vom Leben als erkenntnisgewinnender Prozeß immer sofort in seinen Dienst genommen. »Schon im Präbiotischen besteht die

Strategie im Einfangen des Zufalls und in der Bewahrung der daraus resultierenden Strukturgesetze, wie Manfred Eigen zeigte. Dieses ›Order-on-Order‹-Prinzip reicht... durch die ganze Evolution der Organismen; und es setzt sich... in der Entwicklung des Kindes, ...im Verhalten des Erwachsenen, ...in den Vorbedingungen der Sprache und... im Phänomen der Tradierung kultureller Muster fort. Die Einheit dieser ›Strategie der Genesis‹ ist heute wohlbegründet.«[58] Immer aber ist »alles Lebendige, solange es lebt, in steter Bewegung befangen; in einer ruhelosen Suche nach etwas mehr Überschau und Voraussicht; mit dem unerreichbaren Ziel der Ruhe und Gewißheit«.[59]

Eine ökologische Religiosität, die in ihrer universal-ganzheitlichen Haltung allen Aspekten der Wirklichkeit gerecht werden will, wird sodann einen weiteren Grund für den Eigenwert und die Rechtshoheit der Natur darin sehen, daß diese auch eine Fülle intelligenter *mathematischer Strukturen* hervorbringt. Unter den deutschen theoretischen Physikern hat Werner Heisenberg vielleicht am nachdrücklichsten auf die mathematische Gesetzmäßigkeit in der Natur aufmerksam gemacht. Ihm zufolge bestimmt »noch heute den Weg der exakten Naturwissenschaft... der Glaube an die sinngebende Kraft mathematischer Strukturen«. Wer seinen Blick für »die gestaltende Kraft mathematischer Ordnung geschärft habe, erkenne ihr Wirken in Natur und Kunst auf Schritt und Tritt«. »Wenn in einer musikalischen Harmonie oder einer Form der bildenden Kunst die mathematische Struktur als Wesenskern erkannt wird, so muß auch die sinnvolle Ordnung der uns umgebenden Natur ihren Grund in dem mathematischen Kern der Naturgesetze haben.« Die Ordnung in der Natur sei »mathematisch faßbar«, zum Elementarteilchen der modernen Physik gehöre eine mathematische Gleichung. »Diese Gleichung formuliert das Naturgesetz, das den Aufbau der Materie beherrscht; sie enthält den zeitlichen Ablauf etwa einer chemischen Reaktion ebenso wie die regelmäßigen Formen der Kristalle oder die Töne einer schwingenden Saite.« Deshalb gilt nach Heisenberg die mathematische Einfachheit als das oberste heuristische Prinzip bei der Auffindung der Naturgesetze in einem durch neue Experimente erschlossenen Gebiet. Eigens betont noch der Entdecker der sog. Unschärferelation, daß die Atomlehre der modernen Physik dadurch wesentlich von der antiken Atomistik unterschieden sei, »daß sie die Ausgestaltung oder Umdeutung zu einem naiven materialistischen Weltbild nicht mehr zuläßt«. Nun ist die moderne Atomphysik gerade in der Gestalt ihrer mathematischen Gleichungen und Berechnungen ein Buch mit sieben Siegeln für die meisten Zeitgenossen. Auch die ökologische Religion kann von niemandem verlangen, Mathematiker oder Physiker zu werden, um die mathematischen Ordnungsstrukturen der Natur in eine möglichst umfassende Wahrnehmung der Gesamtwirklichkeit einzubringen. Aber wie ein intuitives, feinfühliges Empfinden der Natur in ihrer Schönheit und Erhabenheit, ihren sozial-altruistischen Aspekten und ihrem Drang nach höheren Bewußtseinszuständen möglich ist, ohne daß man einige Semester an einer Kunstakademie absolviert oder Vorlesungen über Sozialethik, Evolutionsbiologie und Philosophie gehört haben muß, so gibt es auch nach Heisenberg »dahinter«, das heißt hinter der bewußten Kenntnis der mathematisch formulierten Naturgesetze »noch ein unmittelbares Verstehen der Natur, das diese mathematischen Strukturen unbewußt empfängt und im Geist nachbildet, und das sich allen den Menschen erschließt, die zu einer innigeren, aufnehmenden Beziehung zur Natur bereit sind«.[60]

Für Heisenberg sind die mathematischen Gesetzmäßigkeiten in der Natur ein Ausfluß der »zentralen Ordnung«, von der auch ökologische Religion in ihrem Sinnglauben zutiefst überzeugt ist. Am Anfang war seiner wissenschaftlichen Überzeugung nach nicht das Teilchen im Sinne der Demokritischen These, »am Anfang war die Symmetrie«. »Die Elementarteilchen verkörpern die Symmetrien, sie sind ihre einfachsten Darstellungen, aber sie sind erst eine Folge der Symmetrien.« Der – mathematisch so unberechenbare – Zufall kommt in der Entwicklung des Kosmos ebenfalls später ins Spiel. Aber auch er »fügt sich den zu Anfang gesetzten Formen, er genügt den Häufigkeitsgesetzen der Quantentheorie«. In der späteren, immer komplizierter werdenden Entwicklung wiederholt sich dann dieses Spiel auf immer höheren Ebenen. Heisenberg zieht eine Verbindungslinie zur Philosophie Platos. Er vergleicht die Elementarteilchen mit den regulären Körpern in Platos »Timaios«. »Sie sind die Urbilder, die Ideen der Materie. Die Nukleinsäure ist die Idee des Lebewesens. Diese Urbilder bestimmen das ganze weitere Geschehen. Sie sind die Repräsentanten der zentralen Ordnung. Und wenn auch in der Entwicklung der Fülle der Gebilde später der Zufall eine wichtige Rolle spielt, so könnte es sein, daß auch dieser Zufall irgendwie auf die zentrale Ordnung bezogen ist.«[61]

Wie das technisch Zweckmäßige, so ist auch das mathematisch und damit quantitativ Faßbare in der Natur besonderer Gegenstand der exakten Naturwissenschaften und in ihrem Gefolge der Technik. Das Übel liegt darin, daß der Blick der meisten Naturwissenschaftler und der der sogenannten offiziellen Naturwissenschaft einseitig und so gut wie ausschließlich in diese Richtung des Quantitativen und technisch Relevanten geht, daß die (anderen) Qualitäten der Natur dabei gar nicht mehr gesehen oder glatt geleugnet werden. Dabei sind gerade das Mathematische und das Schöne in Natur und Kunst keineswegs einander wesensfremd oder getrennt voneinander zu sehen. Schon der große Astronom Johannes Kepler (1571–1630) sah die grundlegende Verbindung beider Aspekte in der Natur, mag uns auch seine Begründung heute zu theologisch anmuten: »Damit die Welt eine beste und schönste Welt werde, damit sie jene Idee aufnehmen könne, hat der allweise Schöpfer die Größe geschaffen und die Quantitäten ausgedacht.«[62] »Denn die Welt«, sagt Kepler an anderer Stelle[63]; »hat an der Quantität teil, und der Geist des Menschen... erfaßt nichts so gut, wie eben die Quantitäten, für deren Erkenntnis er offenbar geschaffen ist.«

Tatsächlich begegnen, ja vereinigen sich Mathematik und Schönheit z. B. in jeder musikalischen Harmonie, in der Bewegungsrhythmik der Körper und in ihren Symmetrieeigenschaften. Bei den Kristallgestalten in der anorganischen Natur beispielsweise basiert deren Schönheit ganz und gar auf den Ordnungen der Symmetrie. Es ist die gesetzmäßige Wiederholung gleichartiger Elemente im Raum. »Die regelmäßige Wiederholung gleichartiger Flächen, Kanten, Winkel macht die Schönheit der Kristalle aus. Je nach der Ausbildung bzw. Wachstumsstörung bemißt sich der Grad der Schönheit.«[64] Die mannigfaltigen Kristallformen in der Natur erwecken den Eindruck jeweils verschiedener Raumgefüge und im Zusammenhang damit erhebende sinnlich-sittliche Wirkungen. Eine schlanke Quarzsäule ruft das Gefühl eines anderen Raumgefüges hervor als ein würfeliger Flußspatkristall. Aber in beiden Fällen kommen den Linien dieser Kristallkörper ästhetische Wirkungen zu. So offenbart sich in den Ergebnissen der Kristallisationsprozesse die morphologische Schönheit der Natur in »regelmäßigen Formen«, in »mathematischer Regelmäßigkeit«. Die »Kristallisation der Mineralien ist deren angemessenes Gestaltungsgesetz, ebenso durch die Härte und Strenge der mathematischen Linien wie durch die Gleichgültigkeit hinsichtlich der Ausdehnung«.[65] Vergessen sei dabei auch nicht die Schönheit mineralischer Farben, die man etwas pathetisch, aber nicht zu Unrecht als »Taten des Lichts« bezeichnet hat. Der Physiko-Chemiker K. L. Wolf hat, unter Einbeziehung streng mathematischer Methodik, in zahlreichen Arbeiten die »komplizierten Architekturen« von Atomen, Molekülen und Makromolekülen, von Schneekristallen, von Diatomeen, ferner Zeichnungen von Schlangenhäuten, von Ornamenten ganz allgemein, von Wachstumsformen der Bäume bis hin zu menschlichen Architekturgebilden sorgfältig auf ihre Symmetriebeziehungen hin analysiert und beschrieben. Diese Symmetrie ist es nach ihm, auf der »die gestaltliche Schönheit in der Hauptsache beruht«.[66] Hier eröffnen sich Neuansätze und Perspektiven für eine gleichsam kosmisch-mathematische Ästhetik, die ja auch bereits Kepler in seiner »Sphärenharmonie« angestrebt hatte. Leider muß man sagen, daß die exaktwissenschaftliche Mineralogie die Schönheit der Mineralien stillschweigend übergeht, in ihrer Begrenztheit den Blick für deren Schönheit sogar oft verdunkelt. Es gehört eben eine ganzheitlichere, auch intuitiv-emotionale, letztlich kosmisch-religiöse Grundhaltung dazu, um Schönheit in der schweigenden Natur wahrzunehmen. Gegenüber dem, der wahrzunehmen bereit ist, spricht diese Natur dann allerdings sehr Vieles und Wichtiges aus.

Hier wären jetzt noch Erwägungen über das Zusammenspiel von Mathematik und Schönheit, von proportionaler Quantität und Ästhetik in der lebenden Zelle anzuschließen. Da es uns im Rahmen dieses Buches nur darum gehen kann, die mit ökologischer Religiosität zusammenhängende Sensibilität für die Weite und Tiefe der Natur in ihren mannigfachen sinnvollen Bezügen durch zwangsläufig fragmentarische Hinweise und Erhellungen anzuregen, verweisen wir diesbezüglich lediglich auf weiterführende Literatur.[67] Auf die Aristie der Gestaltung lebender Großorganismen, in der sich edle Schönheit und mathematisch erfaßbare Symmetrien und Strukturen ebenfalls vereinigen, haben wir oben bereits hingewiesen. Auch die oben erwähnte Zweckmäßigkeit vieler Gestaltungen und Bewegungsabläufe im Tierreich (Torpedogestalt, Flugwesen usw.) beruht auf einem Zusammenspiel ästhetischer Elemente und mathematischer Proportionen. Vielleicht darf man in diesem Zusammenhang das immerhin interessante Phänomen hinzufügen, daß der Mensch quantitativ, d. h. nach Größe und Gewicht, in der »goldenen Mitte« zwischen Mikro- und Makrokosmos, zwischen den kleinsten Elementarteilchen und dem gewaltigen Universum liegt.[68]

Wer die Natur, vor allem auch das großartige Phänomen ihrer über Jahrmillionen sich erstreckenden Aufwärtsentwicklung, auf sich einwirken läßt, der ist auch immer wieder von dem »Neuen« fasziniert, das sie erfinderisch schafft. Im Laufe ihrer Geschichte brachte sie immer wieder neue Formen und Typen hervor. Die Evolution des Lebendigen ist von außerordentlichen gestaltlich-strukturellen Umformungen der Organismen gekennzeichnet. Neue Baupläne und Typenorganisationen, neue Synorganisationen und Organsysteme, die Entstehung verschiedenartiger Instinktkomplexe, die ständige und dennoch merkwürdig-erstaunliche Steigerung der Organisationshöhe des jeweils bisher erreichten Niveaus der Evolution, die Genese fremddienlicher Zweckmäßigkeit, das Ungleichwerden vorher gleichartiger Teile mit neuen Zell- und Funktionsdifferenzierungen, der Ursprung der Baupläne der Stämme des Tier- und Pflanzenreiches – all das sind »Neuheiten« in der Evolution, die zugleich noch einer tiefergehenden system-kausalen Erklärung bedürfen, weil die bisher bekannten Erbänderungen, wie die Genmutationen, Chromosomenmutationen, Transduktionen, Genommutationen und Plasmonmutationen diese Novitäten denn doch nicht ausreichend zu erklären vermögen. Die bisherigen Ergebnisse der Mutationsforschung besagen ja nur, daß formändernde Summierungen von Mutationen, die den Bereich einer Tier- oder Pflanzenart überschreiten, bisher nicht beobachtet worden sind. Die bisher beobachteten Abänderungen halten sich im allgemeinen im Rahmen der Art und betreffen keine Neubildungen von Organen, sondern stets nur relativ geringfügige graduelle Abwandlungen bereits vorhandener Organe nach Größe, Form, Zahl, Farbe usw. Die beispielsweise bei der Märtyrerin der genetischen Forschung, der in Tests und Operationen millionenfach malträtierten Taufliege *Drosophila* experimentell untersuchten Mutationen der Flügelausbildung zeigen uns nicht etwa, wie der Drosophila-, Dipteren- oder noch allgemeiner der Insektenflügel entstanden ist, sondern sie veranschaulichen uns lediglich den Ausprägungsgrad und gewisse von der Norm abweichende Gestaltungen dieses längst im Erbgut verankerten Organs.

Zwar gibt es auch einige erbliche Abänderungen von Merkmalen höherer systematischer Einheiten (etwa Ordnungscharaktere), aber die meisten der Mutationen, die Familien- und Ordnungscharaktere ändern, sind Rückschläge, Atavismen. Auch besagt die Tatsache, daß eine Mutation ein Merkmal ändert oder erreicht, das in gewissen Fällen zur Abgrenzung von Familien oder Ordnungen gebraucht wird, noch keineswegs, daß damit die Entstehung von Familien und Ordnungen aufgezeigt sei. Die für Familien, Klassen, Ordnungen aufgestellten Ordnungsmerkmale sind ja von der Biologie oft recht willkürlich gewählt.[69]

Zweifellos liefern die heute bekannten Wirkungsmechanismen ein befriedigendes Verständnis der Mikroevolution, des experimentell erfaßbaren Formenwandels niederen Grades. Die Entstehung kleinerer Dauerabweichungen, Rassen, vielleicht auch neuer Arten kann bzw. (bei Arten) könnte auf diese Weise erklärt werden. In der Ausdrucksweise der Spezialforschung: »Die direkte genetische Untersuchung beschränkt sich auf das Gestaltungsniveau unterhalb der Art, in diesem ›subspezifischen‹ Gestaltungsbereich ist sie vollwertig. Für die Entstehung von Unterarten (Subspecies) gelten die Darwinschen Regeln.«[70] Aber es scheint ganz so, daß wir die Makroevolution, die großartigen Schöpfungen der Natur, ihre gewaltigen »aktiven Umkonstruktionen« (H. Böker), d. h. die Wandlungen der Typen, der ganzheitlichen Baupläne ganzer Ordnungen oder Stämme bisher noch nicht hinreichend durchschauen, vielleicht nie ganz durchschauen werden. Das Inventar der (neo-)darwinistischen Kausalmechanismen – die Summation kleinster mutativer Abweichungen plus Orthoselektion, d. h. positive Erfassung der Mutanten, die in der Richtung statistisch anfallen, in der die Auslese längere Zeit hindurch wirkt, plus evtl. noch Isolation und die Wirkungen der Populationsgröße – kann eventuell auch noch gewisse Teilprozesse der über die Arten hinausgehenden, der sogenannten transspezifischen Evolution erklären. Aber die Hauptprobleme der Makroevolution, etwa auch die Entstehung großer und großartiger Abweichungen in der Biosphäre, wie sie uns in den Gestaltungen der Vögel oder der Säugetiere, der Insekten oder der Spinnen entgegentreten, sind auf diese Weise nach allem, was wir bisher wissen, nicht zu lösen. Das, was bisher diesbezüglich an Erklärungsangeboten dargereicht worden ist, nimmt sich angesichts der Größe der in ihrem Entstehen zu erklärenden Wirklichkeiten der Natur recht dürftig aus.

Mikromutationen können also kaum zu den neuen Funktions- und Gestaltungssystemen, die die Natur im Verlauf ihrer Höherentwicklung hervorgebracht hat, geführt haben. Die Selektion konnte andererseits nur auslesen, was schon vorhanden war oder (im Fall der dynamischen Auslese) neue Bedingungen für den Auftritt des Neuen schaffen. Die geschlechtliche Fortpflanzung konnte lediglich schon Vorhandenes neu kombinieren. Auf diese Weise wäre wohl nie ein neuer Bauplan mit neuer Funktion entstanden. Mit anderen Worten: Die Selektion, dieser General, dem viele Evolutionsforscher geradezu allmächtige, strategische Wirkungen zuschreiben, kann nur die Anpassungsmerkmale innerhalb der einzelnen Baupläne, nicht aber diese selbst auslesen. Hier zeigt sich wieder die eigentliche »erhabene Zwecklosigkeit« der Natur in ihren großen Gestaltungen. Es ist »auf die wesentliche Unterscheidung des Baustiles, der Architektonik der Typen, der Familien, Ordnungen usw. hinzuweisen gegenüber der bloßen Ausgestaltung dieses architektonisch Festgelegten durch Merkmale äußerer Anpassung im Sinne der Zweckmäßigkeit. Ein Formtypus trägt seine eigene Formbestimmtheit in ›erhabener Zwecklosigkeit‹ (A. Schopenhauer) in sich; erst sekundär kommt es in zahlreichen Abwandlungen zur Anpassung an verschiedenste Umweltverhältnisse. Im Bilde gesprochen: Die Architekturgeschichte läßt Gotik, Renaissance-, Barock-, Rokokostil usw. unterscheiden. Jeder dieser Stiltypen hat zunächst mit Anpassung nichts zu tun. Er ist reine ›Ausdruckserscheinung‹. Wohl aber wurden in diesem Stiltypus Baulichkeiten von verschiedenster Zweckbestimmung aufgeführt: Wohn-, Korn-, Rathäuser, Burgen, Schlösser, Kirchen.«[71] Kein Zweifel: Die Natur gefällt sich in »Geniestreichen einer Hervorbringung von etwas völlig Neuartigem«, wie der bekannte Paläontologe O. H. Schindewolf das einmal formuliert hat.[72] Wir können gelassen die weiteren Antworten der Naturwissenschaft auf die Kausalfrage der Makroevolution abwarten. Wir müssen auch keineswegs unbedingt transzendent-vitalistische Prinzipien zur Erklärung der großen Novitäten, die in der Stammesgeschichte der Natur auftraten, heranziehen. Denn eines ist heute schon sicher: Alle Übergänge, selbst alle eventuellen Sprünge zu etwas Neuem in der Phylogenie waren Resultate ganzheitlich-systematischer Prozesse, waren Wunderwerke der Natur an systemmäßiger, ganzheitlicher Präzision. Der berühmte

Vererbungsforscher R. Goldschmidt, der durchaus das Zusammenwirken von Zufall, natürlicher Auslese und Isolation bei der Makroevolution anerkennt, hält trotzdem die bloße Summierung von Kleinmutationen beim Übergang von einer Art zur anderen für nicht ausreichend. Für die transspezifische oder Makroevolution müssen, diesem Forscher zufolge, »Systemmutationen« zur Erklärung herangezogen werden, ganzheitliche Ummusterungen also des Chromosomenbestandes, so daß die Keimentwicklung in frühem Stadium in eine andere Richtung abläuft. Die Arten und die Wurzeln größerer Stammbaumzweige müssen direkt aus komplexen Mutationen, aus »Groß-«, »System-« oder »Schlüssel-Mutationen« hervorgegangen sein.[73] Goldschmidt war es auch, der eine ganz wichtige Entwicklung zur Ganzheitssicht in der Erbforschung mit der radikalen Frage einleitete, ob das Gen noch als eine Erbeinheit von separierter Existenz aufgefaßt werden dürfe. Dies hat zu sehr detaillierten Vorstellungen »einer *hierarchischen Organisation des genetischen Materials* innerhalb des ganzen Anlagenkomplexes (Genoms) der Zelle* geführt, ferner zu der Annahme, daß die Gene bzw. die Glieder der hierarchischen Ordnung in ihrer Aktivität *kybernetischen Wechselwirkungen und Rückkoppelungen* wie geregelte Systeme unterworfen sind, auch einer Regulierung von seiten des Zellplasmas unterliegen«.[74]

L. von Bertalanffy hat darüber hinaus darauf aufmerksam gemacht, daß durch das Herauslösen und die analytische Klärung einzelner physikalisch-chemischer Vorgänge das Hauptproblem der Organisation des Keimes und der Formbildung ungelöst bleibe. »Denn eine Reaktion zwischen – definierten oder nicht definierten – Genhormonen und organbildenden Stoffen kann immer nur chemisch definierbare Körper liefern, nicht aber organisierte Formen, wie die Entwicklung sie produziert«, und wohl auch nicht Funktionsordnungen. Auf dieser Grundlage vertritt von Bertalanffy die wissenschaftliche Überzeugung, daß die Keimentwicklung aufgrund der erblichen Anlagen *organismisch-ganzheitlich*[75] *und dynamisch* verläuft, daß sie nicht durch Prinzipien erklärt werden kann, die aus der unbelebten Natur bekannt sind, sondern daß »ein spezifisches, dem Organismus immanentes Gestaltungsprinzip vorausgesetzt werden muß«.[76]

Man muß dieses immanente Gestaltungsprinzip nicht zwangsläufig vitalistisch auffassen. Im Rahmen der Systemtheorie kann man durchaus die Annahme nur physikalisch-chemischer Kräfte machen, die allerdings im ganzheitlichen, neue Qualitäten hervorbringenden System der Wechselwirkungen und Rückkoppelungen des Lebendigen ganz andere, höhere, gerichtete Funktionen und Organisationsaufgaben erfüllen. Wenn »nicht nur zwischen den Erbfaktoren unter sich (Zistronen und Genen) *Rückkoppelungen nach Art von Regelkreisen* bestehen, sondern auch Rückwirkungen der Keimteile auf die Gene (in Form von Aktivierungen verschiedener Gengruppen) tätig sind, so erhebt sich die Frage, ob nicht die Möglichkeit zu bejahen ist, daß das *finalistische* – auf ein Endziel unaufhaltsam und nicht umkehrbar zustrebende – *Geschehen der ontogenetischen Entwicklung* aus den Eigenschaften und Leistungspotenzen eines hochkomplizierten, multistabilen, aus Untersystemen in hierarchischer Ordnung aufgebauten Regelsystems erklärbar ist; dieses komplexe System würde dann das immanente Gestaltungsprinzip des Organismus repräsentieren, und zwar auf rein physikalisch-chemischer Basis.«[77]

Was für die Ontogenese gelten mag, könnte auch für die Phylogenese richtig sein. Das heißt, daß systemtheoretische Überlegungen vielleicht Licht in die entscheidenden Vorgänge der Makroevolution bringen könnten. Denn trotz der »geradezu unheimlichen Erfolge« der Genetik, ist ja bisher »die Frage nach der Kausalität der Makroevolution im strengen Sinn unbeantwortet« geblieben.[78] Die gerade von der Paläontologie aufgedeckten Diskontinuitäten mit langdauernden Verzögerungen (»Retentionen« im Fachjargon) und darauffolgenden großen Sprüngen in der Evolution wären im Grunde nur durch die Annahme von nicht auf physikalischem Zufall beruhenden Makromutationen zu überbrücken. Aber eine solche Annahme widerstrebt den meisten Biologen, obwohl der theoretische Physiker W. Heitler in detaillierten mathematischen Berechnungen mehrfach nachgewiesen hat, daß die faktisch zur Verfügung stehende Zeitspanne für die Entstehung neuer und höherentwickelter biologischer Typen auf der Grundlage des physikalischen Zufalls entschieden, ja um ganze Äonen zu kurz ist. Seine Berechnungen der Wahrscheinlichkeit einer Makromutation und der für sie benötigten Zeitspanne lassen für ihn nur einen Schluß zu: »Auf physikalischem Zufall beruht der Aufbau des DNS-Moleküls, das für einen höheren Organismus verantwortlich ist, sicher nicht.«[79]

Aber vielleicht kann die Systemtheorie Faktoren und Aspekte ins Spiel bringen, die denen ähnlich sehen, die wir bereits bei der ontogenetischen Entwicklung angesprochen haben. Es könnte »ein im Prinzip ähnlicher *kybernetischer Mechanismus* höherer komplexer Struktur« sein, der auf der Grundlage von Wechselbeziehungen mehrerer Rückkopplungssysteme »von sich aus neue Wege sucht und verwirklicht, den Organismen eine immer höhere Fähigkeit zu verleihen, sich in der Umwelt mit ihrer Art bleibend durchzusetzen und diese zu beherrschen«.[80] Wenn auch diese systemtheoretische Erklärung der großen Sprünge der Makroevolution noch weitgehend hypothetisch bleibt, ist doch an den »organischen Gesetzmäßigkeiten« (L. v. Bertalanffy), die die Evolution beherrschen, nicht zu rütteln. Während des ganzen Lebens eines Einzelwesens und ebenso während der ganzen Evolution bleibt eine Strukturganzheit vom molekularen Bereich bis zu den höchsten Organsystemen durchgängig trotz ständigen Wechsels und Umbaus erhalten. Die Dignität jedes lebenden Organismus besteht darin, daß er – ob in Vergangenheit oder Gegenwart – stets als eine respektable und sinnvolle Ganzheit vor uns stand bzw. steht. Der Organismus jedes Tieres, jeder Pflanze ist ein hierarchisch geordnetes Ganzes, das stets mehr ist als die Summe seiner Teile, das durch Unter- und Überordnung von Teilsystemen als Ganzes neue Eigenschaften und Möglichkeiten funktionellen Wirkens gewinnt, die durch bloße Summierung der Teile nicht verständlich werden.

Der Selbstwert dieser organismischen Ganzheiten von Tieren und Pflanzen besteht u. a. auch darin, daß sie *selbststeuernde* und *selbstregulatorische Systeme* sind. Selbstregelung ist ein »Urprinzip der Lebensvorgänge«.[81] Die Selbstregelung des zur Persönlichkeit herangereiften Selbst des Menschen ist ohne diese Selbstregelung in der Biosphäre überhaupt und von den untersten Organismen an gar nicht zu verstehen. Das erstaunliche Phänomen der Selbstregulation und Selbstorganisation der lebenden Natur zeigt sich am deutlichsten in zwei Arten von Aktivitäten: denen der *Selbsterhaltung* und denen der *Selbst-Transzendenz*, der *Selbst-Transformation*. Obwohl jeder Organismus, jede Art unerhört viel für die Selbsterhaltung, für die eigene Konservierung sozusagen, tut – man denke an die Anstrengungen der Heilung, der Selbsterneuerung, der Homöostase, der Anpassung an wechselnde Umweltbedingungen usw. –, gibt es in der Evolution der Organismen trotzdem die noch bemerkenswertere Tendenz zum Lernen, zur Vermehrung der Information, auch der genetischen, zur Höherentwicklung, zum Über-sich-hinauswachsen, um neue Strukturen und neue Verhaltensformen zu schaffen. »Dieses schöpferische Hinausgreifen in ein Neuland, das im Laufe der Zeit zu einer geordneten Entfaltung von Komplexität führt, scheint eine fundamentale Eigenschaft des Lebens zu sein, ein grundlegendes Charakteristikum des Universums, das – zumindest für den Augenblick – keiner weiteren Erklärung zugänglich ist.«[83]

Ohne diese geheimnisvolle Selbst-Transzendenz der lebenden Natur wären wir nicht da, sie hat uns hervorgebracht, so daß wir gegenüber den vor- und nichtmenschlichen lebenden Daseinsformen, die uns auf dem Weg der Evolution zum Menschen begleitet bzw. uns mitbewirkt haben, schon aus diesem Grunde eine gewisse Dankbarkeit hegen müßten. »Der ursprüngliche Zusammenhang der Menschheit mit der übrigen Welt ist der naturgeschichtliche. Der Mensch ist mit Tier und Blume, Baum und Stein aus der Naturgeschichte hervorgegangen als die Besonderung Homo sapiens unter Hunderten von Säugetierarten, Tausenden von Wirbeltierarten und Millionen von Tier- und Pflanzenarten am Baum des Lebens insgesamt. Sie alle und die Elemente der Natur sind unsere natürliche Mitwelt... Denn wir sind ein Teil der Natur.«[83]

Geheimnisvoll nannte ich diese Selbst-Transzendenz der lebenden Natur, weil sie – wie Konrad Lorenz mit Recht sagt – »die wunderbarste Leistung des Lebendigen« und gleichzeitig diejenige ist, »die einer Erklärung am meisten bedarf«. Diese Leistung des Lebendigen besteht darin, »daß es sich, in scheinbarem Widerspruch gegen die Gesetze der Wahrscheinlichkeit, in der Richtung vom Wahrscheinlicheren zum Unwahrscheinlicheren, vom Einfacheren zum Komplexeren, von Systemen niedrigerer zu solchen höherer Harmonie entwickelt.«[84] Organismen sind also selbstorganisatorische, selbstregulatorische Systeme, die in einem Kreis positiver Rückkoppelung Energie gewinnen. Aber den Grund, warum es Evolution als einen so umfassenden Prozeß, der überall im Universum in gleicher Weise abläuft, gibt, warum dieser Prozeß das ständige Entstehen, Wachsen und Ausbreiten von Komplexität, von Mustern, von Information beinhaltet, weiß kein Wissenschaftler anzugeben. »Die Wissenschaft kann noch nicht beweisen, daß Komplexität stets wachsen muß. Sie kann auch nicht begründen, warum das so ist.« Sie kann nur als sicheres Ergebnis des Gesamts ihrer bisherigen Beobachtungen feststellen, daß der Natur dieses Verhalten zunehmender, geordneter Komplexität konstitutiv eignet. »Auch wenn man sagt, es läge in der Natur ein Systemzwang vor, der Zufallsereignisse immer nur in einer Richtung auswählte, ist das keine Erklärung, sondern nur eine Beschreibung der Beobachtung mit anderen Worten.«[85]

Wäre die Selbsterhaltung des Lebens höchstes Gesetz, dann wäre Anpassung um jeden Preis bitterste Notwendigkeit. Dann gäbe es keine Selbst-Transzendenz des Lebens, keine Zunahme der Komplexität, keinen Erfindungsreichtum, keine Neuschöpfungen, keine Kreativität, keine Spontaneität der Neuaufbrüche. Der Sprung des Lebens vom Einzeller zum Vielzeller, der Schritt zu immer höherer, aber auch gefährdeterer Organisation, zu immer feiner strukturierten Sozialgebilden wäre nie gewagt, nie getan worden, wenn Nützlichkeits-»motive« (der Selbsterhaltung), wenn Anpassung an die Umwelt des Lebens höchste Normen wären. Das risikolose, konservativ-träge Verbleiben auf primitiv-

sten, wenig spezialisierten, weniger differenzierten und komplizierten Lebensstufen wäre zweifellos das Nützlichste im Sinne der
relativ ungefährdetsten Angepaßtheit an die Umwelt gewesen.
Unter dem Eindruck des triumphalen Siegeszuges des Darwinismus hat man lange die Tatsache verkannt, daß z. B. Bakterien wegen ihrer Unkompliziertheit durchaus weit mehr Chancen haben,
am Leben zu bleiben und vor dem Aussterben bewahrt zu werden,
als kompliziert gebaute Organismen. »Wenn die organischen Lebewesen, anstatt im bisherigen Zustand nach Nützlichkeitszwek-
ken konservativ zu beharren, nach Variation und Vervollkommnung drängen, so wird jeder Schritt trotz der darin steckenden Gefahren gewagt. Wie das Geistige plötzlich Evolutionen macht – so
bei der Entstehung der Philosophie im Altertum und der damaligen explosiven Anwendung aller geistigen Möglichkeiten, von
der wir heute noch zehren –, so auch das Organisch-Körperliche.
Unter größten Gefahren und Opfern für die Art werden einige
vorgetrieben und wird der Wurf nach höherer Organisation
und Leistungsfähigkeit gewagt. Das Erfassen der günstigen Gele-
genheit unter gegebenen Bedingungen ist wie bei Erfindungen
das Geheimnis, welches die Neuschöpfung im Organischen umgibt.«[86]
   Einerseits muß also das Leben als Selbsterhaltungs- und Anpas-
sungsvorgang beschrieben werden. Hier greifen die Mechanismen
der neo-darwinistischen Theorie, hier stellen Faktoren wie Mutation, Auslese, die Struktur der DNS, Fortpflanzung, Vererbung
das notwendige Instrumentarium zur weitgehend einsichtigen Erklärung zur Verfügung. Aber komplementär dazu, ja in vielen
Hinsichten vorrangig muß Leben als die den eben erwähnten genetischen Mechanismen zugrundeliegende »Dynamik der Evolution« beschrieben werden, »deren zentrale Charakteristik nicht
Anpassung, sondern Kreativität ist. Stünde die Anpassung allein
im Mittelpunkt der Evolution, dann wäre es schwer zu erklären,
warum sich lebende Formen jemals über das Stadium der blaugrü-
nen Algen hinausentwickelten, die perfekt an ihre Umwelt angepaßt, in ihrer Fortpflanzungsfähigkeit unübertroffen sind und seit

Milliarden von Jahren ihre Fähigkeit zum Überleben unter Beweis gestellt haben«.[87]

Im Gegensatz zu dieser Möglichkeit, daß sich Leben auf ganz primitiv-unkomplizierten Stufen für immer eingerichtet, »etabliert« hätte, steht die Tatsache, daß ein wesentlicher Aspekt der Dynamik der Selbstorganisation des Lebens sein fundamentaler Trieb zur Höherentwicklung, zur schöpferischen Entfaltung immer komplexerer Formen ist. Auf allen Ebenen der Evolution entstehen neue größere Gebilde, die ihrerseits wieder die Möglichkeit, den Drang, den Trieb der Vereinigung zu höheren, komplexeren Ganzheiten haben. Dieser Drang, dieser Trieb des Lebens nach Höherentwicklung, größerer Komplexität und Harmonie ist wissenschaftlich nicht erklärbar, weder durch die tonangebende, weil analytisch am präzisesten arbeitende neo-darwinistische Theorie noch durch irgendeine andere wissenschaftliche Erklärungshypothese. Dieser Trieb ist vielmehr die zu akzeptierende Voraussetzung, auf der jede naturwissenschaftliche Theorie dann weiter aufbauen kann. Auch andere Wissenschaftsdisziplinen sind ja nicht voraussetzungsfrei, müssen gewisse unbewiesene und unbeweisbare Axiome zum Fundament ihrer weiteren wissenschaftlichen Erkenntnisschritte machen. Die erkenntnistheoretische Ausgangsposition ist diesbezüglich also überall die gleiche.

Am besten wird noch die neue Systemtheorie dem Leben in seiner Komplexität gerecht, aber nur weil und soweit sie den Aufwärtsdrang des Lebens ganz generell in ihrer Rechnung voraussetzt und nicht wiederum durch die von der Systemtheorie namhaft gemachten Beziehungsgefüge, Regel- und Rückkoppelungssysteme (weg-)erklären will. Die Dynamik der Selbst-Transzendenz und Selbst-Transformation des Lebens ist vielmehr das A und O einer echten Systemtheorie, die mit Hilfe dieses grenzüberschreitenden Dranges erst die enorme, aber stets ganzheitlich-geordnete Komplexifizierung der Beziehungen und Rückkoppelungen verständlich machen kann. Die Natur als ein aufgrund ihres Dranges zur Selbstüberschreitung sich ständig auf einem höherem Niveau selbstorganisierendes und selbstetablierendes System![88]

Diesem System der Natur kommt auf allen Stufen seiner Selbstorganisation eine gewisse *Autonomie* zu, für die ökologische Religiosität ein weiterer Grund, die Natur zu achten, weil unsere – ebenfalls nur relative – Autonomie bestenfalls ein höherer Grad und die Fortentwicklung der Autonomie der Natur ist. Jedes System auf allen Stufen der Evolution befindet sich zunächst und prinzipiell in einem ökologisch ausgeglichenen Zustand mit seiner Umwelt, einem Zustand dynamischen Gleichgewichts, in Homöostase, wie der Fachausdruck heißt. Vielfache, wechselseitig abhängige Fluktuationen kennzeichnen diesen Zustand. Störungen des Systems haben zunächst zur Folge, daß seine Selbsterhaltungsenergien mobilisiert werden. Es ist dann bestrebt, durch negative Rückkopplungsmechanismen stabil zu bleiben, Abweichungen von seiner bisherigen Ausgeglichenheit zu reduzieren. Aber die andere Tendenz des Lebens neben der der Selbsterhaltung und Anpassung, nämlich die Dynamik der Selbstüberschreitung zu höheren, komplexeren Formen kann auch bewirken, daß Störungen, d. h. Abweichungen vom bisherigen Zustand der Ausgeglichenheit positiv aufgegriffen, im Innern der Organismen durch positive Rückkopplung verstärkt werden. Das geschieht nicht einmal immer im Rahmen einer Antwort, einer Reaktion auf Umweltveränderungen, sondern – auch dies ein Zeichen der Autonomie der Natur – manchmal spontan ohne alle äußeren Einflüsse. »Die Stabilität eines lebenden Systems ist also niemals absolut. Sie besteht so lange, wie die Fluktuationen unterhalb eines gewissen kritischen Umfangs bleiben, doch ist das System zu jedem Zeitpunkt bereit, sich umzuwandeln, stets zur Evolution bereit.«[89] Das gilt bereits in gewisser Weise für chemische dissipative Strukturen, wie der Physiko-Chemiker Ilya Prigogine (Nobelpreis 1977) nachgewiesen hat. Nach seiner »Theorie Dissipativer Strukturen« muß das Maß an Chaos (Entropie) in jedem offenen System – sei es chemischer, biologischer, gesellschaftlicher oder ökonomischer Art – bis zu einer kritischen Grenze anwachsen, wenn ein Evolutionssprung auf ein höheres Organisationsniveau möglich werden oder tatsächlich erfolgen soll.[90] In dieser Grenzsituation muß dann im

Zeichen der Autonomie des Systems die Entscheidung, die freie Wahl für oder gegen einen neuen Weg der Entwicklung getroffen werden. »Wird ein System instabil, so gibt es stets mindestens zwei mögliche Strukturen, zu denen hin es sich entwickeln kann. Je weiter das System sich vom Gleichgewicht entfernt hat, desto mehr Optionen stehen zur Verfügung. Es ist unmöglich vorherzusagen, welche dieser Optionen schließlich gewählt wird; es besteht eine echte Freiheit der Auswahl. Wenn das System sich dem kritischen Punkt nähert, ›entscheidet‹ es selbst, welchen Weg es einschlagen will, und diese Entscheidung wird seine Evolution bestimmen.«[91]

Damit stehen wir hier vor einem Bild der Natur als Evolution, das sich wesentlich von dem unterscheidet, welches die klassische darwinistische (und auch noch weitgehend die neo-darwinistische) Theorie zeichnet. Nach dieser Theorie entspringt alles Zweckmäßige, alles Wert-, Sinn- und Gestalthafte der sich entwickelnden Natur nicht irgendwelchen inneren Systemkräften der Organismen, sondern im Grunde nur der rein passiv erlittenen Aufprägung durch äußere Faktoren. Das Leben ist dieser Theorie zufolge keine Eigenaktivität von innen heraus, keine Selbsttätigkeit aus sich heraus, sondern im Grunde bloße Reaktivität auf äußere Reize. Evolution ist stets nur Anpassung an äußere Umstände, an wechselnde Umweltbedingungen, also Übergang von einer bisherigen in eine neue Ruhelage. Der große Phänomenologe, aber auch Lebensphilosoph Max Scheler sprach daher von den »Lehnsesselkategorien des Daseins« als einem Charakteristikum des Darwinismus.[92] Das ganze Evolutionsgeschehen reduzierte sich damit für diese als klassisch geltende Theorie mehr oder minder zu einem *bloßen Geschobenwerden*, gleichsam einem *blinden Vorwärtsstolpern* von einem Gleichgewicht zum anderen.[93] Demgegenüber hatte auch der große Vordenker einer »évolution créatrice«, Henri Bergson, der u. a. auf Teilhard de Chardin einen starken Einfluß ausgeübt hat, geltend gemacht, daß das Leben gegen Trägheit und Zufall zu immer höheren, gewagteren, freieren Formen aufsteigt, daß es sich der absteigenden Tendenz der Materie, der Entropie, durch seine innere »ektropische« Gesetzmäßigkeit entgegenstellt und diese Tendenz überwindet.[94]

Angesichts mannigfacher systemtheoretischer Erkenntnisse und Einsichten in Struktur und Funktion des Lebendigen muß heute das Hauptdogma der klassischen Evolutionstheorie aufgegeben werden. Die Evolution ist nicht Bewegung auf einen Gleichgewichtszustand hin, ist nicht immer perfektere Anpassung der Organismen an ihre Umwelt. Jenseits der absoluten Dominanz der Gleichgewichtskategorien und -normen entfaltet sie sich in einem freien Wechselspiel von Anpassung und Schöpfung. Wohl gibt es wie in der (neo-)darwinistischen Theorie den Zufall: den Zufall planloser Mutationen und der eben erwähnten Fluktuationen als Resultat des Aktions-Reaktions-Mechanismus zwischen Organismus und innerer bzw. äußerer Umwelt. Ist jedoch der ebenfalls schon erwähnte kritische Grenzpunkt erreicht, dann kommt zwar ebenfalls wie im (Neo-)Darwinismus Notwendigkeit ins Spiel,[95] aber im Unterschied zu ihm handelt es sich hier um die Notwendigkeit zur Freiheit, zur freien Wahl des weiteren Entwicklungsweges, der keineswegs im Sinne bisheriger Anpassungsnotwendigkeiten verlaufen muß. »In der Systemschau wird der Prozeß der Evolution nicht von ›blindem Zufall‹ beherrscht, sondern stellt die Entfaltung einer Ordnung und Komplexität dar, die man als eine Art Lernprozeß mit Autonomie und Freiheit der Wahl ansehen kann.«[96]

Die Natur mit ihrem Drang nach Komplexität und Höherentwicklung ergreift also auf der Stufe der Biosphäre die zufällig günstigen Mutationen in eigenständiger Weise, um auf diesem neueröffneten Weg sich zu höherer Organisation und höheren Zuständen emporzuschwingen. Das Leben der Natur als Ganzes ist ein umfassend-offenes Unternehmen. Damit will ich sagen, daß alles Leben einen mehr oder weniger unbewußten Drang zur Selbst-Transzendenz, zum Mehr-Sein, Höher-Sein, Schöner-Sein usw. hat, daß es in der gesamten Biosphäre gleichsam ein »Tasten nach oben« gibt, worauf Teilhard de Chardin stets so nachdrücklich hingewiesen hat.[97] J. V. Kopp hat dieses Anliegen Teilhards unübertroffen wie folgt kommentiert: »Alle Lebewesen suchen das Höchste und Letztgeplante zu finden. Die Biosphäre gleicht also einem Wald von tastenden Fühlern. Begegnet einer dieser Fühler einer günstigen Mutation, das heißt einer Öffnung, die Zugang zu einem neuen Abschnitt des Lebens verspricht, dann gewinnt dieser Zweig, statt sich in gleichförmigen Abwandlungen auszuleben, eine neue Beweglichkeit. Es beginnt eine neue Entwicklungslinie. Auf dem eröffneten Weg erneuert sich der Pulsschlag des Lebens. Aus dem frischen Reis sproßt ein zweites, aus ihm ein drittes und so fort, vorausgesetzt, daß die Richtung gut ist.«[98]

Die Evolution der Natur in ihrer Gesamtheit ist also ein gewaltiger Baum mit vielen Ästen und Zweigen, der an jedem Abzweigungspunkt freie Entscheidungen offenhält. Die Natur ist immer schöpferisch, kreativ, weder vom Zufall der Mutationen, Fluktuationen und damit wechselnder Umweltbedingungen noch von einem eindeutig festgelegten Entwicklungsplan sklavisch bestimmt und abhängig. Ihre Bestimmtheit – wenn man so will: ihre Determination – ist nur ein allgemeines, in den Einzelheiten nicht festgelegtes, vielmehr Raum für Spontaneität lassendes Entwicklungsmuster, das lediglich die universale Tendenz zur Zunahme der Komplexität, der Koordination, der wechselseitigen Interdependenz, zur stärkeren Differenzierung und Verfeinerung verschiedener Organe, Funktionen und Verhaltensweisen, zur Integration primitiverer Ganzheiten in höhere, vielschichtigere Systeme einschließt. Ansonsten ist die Evolution der Natur ein permanentes »offenes Abenteuer, das seinen eigenen Zweck fortlaufend selbst schafft«,[99] während die Einzelheiten des allgemeinen, aber umfassenden Entwicklungsmusters wegen der Autonomie, die lebenden Systemen in Selbstorganisation und Evolution eignet, grundsätzlich unvorhersagbar sind.

Die klassische Evolutionstheorie (weitgehend ebenfalls noch der Neo-Darwinismus) hat auch den Auslesefaktor Umwelt zu einseitig, monokausal und mechanistisch gesehen. Man kann heute, vor allem im Rahmen systemtheoretischer Modelldarstellungen und -berechnungen, nachweisen, daß die lebenden Organismen während der gesamten Zeitspanne der Evolution *und* die jeweilige Umwelt stets eine übergreifende Gesamteinheit bilde-ten. Die Umwelt ist im engsten Zusammenhang mit den Organis-men gleichsam selbst ein lebendes, zur Anpassung und Evolution befähigtes System. Die Entwicklung auf der Erde verlief so, daß auch das sich entfaltende Leben ganz wesentlich die Bedingungen der Umwelt veränderte.[100] Das kann man Schritt für Schritt exem-plifizieren, was hier aber aus Raumgründen nicht geschehen kann. So viel aber sollte als Quintessenz festgehalten werden: Es gibt nicht das »biologische Atom« im Sinne des (Neo-)Darwinismus, nämlich die grundlegenden Bausteine oder evolutionären Überle-benseinheiten (Gattung, Untergattung, Art), die die Natur als me-chanisches System aufbauen. Überlebenseinheit ist stets der »Or-ganismus in seiner Umwelt«.[101] Die Überlebenseinheit ist nie ein Organismus, eine Art, eine Gattung, also kein eigenständiges We-sen, sondern ein Organisationsmuster, das den Organismus, die Umwelt und die Wechselwirkungen zwischen ihnen umfaßt. Die Entfaltung, die geordnete Zunahme der Komplexität resultiert nicht aus der Anpassung der Organismen an eine vorgegebene Umwelt, sondern aus der Kooperation und Ko-Evolution von Or-ganismus und Umwelt, und zwar auf allen Entwicklungsstufen des Systems bzw. Organisationsmusters.

Das hat weitreichende, auch ökologische Konsequenzen. Wenn die eigentliche Überlebenseinheit der »Organismus in sei-ner Umwelt« darstellt, wenn Evolution der Natur die Ko-Evolu-tion von Organismus plus Umwelt ist, wenn also das Organisa-tionsmuster »Organismus-Umwelt-Wechselbeziehungen« bestim-mend ist, wenn der Selektionsprozeß im Grunde auf interdepen-denten Verhaltensweisen[102] von Organismus und Umwelt beruht, dann darf sich kein Lebewesen, auch nicht der Mensch, ebenso-wenig wie die Menschheit, der Umwelt ökonomisch-industriell überlegen fühlen oder sie im Sinne dieser Überlegenheit behan-deln. Organismen, subhumane oder menschliche, die an sich selbst und ihr eigenes, isoliertes Überleben denken, zerstören ihre Umwelt und nachfolgend sich selbst. Nur kooperative, ko-evolu-tive Verhaltensweisen zwischen Organismus (bzw. Mensch) und

Umwelt sind ökologisch, lebenserhaltend und -fördernd.

Hier zeigt sich auch die unökologische Konsequenz der klassischen darwinistischen Evolutionstheorie. Sie hat »diese wechselseitige Anpassung und Ko-Evolution vernachlässigt und sich auf lineare, zeitlich aufeinanderfolgende Vorgänge konzentriert, wobei dann transaktionale Phänomene außer acht gelassen wurden, die sich gegenseitig bedingen und gleichzeitig ablaufen«.[103] So paradox es klingt: Die mehrdimensionale, multikausale, holistische Denkweise der sogenannten Primitiven müßte unter den veränderten Bedingungen der modernen Zivilisation (sozusagen im Rahmen einer spiralförmigen Höherentwicklung des menschheitlichen Bewußtseins) wiedereingeführt werden.

Die bisherigen Ausführungen dieses Kapitels stellten vor allem den – allerdings notgedrungen fragmentarischen – Versuch dar, die Natur in der imposanten Fülle ihrer Werte und Sinnbezüge, in ihrem Reichtum, ihrer Erhabenheit und Leuchtkraft, in ihrer überwältigenden Komplexität und Selbsttransformation ins Bewußtsein zu heben. Selbstwerte, wie das Ästhetische und das Sozial-Altruistische in der Natur, das Streben nach immer höherer Integration, nach schöpferischen Um- und Neubildungen, nach neuen Organisations-, Funktions- und Gestaltungszusammenhängen, die relative Autonomie und Wahlfreiheit des Lebendigen in seiner Entwicklung, der Drang zu immer vielschichtigeren Ganzheiten in einem einerseits immer arbeitsteiligeren, andererseits immer stärker vereinigenden Prozeß, die mathematisch-strukturellen und mathematisch-funktionellen Gesetze des Lebens, seine steigenden Empfindungs- und Bewußtseinswerte, die Selbst-Transzendenz des Lebens, in der sich Kreatives, Spielerisches und Ordnungs- bzw. Systemkategorien, Schöpfung und Anpassung, Schönheit und Zweckmäßigkeit zu ökologischer Einheit harmonisieren – all diese Selbstwerte und fundamentalen Aspekte der Natur sollten hier wenigstens ansatzweise zum Ausdruck kommen. Wer die Natur in dieser ungeheuren Mannigfaltigkeit ihrer Bezüge und Werte unvoreingenommen und unverklemmt auf sich wirken läßt, dem wird auf dieser Grundlage erst so richtig klar, wie sehr die darwinistische und die sich mit ihr paarende utilitaristisch-technisch-industrielle Denkweise unsere moderne Sicht der Natur maßlos verengt haben. Man hat in diesem Zusammenhang von »einem Hineinsehen der Struktur menschlicher Nützlichkeitszivilisation in die natürliche Lebewelt« (M. Scheler) gesprochen. Es kann wohl keinem Zweifel unterliegen, daß der Sieg des Utilitarismus, d. h. die Anwendung des Nützlichkeitsgesichtspunktes, der ökonomisch-technischen Wertung als des höchsten und praktisch alleinigen Maßstabes auf das Gebiet der organischen Natur, ferner die damit verbundene Sicht der Organismen als bloßer Resultate der Anpassung an die Umwelt, als im Daseinskampf am Leben gebliebener Formen, zu einem großen Teil die Schuld daran tragen, daß die Natur vielen Menschen nichts mehr zu sagen hat. Es kommt zu einer »dämonischen« Wechselwirkung: Der Mensch hat den Egoismus, die vermeintlich auch noch den sog. altruistischen Taten zugrundeliegende Eigennützigkeit als die eigentliche und ursprüngliche Triebfeder aller menschlichen Handlungen »entlarvt« und macht nun in der Ethik des Utilitarismus den Nutzen, die »Utilität« zum entscheidenden Prinzip und höchsten Wertmaßstab der Sittlichkeit. Unwillkürlich sieht er hernach auch die Natur durch die Brille dieses Maßstabes. Jetzt aber ist diese Sicht (des Menschen) gewissermaßen ein Teil, ja der bestimmende Faktor der Natur selbst geworden und bestimmt als solcher nun seinerseits das wertende Denken vieler Menschen, welche das in der Natur vermeintlich alleinherrschende Prinzip des biologischen Nutzwertes und des rücksichtslosen, kalt-nüchternen Daseinskampfes unwillkürlich als »Norm« für das menschliche Werten und Handeln betrachten. Die vom Menschen aller ästhetischen und anderen Werte bar erklärte Natur »rächt« sich an ihm, indem sie zusammen mit anderen Faktoren (Skeptizismus, Nihilismus, verstiegener Spiritualismus, dialektische Theologie u. a.) dazu beiträgt, daß das menschliche Dasein freudlos, kalt, eng und ohne jeden Schwung ist. Der Mensch hat der Natur vorgeschrieben, wie sie zu sein hat, und die so konstruierte, so gesehene Natur bildet nun die

Norm für den Menschen, schreibt nun dem Menschen vor, wie er und die Gesellschaft zu sein haben. Ein wechselseitiger und gefährlicher Abmagerungsprozeß ohnegleichen!

Natürlich muß das eben negativ Gesagte nicht für alle Zeitgenossen gelten, und selbstverständlich muß man nicht unbedingt religiös, »natur-religiös«, »öko-religiös« sein, um die Natur über die utilitaristische Verengung hinaus in der Vielfalt ihrer Wesensäußerungen zu sehen oder in einem heute geforderten Neuanlauf diese Verengung zu überwinden. Andererseits darf aber von vornherein und gleichsam noch auf intuitiver Grundlage behauptet werden, daß Menschen, die von einer ökologischen Religiosität durchdrungen sind, eine besondere Bereitschaft, Sensibilität und Fähigkeit zur Wahrnehmung der über das technisch Zweckmäßige und Nützliche hinausgehenden Wesenszüge der Natur aufweisen. Wer in der Natur kein übergeordnetes, also schon vor jeder Sinnstiftung durch den Menschen waltendes, umfassendes Sinnprinzip anerkennt, der wird bei aller Liebe zur Natur und ihren mannigfachen Werten am Ende doch immer geneigt sein, diese Werte auf den Zufall zurückzuführen, auf die Notwendigkeit der Anpassung im Daseinskampf, der in einem universalen Puzzlespiel der Zufälle nur das Angepaßteste und damit Zweckmäßigste am Leben erhält. Alle Schönheit, alles Altruistische usw. der Natur ist dann nur ein Akzidenz, eine nette Beigabe des Lebens oder allenfalls ein Resultat der Anpassung, dessen Zweckmäßigkeit heute noch nicht, aber morgen durchschaut sein wird. Woher sollten auch die sinnvoll erscheinenden Teilbezüge der Natur kommen, wenn die Natur in dieser Sicht als ganze selbst auch nur sich dem blinden Zufall verdankt oder einfach da ist und da war als ein sinnloses factum brutum, an das man nicht die Warum- oder Sinnfrage stellen kann. Letztlich werden die Selbstwerte der Natur und ihre darauf basierenden (relativ) eigenständigen Hoheitsrechte, die auch der Mensch zu wahren hat, nur dann nicht der Reduktion und der Erklärung zu Illusionen anheimfallen, wenn sie als Ausdruck und selbständige Wesensentfaltung eines absoluten Seins- und Sinnprinzips der Natur anerkannt werden. Auf die Dauer kann nur eine Ökologische Religion, die die Natur in ihrer breitesten Weite und ihrer größten Tiefe sieht (also als sinnvoll schaffende, hervorbringende Natur und als auf diese Weise sinnvoll hervorgebrachte, bewirkte Natur[104]), den Wesensansprüchen der Natur gerecht werden, die Wert- und Sinnhaftigkeit der Natur als eigenständige, nicht vom Demiurgen Mensch abhängige Größen hochhalten und behaupten. Ökologische Religion, die die Natur in ihrer ganzen Weite und Tiefe sieht und anerkennt, die die Natur nicht nur in ihrer Phänomenalität, ihrer äußeren Erscheinungsweise, sondern auch in ihrem letzten Wirkprinzip betrachtet, ist also im Grunde allein dagegen gefeit, die Natur zum universalen Würfelspiel (ohne von Anfang an festgelegte Spielregeln), zum gespenstischen Legospiel der – dann auch in der Gentechnologie beliebig manipulierbaren – kleinsten Erbeinheiten verkommen zu lassen. Die Natur ist letzlich nur dann mehr als eine zufällige Anhäufung und Kombination von Bausteinen, in die als auslesender Faktor der General-Selektion nachträglich Ordnung hereinbringt, wenn die Natur in der Sinneinheit von hervorbringendem (absoluten) Naturprinzip und hervorgebrachten Naturdingen, -werten, -gestalten gesehen und anerkannt wird. Dieses Sehen und Anerkennen ist der zentrale Lebensnerv der Ökologischen Religion, und daher ist sie für ein den Dingen auf den Grund gehendes Denken die konsequenteste ökologische Kraft, die letzte und grundlegendste Garantie für die ökologische Erhaltung der Natur. Langsam bricht sich auch in der Philosophie die Einsicht Bahn, daß auf lange Sicht nur »ein wie immer begründetes religiöses Verhältnis zur Natur« imstande sein wird, »den Reichtum des Lebendigen als einen Wert an sich zu respektieren«.[105]

Nur Ökologische Religion wird also letztlich der Totalität und Universalität der Natur ganz gerecht, ihrer Totalität und Universalität in der Vertikalen wie in der Horizontalen. Natur ist ihr nicht irgendein Ausschnitt der Wirklichkeit, z. B. der belebte, nicht irgendein Bereich des Seienden, den man dem Bereich des Geistes oder des Geistigen gegenüberstellen könnte. Ökologische Religion faßt Natur als *die* universale Größe, d. h. als die Wirklichkeit ausnahmslos alles dessen, was existiert. Die unendliche Einheit alles Seienden, die allein und ursprünglich schon dadurch gegeben ist, daß alles Seiende *ist,* daß es *existiert,* ist das, was Ökologische Religion als Natur kennzeichnet und verehrt. Ein erster Grund für diese Verehrung ist, daß Natur als Einheit und Allheit alles Seienden in jedem dieser Seienden teilhat am Wunder des Wirklichseins. Alles, was existiert, partizipiert am Wunder des Seins.

Aber zur Natur als Einheit und Gesamtheit alles dessen, was wirklich ist, gehört auch, ja grundlegend, das hervorbringende Prinzip, die unendliche Seinsmächtigkeit, die unendliche Potenz der Natur. Die Quelle, aus der alles Wirkliche hervorkommt, gehört ebenso zur Natur wie das Hervorgebrachte, die Dinge der Natur, die Seienden. Jedes Naturding, jedes Seiende hält sich im Sein, in der Wirklichkeit durch seine Kraft, die zugleich – tiefer gesehen – die hervorbringende Kraft der Natur selbst ist, die sich in jedem Seienden vereinzelt, ausdrückt, ausprägt. Das hervorbringende Prinzip, der Grund der Wirklichkeit, ist aber nicht etwa ein transmundaner, überweltlicher, unweltlicher, übernatürlicher (in diesem Sinne un-natürlicher) Gott; dieses Prinzip ist also nicht etwas außer oder neben der Natur, sondern diese selbst in ihrem Charakter als hervorbringende, schaffende. Die Natur trägt den Grund ihrer selbst in sich, schließt die Kraft ein, sich selbst hervorzubringen. »Das Sein der Natur hat nicht einen Grund außerhalb von ihr, sondern sie existiert aus ihrer eigenen Kraft.«[106]

Ökologische Religion verehrt und bewundert demnach Natur in der ganzen atemberaubenden Weite und Mannigfaltigkeit ihrer Gestalten, verehrt und bewundert aber noch mehr die Natur in der Tiefe ihres *einen* und grundlegenden Seins- und Schaffensprinzips. Göttlich ist daran (und deshalb verehrungswürdig) die unendliche Seinsmacht der Natur, die ungeheure Kraft, mit der sie das Seiende, und damit auch alles Werthafte, ins Sein setzt, also auch ihr Wertwille. Der Geheimnischarakter der Natur (und das Geheimnismoment darf in keiner Religion, die diesen Namen verdient, fehlen) besteht für Ökologische Religion darin, daß Natur die Einheit von Hervorbringendem und Hervorgebrachtem, von Sein und

Seiendem ist. Sichtbar ist nur das Seiende, das Hervorgebrachte, aber es ist durch tausend Fäden mit dem geheimnisvoll-unsichtbaren Sein der Natur verbunden, es existiert nur durch die hervorbringende Kraft dieses Seins. Die Seinswertigkeit und Seinsmächtigkeit jedes einzelnen Seienden der Natur ist ein Teil der unendlichen Seinsmächtigkeit und Seinswertigkeit der Natur als des absoluten hervorbringenden Prinzips.

Damit besitzt Ökologische Religion die denk-gültige und denk-konsequente letzte Basis für die Anerkennung des Selbstwerts und der Eigenrechte jedes nichtmenschlichen Seienden der Natur. Alles einzelne Seiende der Natur hat ja teil an der hervorbringenden Kraft der Natur. Es kann von der hervorbringenden Natur nie getrennt werden. Die Macht des Seins ist in ihm, ist ihm immanent. Die hervorbringende Natur ist die immanente Ursache der Dinge der Natur. Natur ist nicht eine »neutrale Ansammlung von Objekten... sondern jedes dieser Dinge ist gedacht im Hinblick auf das Wunder seiner Existenz. In jedem äußert sich die Macht, mit der die göttliche Natur das Seiende aus dem Nichts setzt. Alles einzelne existiert nur als Modifikation dieses Ganzen, das sich selbst hervorgebracht hat«.[107]

Im Sinne der soeben gemachten Darlegungen steht Ökologische Religion vor uns als umfassendes Ganzes, als konsistentes System, das eine logisch begründete, gedanklich vermittelte, letzte Grundlage für die Anerkennung der Eigenwerte und -rechte der Tiere und Pflanzen als Seiender bietet. Die Natur erscheint als aufsteigendes Gebilde immer höherer, umfassenderer, vielschichtigerer Ganzheiten, was schon die verschiedenen Disziplinen der Evolutionsbiologie – ohne jede Investition eines Glaubensaktes – demonstrieren können, aber im Rahmen Ökologischer Religion wird diese Aufeinanderfolge immer höherer, hierarchischer Ganzheiten (d. h. von Ganzheiten, die niedere Ganzheiten sich integrieren und in ihren Dienst nehmen) durch eine noch grundlegendere, noch höhere und umfassendere Ganzheit abgeschlossen: durch die Ganzheit des hervorbringenden, absoluten Naturprinzips.

Gemäß den hier gemachten Ausführungen ist Ökologische Religion tatsächlich »Natur-Religion«, allerdings auf einer höheren Stufe der Bewußtseinsentwicklung der Menschheit. Es handelt sich bei dieser »Natur-Religion« nicht um die Rückkehr, um eine infantile Regression auf die Stufe archaischer Naturreligionen, also auch nicht um die religiöse Verehrung personifizierter Objekte und Äußerungen der Natur, um keinen Fetischismus, Dynamismus oder Mana-Glauben im vordergründigen Verständnis dieser Begriffe, die selbst in der seriösen wissenschaftlichen Literatur oft nicht auf das Dahinterliegende und wirklich Gemeinte hin untersucht werden.[108] Es handelt sich auch nicht um eine neue Natur-Romantik, um eine schwärmerische Sentimentalität für die Natur oder um eine naive Rückkehr zur idyllischen Natur, die sie ja in Wirklichkeit nie war, da ja auch das Grausame, bisweilen geradezu dämonisch Anmutende der Natur nicht geleugnet werden darf. *Ökologische Religion ist »Natur-Religion« einzig und allein in dem Sinne, daß sie Natur als das Seinsganze, als die Ganzheit aller Wirklichkeit, als die Einheit von hervorbringendem absolutem Prinzip und hervorgebrachten Naturdingen oder Seienden, einschließlich des Menschen, engagiert-existentiell sieht, anerkennt, bewundert und verehrt* und daraus die entsprechenden Konsequenzen zieht. Ökologische Religion ist »Natur-Religion« deshalb, weil sie die uns erscheinende Natur als Wertsystem und Sinngefüge erkennt, weil sie aufsteigenden Sinn in ihr verkörpert sieht, den ihr nicht erst der Mensch zulegen muß; Sinn, der jedenfalls als Fundament bereits in der Natur als solcher verankert ist,[109] allerdings mit dem Menschen als Teil der Natur wächst und integral zusammen zu sehen ist. Damit ist jener Punkt unserer Überlegungen erreicht, an dem wir uns mit den Bewußtseins- und Verhaltensformen des Menschen gegenüber der Natur befassen sollten.

Bewußtseins-, Gesinnungs- und Verhaltensformen des Menschen im Rahmen Ökologischer Religion

Naturgemäßheit, öko-logische Natürlichkeit, aber kein Naturalismus

Die eben abgeschlossenen Ausführungen, die darin gipfelten, daß Öko-Religion in einem spezifischen Sinn und auf einer höheren Bewußtseinsstufe der menschheitlichen Entwicklung »Natur-Religion« ist, dürfen nicht naturalistisch mißverstanden werden. Das dieser spezifischen Öko- oder »Natur-Religion« entsprechende Verhalten auf der Seite des menschlichen Subjekts heißt nicht Naturalismus im Sinne der Leugnung oder Abwertung des Geistigen, im Sinne des Eintauchens oder gar Untertauchens im Seelisch-Triebhaften. Im Rahmen Ökologischer Religion stellt der Geist keinen »Widersacher der Seele« (L. Klages) als des erdverbunde-nen Leibes- und Lebensprinzips dar, geht es nicht um Abstreifung der rationalen und überhaupt der höheren Schichten des mensch-lichen Geistes zugunsten einer Rückkehr auf unter- und unbewuß-te Stufen unserer Naturverbundenheit, unseres Naturzusammen-hangs. Eine solche Rückkehr wäre ohnehin ohne Geist, ohne gei-stiges Bewußtsein nicht vollziehbar, auch wenn dies widersprüch-lich klingt. Aber es wäre in der Tat ein intentionaler Akt des geisti-gen Bewußtseins notwendig, das sich aus seiner Selbstbezüglich-keit und Selbstgegenwart herauslösen und in die Sachgegenwart, in das reflexlose Empfinden von Natur (verstanden als grobe ma-terielle Sinnlichkeit) hineinbegeben müßte. Das bewußte Erleben der Natur würde einem quasi unbewußten weichen, aber selbst dies wäre, wie gesagt, ohne geistig-intentionalen Entscheidungsakt nicht möglich.

Wenn Natur im Rahmen Ökologischer Religion so umfassend aufgefaßt wird, wie dies im ersten Kapitel beschrieben worden ist, dann muß menschliches Verhalten allen Elementen der Wirklichkeit in ihrer Ordnung und Stufung, ihrer Vernetzung zu immer umfassenderen Öko-Systemen gerecht werden, dann geht es zwar um Einübung in neue Naturgemäßheit, Natürlichkeit, Naturverbundenheit, auch (warum denn nicht?) in eine neue Naturfrömmigkeit, aber diese Haltungen sind mit Naturalismus, Biologismus, Materialismus nicht identisch, auch wenn diese drei Ismen in der Regel pseudoreligiös verbrämt auftreten.

Natürlichkeit im Rahmen Ökologischer Religion bedeutet also zunächst einmal nur das ganz natürliche, sachgemäße Verhalten zu allen Elementen der Wirklichkeit. Sachgemäßes Verhalten bedeutet hier keineswegs, daß die Natur oder Teile der Natur, z. B. Tiere oder Pflanzen, als Sachen aufgefaßt und behandelt werden sollen. Es sagt lediglich ein Verhalten aus, das der gemeinten Wirklichkeit so weit wie möglich zu entsprechen, also »sachgerecht« zu sein versucht. Das impliziert, daß z. B. auch den geistigen und/oder psychischen Wesensbezügen in Tier und Pflanze Rechnung getragen werden muß, wenn wir auf diese stoßen oder sie auch nur vermuten. Wir kommen später noch darauf zurück.

Naturgemäßheit, Naturgerechtigkeit, öko-logische Natürlichkeit ist schlicht und einfach *das* Verhalten, das der Natur entspricht. Sieht und anerkennt man Natur in ihrer universalen Weite und Tiefe, d. h. in der Vielfalt ihrer Erscheinungen, des Seienden der Dinge und Lebewesen, und in der Tiefendimension ihres hervorbringenden absoluten Prinzips, dann geht diese Naturgemäßheit, diese Natürlichkeit als Sachgerechtigkeit gegenüber allem, was existiert und wirkt, ohne weiteres in die religiöse Haltung über. Insofern ist öko-logische Natürlichkeit auf der menschlichen Subjektseite genau das, was auf der Objektseite die Natur als umfassendster Gegenstand der Ökologischen Religion ist. In der öko-

logischen Natürlichkeit als universaler Naturgemäßheit haben wir
deshalb jene fundamentale und umfassende Gesinnung und Haltung vor uns, in der alle nachfolgend zu besprechenden Bewußt-
seins- und Verhaltensformen bereits impliziert, im Keim schon
enthalten sind. Insofern sind alle diese noch zu behandelnden Verhaltensformen Spezifizierungen, Konkretisierungen, Aussonde-
rungen, Herauskristallisierungen aus der universalen Haltung der
Naturgemäßheit, die die eigentliche Grundhaltung gegenüber der
Wirklichkeit sein muß, wenn der Mensch seiner Struktur, seinem
Sein und seiner Sinn-Aufgabe entsprechen will. Daher mußte hier
im Rahmen des Versuches einer Systematisierung der zur Öko-
Religion gehörenden Bewußtseins-, Gesinnungs- und Verhaltensformen die Haltung der Naturgemäßheit, der ökologischen Natürlichkeit an die Spitze gestellt werden. Es folgen nun die Implikatio-
nen dieser Haltung. Eine solche ist das Bewußtsein unseres Naturzusammenhangs.

Das religiös-ökologische Bewußtsein
unserer Einheit mit der Natur

Zunächst einmal ist diese Einheit des Menschen mit der Natur nur
in unser ganz gewöhnliches Alltagsbewußtsein zu heben, ohne daß
dabei schon irgendeine Art von Religiosität ins Spiel kommen
müßte. Denn der moderne Massenmensch, auch der heutige
Durchschnittsintellektuelle, hat ja praktisch gar kein Wissen mehr
von seiner Naturzugehörigkeit. Ein latenter Glaubenssatz unserer
technisierten und säkularisierten Welt redet uns stetig ein, wir
Menschen hätten uns mit Hilfe der Technik von der Natur emanzi-
piert. Demgegenüber müssen wir uns alle wieder bewußtmachen,
daß Natur die umfassendste und durchdringendste Wirklichkeit
(geblieben) ist, aus der auch der Mensch, selbst als *homo faber* und
homo technicus, nicht herausfallen kann, von der er sich nie ganz
zu befreien vermag. »Natur! Wir sind von ihr umgeben und um-

schlungen – unvermögend aus ihr herauszutreten und unvermögend tiefer in sie hineinzukommen. Ungebeten und ungewarnt nimmt sie uns in den Kreislauf ihres Tanzes auf und treibt sich mit uns fort... Wir leben mitten in ihr und sind ihr Fremde... Wir wirken beständig auf sie und haben doch keine Gewalt über sie... Die Menschen sind alle in ihr und sie in allen... Auch das Unnatürlichste ist Natur, auch die plumpste Philisterei hat etwas von ihrem Genie. Wer sie nicht allenthalben sieht, sieht sie nirgendwo recht... Man gehorcht ihren Gesetzen, auch wenn man ihnen widerstrebt; man wirkt mit ihr, auch wenn man gegen sie wirken will.«[110]

Das ist zwar dichterische Prosa. Aber ohne weiteres ins Nüchtern-Naturphilosophische übersetzbar und auch vernünftig einsehbar. Nüchtern philosophisch hat denselben Sachverhalt beispielsweise Karl Marx zum Ausdruck gebracht: »Die Natur ist der unorganische Leib des Menschen, soweit sie nicht der menschliche Leib selbst ist. ›Der Mensch lebt aus der Natur‹, dies bedeutet, daß die Natur sein Leib ist, mit dem er in ständigem Zwiegespräch bleiben muß, wenn er nicht sterben soll. Daß des Menschen physisches und spirituelles Leben mit der Natur verbunden ist, bedeutet ganz einfach, daß die Natur mit sich selbst verbunden ist, denn der Mensch ist Teil der Natur.«[111]

Der Mitbegründer des Marxismus, Friedrich Engels, hat aus dieser Zugehörigkeit des Menschen zur Natur die richtige Konsequenz in Gestalt der Einsicht gezogen, daß diese Naturzugehörigkeit den Menschen zur Natürlichkeit im Sinne der richtigen Erkenntnis und Anwendung der Gesetze der Natur verpflichtet, eine Einsicht, die leider die sich auf Marx berufenden sozialistischen Gesellschaften des Ostblocks meist ebensowenig beherzigen wie die kapitalistischen des Westens. Engels weist nämlich darauf hin, daß wir »bei jedem Schritt daran erinnert werden, daß wir keineswegs die Natur beherrschen, wie ein Eroberer ein fremdes Volk beherrscht, wie jemand, der außer der Natur steht – sondern, daß wir mit Fleisch und Blut und Hirn ihr angehören und mitten in ihr stehen, und daß unsere ganze Herrschaft über sie darin besteht, im

Vorzug zu allen anderen Geschöpfen ihre Gesetze erkennen und richtig anwenden zu können«.[112]

In der Tat: Wer könnte heute, nach mehr als hundert Jahren intensivster Evolutionsforschung, den unerhört engen Zusammenhang des Menschen in seiner geistig-psychisch-physischen Beschaffenheit mit der Natur als ganzer, vor allem aber mit dem Tier- und Pflanzenreich leugnen? Der Mensch ist Glied, auf diesem Erdplaneten letztes Glied, einer zusammenhängenden Kette von Evolutionsschritten, die ihn mit den allerersten, primitivsten Stufen tierischen Lebens verbindet, und das über unvorstellbare Zeiträume von Millionen von Jahren hinweg. Der phylogenetischen Zeitdimension, die alles Lebende verbindet, entspricht die ontogenetische. Denn mit den Tieren, ja auch den Pflanzen mit geschlechtlicher Fortpflanzung, hat der Mensch nicht nur die Prozesse der Evolution, sondern auch die der Vererbung, der Befruchtung und Keimentwicklung gemein. Wie sie ist er dem ehernen Prozeßgesetz der Geburt, des Wachsens, Reifens und Vergehens unterworfen. Auch die Sinnesapparatur des Menschen weist neben Besonderheiten zahlreiche Übereinstimmungen, Ähnlichkeiten, Verwandtschaften mit dem Wahrnehmungsapparat höherer Säugetiere auf. Wir brauchen diese Zusammenhänge hier nicht weiter auszuführen,[113] sie sind sattsam bekannt. Es nimmt nur wunder, daß der sogenannte moderne Mensch diese Zusammenhänge bewußt-theoretisch oder praktisch durch seine technisch-industrielle Zerstörung der Natur verleugnet, verdrängt, brutal mit Füßen tritt.

Die Tatsache der Allgegenwart der Natur, ihr umfassendes, uns und alles Existierende bestimmendes und durchdringendes Sein kann der moderne Massenmensch, bis hinauf zu den intellektuellen politischen, ökonomischen, industriellen Eliten, zwar mental verdrängen, das ändert jedoch nichts an der Tatsache selbst. Diese muß aber heute angesichts der ökologischen Krise wieder ins allgemeine Bewußtsein gehoben werden, was um so dringlicher ist, als ja diese Krise auch daraus resultiert, daß der moderne technokratische Mensch glaubte, sich über die Natur und ihre Gesetze erheben, sich von den Notwendigkeiten der Natur emanzipieren zu können. Nur auf diese Weise konnte er dem Irrglauben anhängen, die Natur sei nur Rohstoff, Ressource, Objekt; die Materie, auch die lebende bis in ihre höchsten Formen (mit Einschluß des menschlichen Leibes) sei reines Material, chaotische Masse, einfache Faktizität, bloßes Vorhandenes, dessen Strukturen und Gesetzmäßigkeiten des Wirkens, soweit er dieser überhaupt ansichtig wurde, für reine Zufallsprodukte gehalten wurden.

Das Wissen darum, daß der Mensch ein Teil der Natur ist, ist (wieder-)erlernbar. Aber es ist noch nicht mit dem öko-religiösen Bewußtsein unserer Einheit mit der Natur identisch. Wie entsteht dieses Bewußtsein? Antwort: Das Wissen um die Einbettung in die erhabene Einheit alles Lebendigen, der Natur insgesamt, muß zum Erlebnis werden. Ökologische Religiosität ist selbst Leben, genauer: die Innenseite des Lebens, die Innerlichkeit der Natur. Sie ist Erleben des Lebens in seiner Einheit, seinen allesumfassenden Beziehungen, Zusammenhängen, Vernetzungen. Ökologische Religiosität ist die intimste, subtilste, sensibelste, emotional empfindsamste Weise, die Natur in ihrer Tiefenmelodie der Einheit alles Seienden wahrzunehmen, das innere Strömen des Lebens der Natur zu entdecken, im Gleichklang mit ihr mitzuschwingen.

Einige Zweige der modernen Psychologie, vor allem die humanistische und die transpersonale Psychologie, haben es sich zur Aufgabe gemacht, menschliche Spitzenerfahrungen, kosmische und transpersonale Erlebnisse zu analysieren, in denen das Einssein mit der Natur, dem Universum zur religiös-spirituellen Gewißheit wird. Aber auch verschiedene Erkenntnisse der modernen Naturwissenschaft verdichten sich heute zu der Einsicht, der George Leonard folgenden unvergleichlichen Ausdruck gegeben hat: »In jedem von uns, so unvollkommen er auch sei, schlägt ein lautloser Puls von vollkommenem Rhythmus, ein Komplex von Wellenformen und Resonanzen, der absolut individuell und einzigartig ist und uns gleichzeitig mit dem ganzen Universum verbindet. Gelingt es uns, dieses Pulsschlages innezuwerden, dann kann sich unsere persönliche Erfahrung von Grund auf verändern und damit in gewisser Weise auch unsere Umwelt.«[114]

Die Innewerdung dieses Pulsschlages, des vollkommenen Rhythmus, der uns mit dem Gesamtrhythmus des Kosmos verbindet, das ist Ökologische Religiosität. Ökologische Religiosität ist sozusagen die Musik, die Seele, die Innenmelodie unseres faktischen, oft aber kaum gefühlten oder empfundenen Einsseins mit der Natur. Unsere Existenz, der Kosmos, jedes lebende Wesen, alles Seiende der Natur ist Schwingung, Resonanz, Bewegung, Rhythmus, Musik, Tanz. Die intime Bewußtmachung dieses Sachverhalts, das Zum-Erlebnis-Bringen dieses Tatbestandes ist Religion. »Alles ist Eins, alle Lebensformen sind Teile des immerwährenden Tanzes der Materie/Energie, der anschwillt und verebbt, anschwillt und verebbt«. Wer die Natur und seinen eigenen Geist aufs genaueste beobachtet und erlebt, erfährt »die profunde Wahrheit des Eins-Seins und des ewigen Strömens... sogar bis hin zur Ebene der winzigsten Schwingungen, die unaufhörlich in uns und um uns herum vibrieren.«[115]

Das alles klingt zunächst für den zum erstenmal davon Hörenden befremdlich, vielleicht sogar unglaubwürdig. Aber vieles deutet darauf hin, daß die Tiefenstruktur der Musik identisch ist mit der Tiefenstruktur des Universums der Natur. Das würde auch erklären, warum große Musik und echte Religion so eng verwandt sind, so daß selbst ein skeptisch-pessimistischer und oft sehr rational-diskursiv vorgehender Denker wie Schopenhauer sich zu der Äußerung veranlaßt fühlte, nichts sei so befähigt, Menschen unmittelbar ins Transzendent-Metaphysische vorstoßen zu lassen wie die grandiosen Schöpfungen der Musik. Vor zweieinhalb Jahrtausenden behauptete der Philosoph und Mathematiker Pythagoras vor seinen Anhängern, daß selbst ein Fels Musik, steingewordene Musik sei. Und im 17. Jahrhundert war der große Astronom Johannes Kepler, der die Gesetze der Planetenbewegungen erarbeitete, fest davon überzeugt, daß jeder der Planeten seine eigene spezifische Musik habe. Er verwendete sogar viel Zeit dafür, die Musik, die Eigenmelodie jedes Planeten anhand seiner Umlaufbahn um die Sonne zu errechnen. Der große Johann Sebastian Bach produzierte die monumentalsten musikalisch-religiösen Kunstwerke. Dieses musikalische Genie schuf seine Kompositionen auf der Grundlage intuitiver Aneignung der Sphärenmusik des Universums. Empirisch gesehen, war er in vieler Hinsicht bildungsmäßig unterentwickelt. Man denke an seine vielfach belegte Unwissenheit, seine grammatikalischen Fehler, seine konfuse Diktion, seine häßliche Handschrift. »Dennoch nahm er am Himmel Maß und reproduzierte in Klängen die großartigsten kosmischen Kreisläufe.«[116]

Der große Vertreter der Romantik, Novalis, sprach von der »unendlichen schöpferischen Musik des Weltalls«[117] und generell hat man von den Großen der Musik gesagt, es werde »in großen Intervallen... ein Mozart geboren, um uns die Verbindung vor Augen zu führen, die zwischen dem individuellen Bewußtsein und der Form des kosmischen Ganzen möglich ist«.[118]

Die in keinem Jahrhundert der Vergangenheit ganz untergegangene intuitive Gewißheit einer musikalischen, mystischen inneren Ordnung der Natur läßt sich heute mit zahlreichen wissenschaftlichen Belegen erhärten. Die Eigenschaften der kleinsten Teilchen der Natur, der subatomaren Partikeln, sind durch ihren »Gesang«, d. h. durch Frequenz, Muster und Obertöne ihrer speziellen Schwingungen bestimmt. Auch die vier Grundkräfte der Natur,[119] alle Formen von Strahlung und alle Informationen und Kommunikationen in der Natur (teilweise auch in der Menschenwelt) haben im selben Sinne ihren »Gesang«. Allen Dingen eignen rhythmische Eigenschaften. Jede Form von Strahlungsenergie, wie Radiowellen, Wärme, Licht, Röntgenstrahlen usw., zeichnet sich durch bestimmte Schwingungsraten aus, die man in einer aufsteigenden Reihe anordnen kann. Das dabei entstehende elektromagnetische Spektrum umfaßt die gewaltige Dimension von 70 Oktaven (das sichtbare Licht bildet nur eine dieser Oktaven!). Alle »Töne« in diesem Spektrum haben ihre eigenen harmonischen Obertöne; bestimmte, in Oktavintervallen auftretende Ähnlichkeiten sind feststellbar. Auch die Periodentafel der Elemente, auf der alle chemischen Elemente in der Reihenfolge ihres Atomgewichts angeordnet sind, besteht aus sieben Oktaven. Sodann lassen sich Lebewesen sachlich begründet als rhythmisch pulsierende, rhythmisch sich verändernde Funktionsgestalten deuten. Sie sind Oszillatoren. Man nehme den einfachsten einzelligen Organismus: er oszilliert in jedem Bereich seines Seins, auf der atomaren und molekularen, der subzellularen und zellularen Ebene in einer Reihe verschiedener Frequenzen. Ein so hochorganisiertes Lebewesen wie der Mensch ist ein Komplex fast zahlloser Oszillationsfrequenzen und der Wechselwirkungen zwischen ihnen. Unsere inneren Systeme, wenigstens die meisten von ihnen, funktionieren in rhythmischen Beziehungen. Aber nicht nur die inneren Rhythmen unseres Organismus' sind aufeinander abgestimmt, wir stellen uns auch synchron zu den Rhythmen der Außenwelt ein. Körperliche und psychische Befindlichkeit, Empfindungen, Zustände sind immer auch unter einem bestimmten Gesichtspunkt die Resonanz, die harmonische Reaktion auf den Tages- und Nachtzyklus, auf die Gezeiten, auf den Rhythmus des jahreszeitlichen Umlaufs der Erde um die Sonne, vielleicht sogar auf umfassendere kosmische Rhythmen, die die Wissenschaft möglicherweise bald entdecken wird. Wo diese harmonische Reaktion nicht anzutreffen ist, haben wir es mit mangelndem Wohlbefinden oder Krankheit zu tun.

Die biologische Rhythmusforschung steckt ja im großen und ganzen noch in den Anfängen. Doch vermochte sie bereits einige sichere Erkenntnisse an den Tag zu bringen. Danach zeigen lebende Organismen in ihrem Verhalten eine wesenhafte – rhythmische, periodische oder synchrone – Beziehung zur Zeit. Die Zeitstruktur lebender Organismen ergibt sich durch biologische Rückkopplungs- oder Feedback-Systeme, die, sobald sie sich gebildet haben, spontan oszillieren, jedoch auch mit der Umwelt synchron sein können. Die Natur, hier als physisches Universum verstanden, wirkt auf und in uns durch ihre verschiedenen Zeitstrukturen, durch die Tages- und Nacht-, sowie die lunaren und jahreszeitlichen Zyklen. Alle Lebensformen, auch der Mensch, stehen in Resonanz mit diesen Zeitstrukturen, die physiologische Welt schwingt mit der physischen »zeitgemäß« mit. Freilich hat der Mensch durch die Technik, das künstliche Licht, durch Luft- und Raumfahrt, Unterseebootreisen usw. eine gewisse Trennung von der Natur, hier: von den Zeitabfolgen der Natur, vollzogen und damit verschiedene Rhythmusstörungen in Kauf genommen, aber einige Biochronologen warnen schon, weil auch in dieser Trennung ein Grund für den in den Bereich des Wahrscheinlichen gerückten Untergang unserer Spezies liegen könnte. Unbezweifelbar ist heute schon, daß Individuen mit verminderter Fähigkeit zur Synchronisierung ihres biologischen Oszillators mit der Umwelt krank werden. Dies gilt, obwohl der »Mechanismus«, wie lebende Organismen, also biologische Oszillatoren sich mit denen der Umwelt synchronisieren, in der biologischen Rhythmusforschung (auch Biochronologie genannt) noch weitgehend im dunkeln bleibt. Denn auch das Umgekehrte ist möglich, nämlich daß ein Organismus spontan schwingen kann, obwohl die Umwelt unverändert bleibt. Es gibt z. B. bei Menschen und auch bei Tieren und Pflanzen einen autonomen 24-Stunden-Rhythmus, der spontan ist und sich bei konstanten Umweltbedingungen durchhält. Aller Wahrscheinlichkeit nach bestehen auch zu diesem sog. zirkadianen Rhythmus lunare und jahreszeitliche Gegenstücke.

Fest akzeptiert ist heute in der Fachwelt die Definition des lebenden Organismus als eines sehr komplexen Feedback-Systems mit unerhört großen Möglichkeiten und Fähigkeiten für periodische Tätigkeit. Viele Biologen sind obendrein heute schon überzeugt, daß wir durch die Art und Weise, wie ein lebendiges System sich bewegt, mehr über es erfahren als durch seine Morphologie allein. Dabei hat man sich in etwa darauf geeinigt, eine Bewegung, einen Vorgang als rhythmisch anzuerkennen, bei dem nachgewiesen werden kann, daß er eine periodische Komponente enthält, die auf das Vorhandensein eines stabilen, ihn erzeugenden Mechanismus hinweist. In der biologischen Rhythmusforschung sucht man intensiv nach dem Grundrhythmuszentrum oder nach der »Uhr«, die die vielen Schwingungsformen des Verhaltens auf allen Ebenen des lebenden Organismus, auf der zellulären, metabolisch-humoralen, neuroendokrinen und zerebralen, leitet. Da biologische Rhythmen bei allen Tieren und Pflanzen, mit (wahrscheinlicher) Ausnahme der Bakterien und Viren, anzutreffen sind, liegt die Annahme eines Zusammenhangs zwischen biologischer Uhr und Zellkern-Struktur nahe. Eine permanente Reproduktion zirkulärer DNS (Desoxyribonukleinsäure) könnte die Hauptuhr des biologischen Organismus regulieren. Jedenfalls müssen wir annehmen, daß die »Zentraluhr« universell ist, d. h. für praktisch alle biologischen Arten von Protozoen und Algen bis hinauf zu Säugetieren und Vögeln gilt.

Es ist hier völlig unmöglich, das ganze Spektrum der biologischen Rhythmen auch nur aufzuzählen. Das ist an anderer Stelle auch schon mehrfach geschehen.[120] Wir können nur generell zusammenfassen, daß von den kleinsten subatomaren Partikeln der sogenannten unbelebten Materie über die lebenden Organismen, mit Einschluß des menschlichen, bis hin zu den Galaxien und Metagalaxien, die Natur eine Welt von Vibrationen, Schwingungen und Rhythmen ist. Der Atomkern ist im Grunde nichts anderes als ein oszillierendes Feld, als rhythmische Wellen. Innerhalb des Kerns sind Protonen, Neutronen und auch die kleineren Teilchen, bis hin zu den merkwürdigen subatomaren Einheiten, die wir Quarks nennen, letztlich keine festen Partikeln, sondern bloße Schwingungen, Beziehungen und Schwingungsmuster. Auch die Moleküle, die unseren Körper und den der Pflanzen und Tiere bilden, sind Schwingungsmuster. Sie bestehen ja aus Atomen, die im Molekülverband um ihren festen Platz tanzen und dabei bisweilen, in übereinstimmendem Rhythmus mit ihren Partnern, die Position tauschen. Die Muskelfasern unseres Fleisches, des Fleisches aller lebenden Organismen, bestehen aus langen, wohlgeordneten Molekülspiralen. Alle diese Moleküle schwanken wie Getreide im Wind. Aber es sind unsichtbare Wellen, die viele Billionen Male in der Sekunde pulsieren, durch welche die Moleküle unseres Körpers miteinander verbunden sind und in ihrer Position festgehalten werden. Woraus besteht also der Körper, fragt G. Leonard. »Er besteht aus Leere und Rhythmus. Im Innersten des Körpers, im

Herzen der Welt gibt es keine feste Materie. Es gibt nur den Tanz«,[121] denn dieser Tanz ist universal: »Ob wir nun auf der Suche nach dem Proton sind oder nach den Energiemustern innerhalb des Protons, die man als Quark bezeichnet, ob wir es mit Galaxien oder großen Anhäufungen von Galaxien zu tun haben, schließlich haben wir es immer mit tanzenden Feldern von Rhythmen und Beziehungen zu tun.«[122]

Wie gesagt: Die tiefe Bewußt- und Innewerdung dieses Sachverhalts, daß der Mensch eine Form rhythmischer Wellen ist und innerhalb der Natur als dem Gesamtfeld rhythmischer Wellen im Gleichklang mit allem existiert oder existieren soll – auch das ist Ökologische Religiosität. Gute und große Musik kann ein Vehikel zur Ökologischen Religiosität sein, weil sie uns die Rhythmik der Natur und aller Dinge und Lebewesen plausibel und fühlbar, weil sie uns für die Annahme aufgeschlossener macht, die Musik spiegele in der Form von Klängen die Strukturen des Universums wider. Wir können dann eher glauben, daß das letzte Zentrum des Universums der Natur Rhythmus und Tanz ist, die sich im Spiel geordneter Frequenzen in der Dimension der Zeit auseinanderfalten, daß nach einem ähnlichen Modus wie Musik auch das Universum der Natur, der Objekte und Ereignisse entstanden ist bzw. noch ständig entsteht, weil alles aus Schwingungen besteht.[123]

So mancher hat schon Momente des vollkommensten Rhythmus erlebt. Oft spielten dabei Musik und Tanz eine entscheidende Rolle, weil sie am ehesten befähigt sind, den Pulsschlag des Körpers mit dem Rhythmus des Universums eins werden zu lassen (Verschmelzungserlebnis). Es gibt Tage, an denen wir uns ganz besonders harmonisch fühlen, den Eindruck haben, mit allem, was existiert, synchron zu schwingen. Ein Gefühl der Allverbundenheit erfüllt uns, zugleich haben wir die feste Gewißheit, daß es so richtig ist, daß wir an der richtigen Stelle des Universums postiert sind, von wo aus auch alle anderen Dinge aus unserer Perspektive die richtige Ordnung und Einstufung aufweisen. Ökologische Religiosität besteht darin, durch die Fassaden des Rollen-Ich, der Gewohnheiten und Vorurteile zu jenem Quellpunkt der eigenen

Existenz vorzustoßen, der den wahren, vollkommenen Rhythmus hervorbringt, der jeder sein sollte und in seiner tiefsten Schicht auch ist. Der Durchbruch zu dieser Quelle, die erkenntnismäßige und praktische Identifizierung mit ihr führt automatisch zum Gleichklang mit der Gesamtnatur, mit all ihren Schwingungsfeldern, mit allen anderen Zentren des vollkommenen Rhythmus. Dann erst wäre die wirkliche Gesamtökologie des Universums erreicht, wenn dieser Durchbruch bei allen Menschen, bei allen intelligenten Lebewesen überhaupt stattgefunden hätte. Im letzten war jede Religion, waren vor allem die großen Weltreligionen einzig und allein der Versuch, Wege zu jenem vollkommenen Rhythmus aufzuweisen und zu bahnen, der im Innersten jeder menschlichen Psyche schwingt. Heilige, große Yogis und Gurus waren stets die Sinnbilder und »Beweise« dafür, daß diese Wege realisierbar sind. Ihre Strahlkraft, ihre innere und äußere Harmonie, vor allem aber ihre Macht heiligenden Einflusses auf die Umgebung, ihre Wunderheilungen galten als Symptome und Indikatoren dafür, daß sie den vollkommenen Rhythmus im Innersten ihrer Existenz gefunden hatten und daß dieser die Resonanz, der Widerhall der fundamentalen Verbundenheit ist, der ein entscheidendes Wesensmerkmal der Gesamtnatur darstellt. In diesem Sinne kann man in bezug auf das tiefste Anliegen aller Religionen mit dem großen T. S. Eliot sagen: »Es gibt nur den Tanz«, nämlich als die Harmonie aller Bewegungen und Schwingungen im Kosmos.

Das alles kann man selbstverständlich mit einem überlegenen Lächeln abtun. Aber es gibt doch viele Hinweise darauf, daß die eben vorgetragene Sicht den tiefsten Intentionen des Universums zumindest sehr nahezukommen scheint. In der Pädagogik z. B. kommt man immer häufiger darauf, daß Tanz und Musik, die Verschmelzung rhythmischer Klänge mit der Bewegung, den (sonst eher abstrakten) Lernprozeß fördern, beflügeln, intensivieren. Bekannt ist ja auch, daß Schädigungen des Gehörs, das uns mit der Welt der Töne verbindet, für den Lernprozeß und überhaupt die Lernfähigkeit meist störender sind als Beeinträchtigungen des

Sehvermögens. Nachgewiesen ist ferner, daß Kinder und Erwachsene mit Lernstörungen häufig ein mangelhaftes Rhythmusgefühl haben. Eine Reihe privater, freier Schulen begreift und praktiziert inzwischen Lernprozeß und Leben als eine Einheit. Man versucht, den Lernprozeß im Leben zu lassen. Er soll keine aufgesetzte Motivation sein, sondern eine fließende Bewegung, die aus der Lebendigkeit des Menschen entspringt, mit ihr konform schwingt. Die Räume und Zeiten des Lebens, seine unterstützenden und konfrontierenden Begebenheiten sollen auch Teile des Lernprozesses sein, so daß durch Lernen das Leben selbst in jedem menschlichen Individuum wächst. Lernen müßte in solch einer Perspektive ebenso viel Spaß machen wie Tanzen oder Schwimmen. Hier eröffnen sich noch sehr ergiebige Möglichkeiten für eine Pädagogik, die sich strikt weigert, das Lernen vom Leben abzutrennen, durch unbiologische Lern- und Lehrmethoden Lebenszeit verlorengehen zu lassen.

In der Psychiatrie gibt es eine Richtung, die das autistische Kind als Bündel widersprüchlicher Rhythmen zu sehen versucht und die Heilung darin erblickt, daß es den Pulsschlag vollkommenen Rhythmus findet, der jedem menschlichen Individuum einzigartig-unwiederholbar eignet und es zugleich mit dem Ganzen des Lebens, der Natur schwingungsmäßig versöhnt. In der Verhaltensforschung hat man bemerkt, daß Rhythmus und Takt wesentliche, keineswegs nebensächliche Elemente der Verhaltensorganisation und Kommunikation sind. Kommunikation ist bei Menschen wie bei den meisten Tieren als eine Art von Tanz auffaßbar, bei dem alle Beteiligten differenzierte, aber synchron abgestimmte Bewegungen ausführen. Mit den Bewegungen werden verschiedenste subtile (bei den Menschen unterhalb der Ebene der Sprache, der Verbalisierung liegende) Inhalte vermittelt, ohne daß sich die Beteiligten dessen reflex bewußt sind. Auch der Laie kann ja ohne weiteres feststellen, daß bei einem engagierten, echten Gespräch Sprecher und Zuhörer eine »Schwingungs«-Einheit bilden. Aber schon ein normales neugeborenes Menschenkind bewegt sich synchron mit den Sprechmustern der mütterlichen Stimme, obwohl es die Begriffe der Sprache der Mutter noch gar nicht versteht. Dagegen hat man bei autistischen, bei lese- und lernschwachen Kindern verzögerte Reaktionen auf akustische Reize ausgemacht. Für sie ist die Welt dissonant. An sich aber scheint es so zu sein, daß schon das Gehirn der normalen Kleinkinder eine Einheit ist, die mit der fortlaufenden rhythmischen Einheit, die diese Welt darstellt, verschränkt ist. »Wenn ein Kind geboren wird, trägt es die Ordnung der Welt bereits in sich.«[124] Die Ökologie unseres Daseins besteht in der Fähigkeit, Welt zu *haben,* genauer, in dem Vermögen, mit ihr in Resonanz zu schwingen. Das Wissen, die Überzeugung, das Gefühl, die Empfindung, eins mit der Gesamtnatur zu sein, ist für die geistig-psychisch-körperliche Gesundheit des Menschen von entscheidender Bedeutung. Psychopathologie und Neurosenlehre erklären neuerdings neurotische Verhaltensänderungen und auch psychotische Umstrukturierungen der Persönlichkeit immer häufiger als Störungen der Kommunikation und Interaktion nicht nur mit den anderen Menschen, sondern auch mit der Welt, mit der Gesamtwirklichkeit. Dabei kommt es, so darf hinzugefügt werden, keineswegs immer auf eine subordinative Anpassung an die Mit- und Umwelt an, man kann auch eine neue Existenz- und Aktionsmelodie, ein neues Schwingungsfeld in die Welt setzen und damit eine neue Resonanzbewegung der Welt auslösen. Sodann kann man im Bereich der Inneren Medizin eine ganze Reihe von funktionellen Störungen und selbst von Krankheiten heute kommunikationstheoretisch und kybernetisch als Regel-, Betriebs- und Schwingungsstörungen betrachten und behandeln. Auch die Neurophysiologie orientiert sich in zunehmendem Maße kommunikationstheoretisch und stellt in diesem Zusammenhang das zentrale Nervensystem als ein Netzwerk dar, das sehr schnell ablaufende Kommunikationsprozesse ermöglicht, die sich zwischen dem offenen System und seiner Umgebung vollziehen.

Ferner sei auf gewisse Resultate der Linguistik hingewiesen. Die Rolle der Rhythmik bei der Genese und Evolution der Sprachen ist fundamental. »Der Rhythmus ist sicher eines der fundamentalsten Kennzeichen einer gesprochenen Sprache und für einen Ausländer oft am schwierigsten zu erlernen... Es steht außer Frage, daß den weitgehenden Veränderungen im Laufe des Übergangs vom Lateinischen zum Französischen eine profunde Veränderung des Rhythmus zugrunde liegt. Der neue Rhythmus hat eine neue Sprache hervorgebracht, er hat die alten Worte umgeformt, Silben eliminiert und die Betonung von Silbe zu Silbe verschoben... Eine derartige Veränderung von Rhythmik und Betonung ist auch beim Hebräischen gegenüber dem Arabischen und beim Tschechischen gegenüber dem Litauischen, sowie beim Französischen im Vergleich zum Italienischen festzustellen.«[125]

Kulturpsychologen und -philosophen verweisen darauf, daß von Kulturen ausgesagt werden könne, daß sie eine Sprache *haben,* aber ein Rhythmus *sind.* Jedes Volk scheint seinen eigenen Rhythmus zu haben, aber auch von der Rhythmik der Landschaft hat man, haben vor allem Dichter gesprochen.

Auch darauf sei hingewiesen, daß das Wachstum bei vielen Pflanzen rhythmisch oder pulsierend verläuft.[126]

Wir wissen heute auch, daß wir durch unsere Sinne mit einem sehr breiten Spektrum rhythmischer Schwingungen der Natur in Verbindung stehen. Sinnesorgane lassen sich als Rhythmustransformatoren vor- und darstellen. Selbst für viele schwache Kräfte, wie z. B. Strahlung, elektrostatische und magnetische Felder, Luftionisation, atmosphärische Druckfronten usw. ist der lebende Organismus aufgrund seiner biochemischen Struktur empfindlich. Ein rhythmischer Vorgang ist selbst der Akt der Zeugung. Echte Sexualität gibt es nicht ohne gemeinsamen Rhythmus in den Lebensvorgängen zweier Menschen. Aber selbst bei den meisten Säugetieren und Insekten haben die Bewegungen und Laute, die der Paarung vorausgehen, eine Resonanz, eine Einstimmung und gewissermaßen Einschwingung der körperlich-seelischen Vorgänge zum Ziel. Wir kennen ja inzwischen eine ganze Menge unwahrscheinlich komplexer Balztänze und -rituale bei Tieren. In Anbetracht dessen stellt sich der Akt der Vergewaltigung bei Menschen als die disrhythmischste Aktion heraus. In vielen Religionen ist aber der Sexualakt nicht nur die Harmonisierung von zwei

Schwingungsfeldern, nämlich zweier Menschen, sondern zugleich Einschwingung in den Gesamtrhythmus des Kosmos, wodurch auch eine Vergeistigung und Sublimierung dieses Aktes stattfinden kann. So etwas ist prinzipiell immer möglich, selbst in unserer, diese Möglichkeiten meist vernachlässigenden oder theoretisch und praktisch leugnenden säkularistischen Zivilisation: Es war da – so lese ich in einem Bericht über ein solches kosmisches Erlebnis – ein totales Einvernehmen in jedem Blick, jedem Wort, jeder Berührung, ein Abstreifen jedes Hemmnisses. »An einem bestimmten Punkt ließen sie das Ich, selbst die Begierde hinter sich und gelangten in einen Zustand, in dem es nur das Gefühl des Daseins in seiner ursprünglichsten und vibrierendsten Form gibt. Vielleicht ist es dieser Zustand, zu dem trotz aller verschlungenen Umwege, die wir erfunden haben, jede geschlechtliche Liebe führt. Er wird jedoch in unserer selbstbewußten Kultur selten erreicht.«[127]

Es ist in diesem Zusammenhang vielleicht nicht uninteressant zu erwähnen, daß, wie neueste Entdeckungen zu beweisen scheinen, selbst Hormone, die bei Sexualität, Schwangerschaft, Pubertätseintritt usw. eine Rolle spielen, von der Natur in rhythmischen Abständen, sozusagen pulsierend abgegeben werden. Das gilt offenbar für das erst vor wenigen Jahren entdeckte Gonadotropin Releasing Hormon (Gonadotropin-Freisetzungshormon), das vom Hypothalamus am Boden des Zwischenhirns ausgeschüttet wird und die darunterliegende Hirnanhangsdrüse (Hypophyse) dazu anregt, ihrerseits Gonadotropine freizusetzen. Diese Botenstoffe regen dann auf dem Weg über die Blutbahn die Keimdrüsen an und setzen den Ausstoß der Geschlechtshormone Testosteron und Östrogen in Gang, die ja bei der Entwicklung der Geschlechtlichkeit eine wichtige Rolle spielen. Bei der Anwendung des Gonadotropin Releasing Hormons in der Medizin, im Heilbereich, hat sich nun gezeigt, daß das Hormon die Gonadotropin-Ausschüttung der Hirnanhangsdrüse nur dann anregt, wenn es in rhythmischen Abständen, etwa alle 90 bis 120 Minuten, verabreicht wird. Das scheint seinen tieferen Grund darin zu haben, daß der Hypothalamus sein Gonadotropin-Freisetzungshormon auch von Natur aus pulsierend, in rhythmischen Abständen abgibt. Nutzanwendung dieser Rhythmik: Unter Verwendung elektronisch gesteuerter Kleinstpumpen, die alle 90 Minuten einen Stoß dieses Hormons unter die Haut abgeben, ist es in letzter Zeit immer wieder gelungen, zuvor unfruchtbaren Frauen erstmals eine Schwangerschaft zu ermöglichen. Dieses Hormon, in Form von Nasenspray verabreicht, leistet auch bei der Behandlung unfruchtbarer Männer gute Dienste.

Auch gewisse ernstzunehmende, selbst für sehr kritische Geister kaum anfechtbare Forschungsergebnisse der Parapsychologie scheinen das öko-religiöse Bewußtsein der Einheit des Menschen mit der Natur zu bestätigen. Wir sagten bereits, daß die Sinne ein Instrumentarium darstellen, das unser Selbst als Komplex organisierter Schwingungsfelder mit allen Schwingungsrhythmen der Welt verbindet und es zur Konstruktion des Bildes führt, das wir uns von der Wirklichkeit machen. Aber im Universum der Natur scheint es noch mehr Verbindungslinien zu geben, außersinnliche Verbindungen zwischen allen Geschöpfen, eine Art »primärer Wahrnehmungsgabe«, die allen Lebewesen immanent ist.[128] Immer wieder hat man in Trance versetzte Medien gefragt, wodurch denn Psycho- oder Telekinese, Telepathie und Trancezustände einträten. Stets auch kam die in etwa gleichlautende Antwort, daß dafür Vibrationen verantwortlich seien. Der menschliche Körper bestehe aus einem »Energiekörper« oder einem vibrierenden »Feld«. Werde die Frequenz der Vibrationen dieses Feldes gesteigert, könnten Energie oder »Informationen« aus einer anderen »Dimension« zu uns gelangen.[129] Dr. Harold Burr, Professor der Neuroanatomie an der Yale-Universität, war dann der erste, der die unsichtbaren Energiefelder des Körpers wissenschaftlich entdeckte, der nachweisen konnte, daß jede lebende Materie, von der Keimzelle bis zum ausgereiften, erwachsenen Organismus, von elektrodynamischen Feldern umgeben ist und durch sie kontrolliert wird. Burr bezeichnete diese Energiehülle um den Körper als eine Art elektronische Gußform. Bei der ständigen Erneuerung des Körpers trage dieses Kraftfeld dafür Sorge, daß die neuen Gewebe die geeignete Form annehmen.[130] Später erbrachte Dr. Leonard Ravitz, Neuropsychiater, ebenfalls in Yale, den Nachweis, daß der menschliche Geist dieses Kraftfeld um den Körper zu beeinflussen vermag. Ravitz führte Messungen dieses elektromagnetischen Feldes auf der Haut durch und bemerkte dabei, daß er sogar die Tiefe einer Hypnose und geistige Zustände bei den Testpersonen bestimmen konnte. Dieser Forscher ist auch überzeugt, daß die kosmische Strahlung und Gammastrahlung, die Position der Sonne, die Sonnenfleckenstrahlung und andere Störungen des Magnetfelds der Erde und die Mondphasen Einfluß auf die Kraftfelder um unseren Körper ausüben. Er konnte auch die zyklische Natur dieser Einflüsse nachweisen, wodurch er der Wissenschaft der Biorhythmik wichtige Impulse lieferte. Nachweisbar übt z. B. der elfeinhalbjährige Sonnenfleckenzyklus einen fühlbaren Einfluß auf das Wetter, das Pflanzenwachstum und die Aktivität des Menschen aus.

Gerade die Sowjets, die am wenigsten im Verdacht stehen, einen überweltlichen Geist oder auch nur das Vorhandensein geistiger, von der Materie unabhängiger Zustände beweisen zu wollen, haben in den letzten Jahrzehnten die parapsychologische Forschung stark vorangetrieben, was allerdings im Westen weithin unbeachtet blieb. Auf einen Großteil der Ergebnisse dieser Forschung und die Art ihres methodisch exakten Zustandekommens kann hier nicht eingegangen werden. Es kann hier nur auf einige Resultate hingewiesen werden, die die in einer tieferen Dimension liegende Einheit alles Lebendigen, ja der belebten und unbelebten Natur überhaupt zu bestätigen scheinen. Die Kirlian-Methode der Hochfrequenzfelder und der Hochfrequenzfotografie scheint zu beweisen, daß alle lebenden Zellen eine unsichtbare Strahlung erzeugen, daß aus Pflanzen, Tieren und Menschen seltsame Strahlen und Lichtfelder hervorschießen, die alle anderen lebenden Wesen beeinflussen. Kraft- und Schwingungsfelder, die ja beispielsweise von Kraftfelddetektoren im Laboratorium für biologische Kybernetik des Physiologischen Instituts der Universität Leningrad als »elektrische Aura« aufgezeichnet wurden, ermöglichen allem Anschein nach die Kommunikation unter Fischen, Insekten und auch unter einigen anderen Tierarten. Auch Wasser, Mineralien, wahrscheinlich noch viele andere Dinge sind von unbekannten Kraftfeldern umgeben, und zumindest manche Menschen sind in der Lage, diese Kraftfelder zu fühlen. Das Kraftfeld des menschlichen Körpers tritt in Wechselbeziehungen zu den Kraftfeldern aufspürbarer Dinge, wenn z. B. der Wünschelrutengänger mit seinem Gerät sich in Bewegung setzt. Es scheint, als ob jedes Lebewesen zwei Körper hat, den für jedermann sichtbaren physischen Körper und einen »Energie-Körper«, den das sowjetische Ehepaar Kirlian in seinen berühmten Hochfrequenzfotos beobachten konnte. Dieser Energiekörper scheint fundamentaler zu sein als der physische. Er ist nicht einfach die (Ab-)Strahlung des letzteren, vielmehr spiegelt der physische Körper das wider, was im Energiekörper geschieht. Störungen des ökologischen Gleichgewichts im Energiekörper beispielsweise einer Pflanze signalisieren schon längst eine Krankheit, ehe diese dann allmählich auf den physischen Körper der Pflanze übergreift. Das Kuriosum liegt hier darin, daß man mit Hilfe des Kirlian-Effekts Pflanzenkrankheiten tatsächlich diagnostizieren kann, bevor sie tatsächlich eintreten. Es gibt Ärzte, z. B. den berühmten Dr. Walter Kilner in London, die auch beim Menschen Diagnosen anhand der Flammen und Farben der menschlichen Aura erstellen. Eine Reihe von Wissenschaftlern in Ost und West vertritt die Ansicht, daß die durchgängige Biolumineszenz, die Lichtstrahlung, die von Menschen, Pflanzen und Tieren ausgeht, weder elektrisch noch elektromagnetisch sei, vielmehr eine noch unbekannte Energieart darstelle. Der deutsche Chemiker Karl von Reichenbach nannte sie schon vor etwas mehr als hundert Jahren, in Anlehnung an den nordischen Gott Odin, etwas pathetisch die »odische Kraft«, um das Allgegenwärtige, Allesdurchdringende und Allesverbindende dieser Energie auf einen kurzen Nenner zu bringen. Das Allesdurchdringende dieser Kraft zeigt sich z. B. daran, daß, wie beobachtet und nachgewiesen, auf die Tötung von Garnelen, also kleiner Meerkrebse, alle anderen Lebewesen einschließlich Pflanzen in einem weiten Umkreis reagieren. »Nichts scheint diese Kommunikation verhindern zu können, nicht einmal Bleiplatten.«[131] Tausende von Kubikmetern Seewasser bilden keine Barriere für diese lebendige Kommunikation.

Immer schon haben Dichter und Mystiker behauptet, daß alles, was lebt und existiert, in einer tieferen Dimension seiner Natur ganz eng mit- und untereinander verbunden sei. Nicht wenige von ihnen waren der Meinung, diese Verbundenheit sei telepathischer Natur. Das buddhistische Axiom: »Reißt du den Stengel einer Blume ab, reißt du dir dein eigenes Bein aus« hat als dichterisches Gegenstück den Zweizeiler William Blakes (1757–1827):

> »Jeder Aufschrei des gehetzten Hasen
> reißt eine Faser dir aus dem Gehirn.«

Die parapsychologische Forschung scheint die alte ökologische Weisheit der Mystik zu bestätigen, daß alles im Grunde eins sei und die Individualität ein besonderes Vibrations-, Schwingungs-, Energiefeld innerhalb der Sinfonie des Ganzen aller Energien und Schwingungen darstelle. Dem Individuum gehe es nur gut, wenn es die Harmonie in sich und mit dem Ganzen suche. Viele sowjetische Parapsychologen sind überzeugt, daß Kommunikationsströme im Zickzack unter der unruhigen Oberfläche der Dinge laufen. Insgesamt legt die Parapsychologie ein Bild der Individuen nahe, die wie vulkanische Inseln aus dem Meer aufragen. Doch »unter dem Wasserspiegel fallen sie zum Meeresgrund ab, und durch ihn sind sie alle miteinander verbunden«.[132] Mit dieser Ansicht eines bekannten westlichen Parapsychologen stimmt das Bild des Menschen überein, das in der sowjetischen Parapsychologie allmählich Gestalt gewinnt. Dieses Bild zeigt ihn »als pulsierendes Feld, das dynamisch mit allen anderen Feldern zusammenwirkt, wie ein Ton, der mit allen anderen Tönen in einer Sinfonie zusammenklingt«.[133] Gefordert ist eine Kosmobiologie, die das Leben des Menschen, der Tiere und Pflanzen im Gesamtnetz der Einflüsse, Veränderungen, Energieflüsse und Schwingungen des Universums integrativ beobachtet und untersucht. Es ist vielleicht recht bezeichnend, daß es im Osten, in der Sowjetunion, eine ganze Reihe bekannter Kosmobiologen gibt, im Westen jedoch kaum ein Wissenschaftler so etikettiert werden möchte. Vielleicht wird einmal die Kosmobiologie eine Einsicht Nietzsches, des genialen philosophisch-psychologischen Vor-Denkers in so vieler Hinsicht, in aller Form wissenschaftlich bestätigen können, eine Einsicht, die er folgendermaßen formuliert hat: »Ich habe für mich *entdeckt,* daß die alte Mensch- und Tierheit, ja die gesamte Urzeit und Vergangenheit alles empfindenden Seins in mir fortdichtet, fortliebt, forthaßt, fortschließt, – ich bin plötzlich mitten in diesem Traume erwacht, aber nur zum Bewußtsein, daß ich eben träume und daß ich weiterträumen *muß,* um nicht zu Grunde zu gehn: wie der Nachtwanderer weiterträumen muß, um nicht hinabzustürzen.«[134]

Vielleicht ist Nietzsches eben angeführte Intuition nur die Innenseite, der Bewußtseinsaspekt des von der modernen Physik entdeckten Sachverhalts, daß »keine Theorie der Realität, die mit der Quantentheorie vereinbar ist, davon ausgehen kann, daß räumlich getrennte Ereignisse voneinander unabhängig sind«,[135] daß vielmehr eine wechselseitige Verbundenheit selbst entferntester Ereignisse angenommen werden muß. Wenn die Quantentheorie, die heute von allen ernstzunehmenden Physikern anerkannt wird, funktionieren soll, muß jedes Elektron gleichsam »wissen«, was alle anderen Elektronen im Universum tun, sonst kann es selbst nicht »wissen«, was es zu tun hat. »Jedes Ereignis wird vom gesamten Universum beeinflußt, und obwohl wir diesen Einfluß nicht in Einzelheiten beschreiben können, erkennen wir doch eine Ordnung, die in statistischen Gesetzen ausgedrückt werden kann.«[136] Ein Elementarteilchen ist keine allein für sich und unabhängig existierende Einheit. Es ist im Grunde eine Gruppierung von Zusammenhängen mit allen anderen Dingen.

Nimmt man diese Folgerungen aus der Quantentheorie ernst, dann ergeben sich noch kühnere, aber eigentlich unabweisbare

Schlüsse in bezug auf unsere Einheit mit der Gesamtnatur. Nicht nur die subatomaren Teilchen, sondern alle Teile des Universums, die sich ja aus den ersteren zusammensetzen, einschließlich des Menschen, können nicht als isolierte Einheiten aufgefaßt werden. Vielmehr sind sie nur durch ihre Wechselbeziehungen annähernd wirklichkeitsgemäß definierbar. Die Vision des universalen Naturzusammenhangs des Menschen, die sich auf dieser Grundlage ergibt, hat G. Leonard unübertrefflich zum Ausdruck gebracht. Betrachtet man, was de facto legitim ist, »jedes menschliche Individuum als aus reiner Information in der Form von rhythmischen Wellen bestehend... – Information, die als die infinitisemalen Schwingungen subatomarer Partikel beginnt und sich nach außen als immer umfassendere resonante Hierachien fortsetzt, von Atomen und Molekülen zu Zellen, Organen und Organismen, über Familien, Sippen und Stämme bis hin zu Nationen, Zivilisationen und darüber hinaus«, dann gilt, daß »auf jeder Stufe dieses Weges jede Einheit an das große Informationsnetz angeschlossen ist, welches das Universum darstellt. Auf der fundamentalsten Ebene besteht die Verbindung nicht in der Vermittlung durch die Sinne, sondern liegt in der Struktur, denn wir befinden uns nicht *in* diesem Beziehungsnetz, sondern sind selbst ein Teil desselben. Als Teil des Netzes *ist* jeder von uns eine individuelle Identität, und diese Identität kann am leichtesten als eine Wellenfunktion, ein einzigartiger rhythmischer Pulsschlag ausgedrückt werden. Gleichzeitig ist jeder von uns paradoxerweise ein Holoid des Universums, und auch dieses Holoid drückt sich in Form von Wellenfunktionen aus. Wir sind mithin sowohl individuell als auch universell, und das Netz von Beziehungen schließt beide Aspekte unseres Seins ein... wir sind vollständig, unlösbar und absolut mit allem Existierenden verbunden.«[137]

Der nächste Schritt der Evolution dürfte darin bestehen, uns dieser Verbundenheit in leuchtend und eindringlich klarer Weise bewußt zu werden. Das wäre die stärkste Motivationsbasis für eine künftig nur noch ökologische, ökologisch-gerechte Behandlung aller Dinge innerhalb des einen, umfassenden Naturzusammenhangs. Ökologische Religiosität greift diesem Evolutionsprozeß zunehmender Bewußtwerdung der Einheit des Menschen mit der Natur schon voraus, denn relativ unabhängig von allen wissenschaftlichen Hinweisen, Nachweisen, Beweisen, die hier angeführt wurden, war echte Religiosität zu allen Zeiten immer schon Erfahrung des vollkommenen Rhythmus im Innersten der menschlichen Geist-Seele-Leib-Einheit und Bewußtsein der Harmonie dieses Rhythmus mit allem, was existiert, mit allen Schwingungsfeldern und -mustern der universalen Wirklichkeit. Die hinduistische Formel »*tat tvam asi*« (»Das bist Du«), die das eigentlich religiöse Erleben als Bewußtwerdung der Identität aller Dinge und der Immanenz von allem in allem interpretiert, legt ebenso Zeugnis von jener religiös erfahrenen Einbettung des individuellen menschlichen Rhythmus in den Gesamtrhythmus der Natur als der umfassenden Allwirklichkeit ab wie der schlichte Bericht eines 17jährigen, dem auf einer verlassenen Insel an der amerikanischen Ostküste die grundlegende Sinngewißheit seines Lebens zuteil wurde: »Die ganze Zeit hatte ich das Gefühl der Harmonie auf allen Ebenen. Ich spürte, daß alles aus einem Grund geschah, einem Zweck diente... Ich erlebte ein tieferes Gefühl des Friedens, als ich es je gekannt hatte. Selbst körperliche Anstrengung war beruhigend, da etwas in mir, das normalerweise immer irritierend und antreibend wirkte, zur Ruhe gekommen und nun zu einem friedlichen und harmonischen Austausch fähig war. Wenn ich auch physisch von ihnen getrennt war, *kannte* ich doch einen Baum, Sandkörner, das Meer, fliegende Vögel. Alles war Gott, heilig; da Gott überall ist, war auch das Stück Treibholz heilig. Das muß es sein, worum es in der Religion geht. Niemals habe ich mich vorher oder nachher so lebendig gefühlt. Ich existierte *jetzt*, nicht einen Schritt zurückbleibend oder an die Zukunft denkend. Ich atmete wie das Meer. Ich hätte einem anderen Menschen ins Auge fliegen können wie Sand.«[138]

Das religiös-ökologische Bewußtsein unserer Einheit mit der Natur kann uns ein solcher Text wie der eben angeführte nahebringen. Aber dieses Bewußtsein bezieht sich nicht nur auf unseren

Naturzusammenhang, sondern auch auf unsere Aufgabe und Rolle in der Natur, wovon im nächsten Abschnitt zu sprechen sein wird.

Das religiöse Bewußtsein unseres ökologischen Auftrags gegenüber der Natur

Einheit mit der Natur, wie wir sie besprochen haben, bedeutet nicht Einerleiheit. Jedes Ding, jede lebende Art hat eine spezifische Funktion, eine besondere Rolle und Aufgabe im Sinnganzen der Natur, auch wenn und wo das für den Menschen nicht gleich erkennbar ist, vielleicht in manchen Fällen nie erkennbar sein wird. Selbst eine sehr spezielle Rolle, wie sie dem Menschen in den nachfolgenden Ausführungen zugeschrieben wird, schließt die grundlegende, fundamentale Einheit alles Lebenden, alles Existierenden nicht aus. Im Gegenteil: Wir Menschen bleiben dann im Naturganzen, im Naturzusammenhang, in der (bewußten) Einheit mit der Natur, wir entsprechen gerade dann der Natur und sind »natürlich«, wenn wir die spezifischen Aufgaben wahrnehmen und erfüllen, die sie von uns verlangt, die sie in unsere Natur eingegeben, eingeprägt hat. Denn es ist die Natur selbst, die sich mit uns forttreibt, wie es in dem oben angeführten, Goethe zugeschriebenen Fragment über die Natur heißt.[139] Ihre Kräfte, Potenzen, Tendenzen sind in uns und drängen zu den uns eigenen, uns entsprechenden Rollen und Verhaltensformen. Wir sind unvermögend, wie es in diesem Fragment ebenfalls heißt, aus dem Kreislauf ihres Tanzes herauszutreten, ihren Gesetzen nicht zu gehorchen, auch wo wir ihnen widerstreben.

Wozu drängt, worauf hinaus will also die Gesamtnatur im Naturwesen Mensch? Wohin will sie sich mit uns forttreiben? Das können wir nur erkennen, wenn wir zuvor wissen, was wir innerhalb der Natur sind, welche Stellung wir im Ganzen der Natur einnehmen, inwiefern und wodurch wir uns von anderen Lebewesen trotz der vielen im vorigen Abschnitt charakterisierten Gemeinsamkeiten unterscheiden. Aus eventuellen Unterschieden zu anderen Lebewesen, aus einer diesbezüglich eventuell resultierenden Sonderstellung ergäbe sich dann folgerichtig unsere besondere Aufgabe, unser ökologischer Auftrag der Natur gegenüber.

Kommt dem Menschen eine Sonderstellung innerhalb der Natur zu?
Wodurch unterscheidet sich das Naturwesen Mensch
von anderen Lebewesen?

Die Sondernatur des Menschen, im Vergleich zu allen anderen uns bekannten Lebewesen in dem sie und uns umfassenden Reich der Natur, ist besonders auffällig an der *aufrechten Haltung,* der *Höherentwicklung des Gehirns,* insbesondere des Großhirns, und an der *Ausbildung der Sprache, der Schrift und der mit ihnen eng verbundenen geistigen Fähigkeiten* abzulesen.

Den unerhört wichtigen, für seine Sondernatur vielleicht bedeutendsten und ausschlaggebendsten Evolutionsschritt der endgültigen Aufrichtung seiner Haltung hat der Mensch vor etwa 500000 Jahren vollzogen. Davor aber liegen zahlreiche Etappen, in denen die Natur in vielerlei Anstrengungen und in einem etwa 12 Millionen Jahre während Prozeß die Aufrichtung des Ganges, der Haltung in den tierischen Vorfahren des Menschen erprobte und anstrebte. Das Unerhörte dieses Schrittes in der Emporentwicklung der Natur zeigt sich vielleicht auch daran, daß selbst dem Jetztmenschen die Anpassung an diesen Schritt offenbar noch nicht voll gelungen ist, sonst würde er nicht ständig an Krankheiten und Beschwerden laborieren, die eine Folge der aufrechten Haltung darstellen. Man denke diesbezüglich beispielsweise an Bandscheibenschrumpfung und -prolaps, Eingeweidesenkungen, Belastungsbeschwerden der Füße (Senk- und Spreizfuß), venöse Stauungen in den Bein- und Beckenvenen, orthostatische Regulationsstörungen bis zum Kollaps, arthrotische Vorgänge an Wirbelsäulen-, Hüft- und Beingelenken usw. Offenbar war es der Gesamtnatur wichtig, trotz des hohen Preises an Beschwerden und Krankheiten, den sie dafür erbringen mußte, den evolutionären Schritt zur Aufrichtung des Lebens im Menschen zu wagen und durchzusetzen.

An der aufrechten Haltung, die *allein* der Mensch hat und die doch einige Tierarten *fast* haben, auf die auch viele menschenähnliche oder fast-menschliche Tierarten sozusagen hingearbeitet haben, zeigt sich ganz besonders deutlich, daß sich dieses menschliche Sondermerkmal der Natur als hervorbringender Kraft verdankt, daß es dem Menschen eine herausragende Stellung *in* der Natur und nicht jenseits oder außerhalb von ihr zuweist. Der Mensch ist jenes Wesen der Natur, in welchem sich das Leben selbst aufrichtete, in welchem es aufstand und sich von der Erdenschwere, von der starken Verhaftetheit an die Erde relativ frei machte. Phylogenetisch wissen wir, daß das Leben sehr früh in den Primaten den Mechanismus ausgebildet hat, den Rumpf in aufrechter Position zu halten. Die Fähigkeit, die Arme weit vorzustrecken, und die vollständige Streckung der hinteren Extremitäten (Beine) folgten bei ihnen später. Eine ganze Menge mutativ bedingter und ermöglichter Umkonstruktionen und ihre Synorganisation waren nötig, um die aufrechte Haltung einzuführen und zu stabilisieren: Die Umgestaltung und Vorwärtsneigung des Beckens, die Ausgestaltung der Kurvaturen der Wirbelsäule, die Ausbildung des Fußgewölbes, die Umgestaltung der Beckengürtelmuskulatur, die Verschiebung der Kopf-Wirbelsäule-Verbindung usw.

Vielleicht ist ein weiteres Indiz für das unerhörte Novum des aufrechten Ganges im Reich der Natur und das keineswegs Selbstverständliche daran, daß auch ontogenetisch, d. h. von jedem ins Leben tretenden menschlichen Individuum die aufrechte Haltung jeweils neu errungen werden muß. Vor allem Adolf Portmann hat wiederholt darauf hingewiesen, daß »kein einziges unter den Säugetieren seine *artgemäße Haltung* so wie der Mensch erst *längere Zeit nach der Geburt* und durch *aktives Streben*«,[140] Lernen und Nachahmen erreicht. Die Anatomie, der Körperbau mit seinen Wachstumsverschiebungen ermöglicht diese Prozedur aktiven Strebens und Lernens des aufrechten Ganges. Weist doch beim Neugeborenen die Wirbelsäule noch nicht die für die aufrechte Haltung typischen und notwendigen Kurvaturen auf; sie ist da noch fast gerade und bekommt die spezifische Krümmung einer federnden Stützstruktur des senkrecht stehenden Körpers erst spät, ebenso wie das Becken seine typische Stellung erst spät erhält. Psychisches und Körperliches arbeiten hier Hand in Hand, um die dem Menschen und seiner Sonderstellung in der Natur gemäße Haltung herauszubilden.

Man vergegenwärtige sich den gewaltigen Bogen, den die Natur von ihren ersten Lebenskeimen vor etwa $3^{1}/_{2}$ Milliarden Jahren bis zur aufrechten Haltung im höchsten ihrer terrestrischen Geschöpfe in der Stammesgeschichte gezeichnet hat. An der Spitze der Evolution des Lebens auf unserem Planeten steht jedenfalls vor uns eine einzigartige Gestalt, die voll aufgerichtete Körperhaltung, die den Menschen allein auszeichnet. »Das vierfüßige Tier mag schnell und leichtfüßig sein und die Erdschwere oft besser überwinden als der Mensch; dennoch liegt die Richtung seines Leibes der Erde an, und sein Gesicht erhebt sich nicht über den Horizont des Umkreises, in dem Nahrungsfund, Beute und Feind zu erwarten sind. Sicher kann der Hund den Mond anbellen, aber deshalb wird sein Horizont nicht umfassender. Sicher trägt auch die Giraffe den Hals ausnehmend hoch, aber nur um nach Laub zu suchen, von einer frei stehenden und gehenden Vertikalität, von einer grundsätzlichen ›Weitschweifigkeit‹ des Blickes, zu dem ein seiner ganzen Natur nach hochgestellter Leib mit seinem hochgetragenen Haupt beinahe zwingt, kann nicht die Rede sein.

Auch ist es unpassend, die aufrechte Haltung der Vögel mit der des Menschen zu vergleichen. Sie ist bestenfalls eine fast aufrechte, im Grunde nur eine Zweibeinigkeit, die durch die anderweitige Verwendung der Vordergliedmaßen bedingt ist und die den Körper so in Balance hält, daß er stehen, laufen und vor allem abfliegen kann. Die Bipedie des Vogels ist eine sekundäre, von der primären Funktion des Fliegens abhängig – auch wenn es ›entartete‹ Vögel gibt, die nur mehr laufen können; aber gerade dann ist von aufrechter Haltung – siehe Strauß – kaum mehr etwas zu bemerken. Die Bipedie des Menschen ist primär, die ganze Gestalt ist daran orientiert, er ist das einzige aufrechte Wesen par excellence – alle anderen sind höchstens teils aufrecht oder fast aufrecht oder vorübergehend aufrecht, wie die Menschenaffen. Aber sie sind auch in der ›Menschennähe‹.«[141]

Mit dem aufrechten Stehen und Gehen auf zwei Beinen erschließt sich dem Menschen die Natur, die Welt in einer ganz neuen Weise, tritt er ihr auch in ganz neuer Weise *sehend* und *handelnd* gegenüber. Die Arme und Hände sind jetzt frei, sie werden im wesentlichen nicht mehr zur Fortbewegung gebraucht. Freiheit der Arme und Hände bedeutet ein ganzes Arsenal an Möglichkeiten einer neuen Verwendung dieser Organe zu zahlreichen hochdifferenzierten Bewegungen, zum Gebrauch von Werkzeugen verschiedenster Art, zur Herstellung von Waffen (die in der Frühzeit des Menschen sicher notwendig waren, heute aber in ihrer modernsten Form als A-, B-, C-Waffen das unökologischste Instrument darstellen, das die Menschheit je hervorgebracht hat). Ein reichgestaltetes Instrumentarium technischer Mittel gelangte auf diese Weise buchstäblich in die Hand des Menschen. Man hat mit Recht gesagt: »Aufrichtung bedeutet Freiwerdung der Hände zum ›Handeln‹, da sie bislang zur Fortbewegung engagiert waren. Freiwerdung der Hände bedeutet Freiheit für neue Arten der Daseinsbewältigung: greifend, werkend, handelnd kann die Welt gestaltet werden.«[142] Die zunächst wörtlich und rein sinnlich-wahrnehmbar gemeinte »Handlungsfreiheit« der Arme und Hände setzt sich dann aber auch in den geistigen Raum hinein fort. Das Greifen der Hände, das Be-greifen der Gegenstände der Außenwelt ermöglicht bzw. erleichtert der menschlichen Intelligenz das Begreifen ihrer Wesensart, die Bildung von Begriffen über diese Objekte. Untersuchen, Formen, Gestalten wird zu einer sowohl sinnlich-praktischen wie geistigen Tätigkeit. Die Hände sind Greif- und Begreif-Organ. Gerade im Vergleich mit den Händen der Menschenaffen und Affen überhaupt zeigt sich die Souveränität, die überlegene Freiheit der Hand des Menschen. Die Hände der Affen sind alle in einer besonderen Art angepaßt, spezialisiert, angepaßt nämlich an die hangelnde und kletternde Lebensweise. Im Vergleich damit ist die menschliche Hand unspezialisierter, »primitiver«, z. B. nicht für das Hangeln verlängert wie beim Orang-Utan. Der Daumen ist opponierbar, so daß die Finger einschließlich des Daumens ein vielseitiges Greif-Organ bilden. Die Hand ist auf diese Weise sozusagen greif-frei. Die »Primitivität« und gewisse Unspezialisiertheit der Menschenhand bewahrt sie vor Einseitigkeit, ermöglicht ihr einen viel größeren Spielraum von Handlungsmöglichkeiten als den Affen, Handlungsmöglichkeiten auch zur Hege und Pflege und zum Schutz der Tiere und Pflanzen, wovon später noch die Rede sein wird.

Mit der aufrechten Haltung, dem erhobenen Haupt ist aber auch eine Erweiterung des Gesichtsfeldes, des menschlichen Sehraums gegeben. Und auch dieser sinnliche Raum, der Raum der visuellen Wahrnehmung setzt sich in die geistige Dimension fort: Eine tiefere Erfassung und Durchdringung der Umwelt, wie sie dem Vierbeiner, auch noch dem kletternden Menschenaffen in dieser Weite und Tiefe nicht möglich ist, wird zur Weltoffenheit schlechthin. Hingewiesen sei auch noch auf das enge Verhältnis von Greifhand und zentraler Repräsentanz des Raumes als wesentliche Voraussetzung der Menschwerdung, wie das vor allem Konrad Lorenz dargelegt und begründet hat.[143]

Die Ausbildung der Hand, ihre Handlungsfreiheit und -vielfalt, die Erweiterung und Vertiefung des Sehraums stehen natürlich obendrein in einander gegenseitig bedingenden Abhängigkeitsverhältnissen mit der Höherbildung des Gehirns. Die menschliche Hand wäre lahm und hilflos, klobig und ungeschickt, wenn sie keine Impulse von einem hochentwickelten, größeren und spezialisierteren Gehirn erhielte als dem der Menschenaffen. Ein hochdifferenziertes Nerven- und Hirnsystem ermöglicht auch die Fülle von Tastorganen auf der Handinnenfläche und an den Fingern. Stammesgeschichtlich haben sich gerade durch die »enge gegenseitige Rückkoppelung von Motorik und Sensorik« diejenigen Gehirnteile und -funktionen ausgebildet, »durch die sich der Mensch über die höchsten lebenden Säugetiere emporhebt«.[144]

Das menschliche Gehirn ist das höchstentwickelte Organ der gesamten Biosphäre der Erde. Wenn Teilhard de Chardin vom Menschen ausgesagt hat, er zeichne sich durch eine »extreme physisch-chemische Komplexität« aus, so daß die Materie in ihm ihren »höchsten Grad der Synthese« erlange, ferner durch ein »Höchstmaß innerer Organisation«, durch die er »das vollkommenste und am meisten zentrierte Korpuskel« des Kosmos sei, schließlich durch ein »Höchstmaß an psychischer Entwicklung«, so daß er die »Spitze des Lebens« bilde,[145] dann gilt dies alles in besonderer Weise vom menschlichen Gehirn, diesem höchsten Komplexitätstriumph der Evolution der Biosphäre.

Wie bei der Entwicklung der aufrechten Haltung, so hat auch bei der Höherentwicklung des Gehirns die Natur lange und zähe Arbeit geleistet. Die Höherentwicklung des Gehirns, seine spezifischen funktionellen Neuerwerbungen ereigneten sich in einem Prozeß von Jahrmillionen, der sich bis zum Ende der letzten Eiszeit hinzog. Seitdem, etwa seit dem Auftauchen des Cro-Magnon-Menschen, hat sich das Gehirn nach Volumen und Form (Furchung) nicht mehr meßbar verändert. Hier scheint eine morphologische Entwicklungsstufe des Gehirns, dieses führenden, dominanten Teilorgans des Zentralnervensystems erreicht zu sein, die bisher jedenfalls den geistigen und kulturellen Entfaltungsmöglichkeiten des Menschen keine Grenzen gesetzt hat. Die funktionellen Möglichkeiten des menschlichen Gehirns aufgrund seines jetzigen morphologischen Entwicklungsniveaus scheinen noch nicht ausgeschöpft.

Vergleicht man nun z. B. das Verhältnis von Gehirn- und Körpergewicht bei Menschenaffen und Mensch, so ergibt sich ein ziemlicher Unterschied. Es beträgt beim männlichen Gorilla 0,57 Prozent, beim männlichen Schimpansen 0,86, beim erwachsenen Menschen 2,07, ist also beim Menschen zwei- bis dreimal höher. In bezug auf den Gehirninhalt besteht z. B. zwischen Gorilla und Homo sapiens ein Verhältnis von 500 zu 1325 cm^3. Zum entwicklungsgeschichtlichen Vergleich: Der Pithecanthropus modjokertenois, 1939 auf Java gefunden (Alter 700000 Jahre), hatte einen Gehirninhalt von 600–750 cm^3.

Diese Zahlenverhältnisse werden hier so herausgestellt, weil die Unterschiede zwischen Menschenaffen und Mensch, in bezug auf das morphologische Substrat des Gehirns, tatsächlich und eigentlich von nur quantitativer, nicht qualitativer Art sind. Erhebliche Differenzen sind aber bezüglich der *Zelldichte* und der *Ausbildung der Neuronenverbindungen* festzustellen, so daß der sog. GrauZellen-Koeffizient beim Homo sapiens um etwa 50 Prozent höher liegt als beim Schimpansen. »Durch Zunahme der Faserverbindungen und damit der synaptischen Verbindungen der Neurone könnte ohne grob anatomische Veränderungen doch eine funktionelle Höherstufung erzielt werden. Hierin allein könnte der sogenannte ›Fortschritt der Menschheit‹ innerhalb ihrer Kulturentwicklung in geschichtlicher Zeit (der letzten 5000 bis 10000 Jahre) eine materielle Grundlage finden. Denn es gibt sonst keinen morphologischen Befund, daß in dieser letzten Zeitspanne ein entscheidender Schritt der biologischen Evolution des Gehirns durchlaufen worden wäre.«[146]

Jedenfalls führt der quantitative Unterschied zwischen Anthropoiden- und Menschengehirn in morphologischer Hinsicht zu ganz erheblichen Differenzen in der funktionell-physiologischen Leistung der beiden Gehirnsysteme.

Wir haben also folgenden zunächst gegensätzlich erscheinenden Tatbestand vor uns: Einerseits gibt es »die gewaltige Kluft, die den Menschen von den höchsten Primaten, den Pongiden, trennt« (K. Lorenz[147]). Andererseits gibt es »im Gehirn ... kein Teilorgan, das nur dem Menschen eigentümlich wäre« (D. Starck[148]). Der (scheinbare) Widerspruch löst sich dadurch auf, daß, wie schon gesagt, die Zelldichte und die Ausbildung der Neuronenverbindungen beim Menschen wesentlich weiter fortgeschritten sind als bei den Pongiden, daß aber darüber hinaus als »spezifisch menschlich ... die absolut große *Stirnhirnentwicklung*« (C. v. Krogh[149]) zu gelten hat. Selbst gegenüber Pithecanthropus und Neandertaler liegt beim Homo sapiens ein beachtlicher Ausbau des Stirnhirns vor, besonders eine Entfaltung der orbitalen (über den Augenhöhlen gelegenen) Partien. Aber schon das Gehirn der Pithecanthropus-Stufe und des Neandertalers zeigt im Vergleich zum Affengehirn eine überaus deutliche Verbreiterung der Scheitel-Schläfen-Region. Zusammenfassend wäre demnach zu sagen: »Die Großhirnrinde des Menschen leistet also funktionell bedeutend mehr als diejenige von Affen, nicht nur, weil sie große Bezirke enthält, die der Rinde des Affen völlig fehlen, sondern auch deshalb, weil diese Felder erheblich reicher funktionell aufgegliedert sind als irgendwelche am Affenhirn abgrenzbaren Felder.«[150] Hier, mit dieser hohen Cerebralisation des Menschen ist erst die materielle, genauer physiologische Grundlage für sein begriffliches Denken gegeben, durch das er sich endgültig vom Tier absetzt und Sprache und Tradition als eine neue, spezifisch menschliche Art der »Vererbung« schafft, die die Kultur ermöglicht.

Gerade in bezug auf die Entwicklung des Gehirns erweist sich der Mensch somit zugleich als Teil der Natur wie auch als Privilegierter der Natur: »Versucht man einmal, die... Verhältnisse als Ganzes zu betrachten, wobei selbstverständlich weder das gleichsinnige noch das unterschiedliche Verhalten bei Hominiden und höheren Primaten außer acht gelassen werden darf, so ist das wesentliche Kennzeichen ein mehr oder weniger gradueller Übergang, der sich von den niederen bis zu den höchsten Primaten erstreckt und den Menschen eindeutig einschließt. Wenn andererseits der Mensch eine stärkere Differenzierung des Gehirnes und damit einen deutlichen Cerebralisationsunterschied erkennen läßt, so kommt hierin die besondere Spezifität der Hominiden zum Ausdruck.«[151]

Kommen wir nun noch zu einem weiteren Sondermerkmal des Menschen in der Natur, zu seiner *Sprache* und überhaupt seinen mit der Sprache meist eng verknüpften geistigen Fähigkeiten. Die diesbezügliche Grenze zwischen Mensch und Tier verläuft nicht unbedingt so, daß man sagen müßte: »Kein Tier hat Sprache – der Mensch hat Sprache.« Vielmehr hat sich die Natur auch in den nichtmenschlichen Lebewesen eine ganze Menge von Kommunikationsformen geschaffen. Alle diese »Sprachen«, wenn wir sie so benennen wollen, sind aber keine Wortsprache im eigentlichen Sinn. Diese besitzt unter den Lebensformen auf unserer Erde nur der Mensch. Nur er hat sich in der Sprache eine Kommunikationsform, ein Mittel geschaffen, »durch welches zum Zwecke der gegenseitigen Verständigung, des geordneten Denkens, des sinnvollen Gestaltens der Wahrnehmungen, der Selbstbesinnung und des Ausdrucks des inneren Lebens – mit Hilfe einer Anzahl artikulierter und in verschiedenen Sinnverbindungen auftretender symbolischer Zeichen« (gegliederter Laut- und Zeichengebilde) – »Forderungen und Wünsche zum Ausdruck gebracht, Tatbestände der inneren und äußeren Wahrnehmung angezeigt, Denkinhalte formuliert und Fragen zur Veranlassung von Mitteilungen und der Selbstkontrolle gestellt werden«.[152]

Tiere sind zweifellos nicht einfach als sprachlos zu bezeichnen. Die Natur hat sie bzw. manche von ihnen mit einer Laut- und Gebärdensprache ausgestattet, weil diese eine Hilfe für ihre »Orientierung im Dasein«[153] darstellt. Es besteht ja auch zumindest eine äußere Ähnlichkeit im Lautmaterial, das heißt zwischen den Lauterscheinungen bei Tier und Mensch. Die Säugetiere haben einen Stimmapparat, der dem des Menschen nicht unähnlich ist. Allerdings zeigt ein Vergleich sofort den viel größeren Stimmumfang des Menschen, dessen Sprechen zwei, dessen Kunstgesang bis $3\frac{1}{2}$ Oktaven umfaßt. In bezug auf den Stimmumfang kommt unter den Tieren der Gibbon mit einer Oktave dem Menschen noch relativ am nächsten. Was den Lautschatz betrifft, so kommt diesbezüglich der Schimpanse wegen des Reichtums und der Differenziertheit der ihm zur Verfügung stehenden Laute dem Menschen näher als alle anderen Tiere. Nicht bloß im Lautschatz des Schimpansen, auch in den Lauten anderer Säugetiere finden sich Vokale, die den menschlichen Vokalen hinsichtlich des Schwingungsaufbaus oft sehr ähnlich sind. Selbst Konsonanten (B, F, G, K, M, S, T, W) kommen vor, wenn auch signifikant seltener als beim Menschen. Bei Affen, besonders deutlich beim Schimpansen, werden die Laute von lebhaften Ausdrucksbewegungen des Gesichts, oft des ganzen Körpers begleitet, so daß die sog. Affensprache als Verbindung von Gebärden- und Lautsprache zu bezeichnen ist. Entsprechende Vergleichsuntersuchungen, z. B. die von N. Kohts,[154] ergaben, daß die bei einem einjährigen Schimpansenkind ermittelten 23 verschiedenen Laute als Ausdrucksmöglichkeiten schon bei 7 Monate alten Menschenkindern vorhanden sind. Offensichtlich wäre der periphere Stimmapparat der höchsten Säugetiere motorisch und innervatorisch ausreichend befähigt, die verschiedenen Sprachlaute des Menschen hervorzubringen.

Woran hapert's also? Worin liegt der berühmte Wesensunterschied zwischen Mensch und Tier auf dem Gebiet der Sprache? Zunächst ist zu sagen, daß selbst die Ähnlichkeit in dem Tieren und Menschen verfügbaren Lautmaterial nur eine recht oberflächliche ist. Nehmen wir einmal an, es gäbe eine autochthone Sprache der Gibbons, der Schimpansen, der Hunde, Katzen usw., so müßte doch von all diesen Laut-»Sprachen« der Tiere gesagt werden: Ihrer äußeren Erscheinung wie ihrer inneren Struktur nach zeigen die Lautäußerungen der Tiere keine einzige der Besonderheiten, die der menschlichen Sprache eigen sind. Die Tierlaute besitzen keinen phonematischen Charakter. Sie besitzen keine solchen strukturierten Lautelemente wie die Phoneme der menschlichen Sprache, aus denen ihr Lautmaterial gleichsam aufgebaut wäre, daher lassen sie sich auch in kein Lautsystem einordnen. Vom Gibbon hat man treffend gesagt, daß er zwar im Oktavenumfang singe, aber nicht in Lauten spreche, die zu Worten zusammengesetzt sind. Die Einzelgebilde der Tier-»Sprache« fügen sich »nicht zu einer Verbindung zusammen..., die ihrerseits etwas anderes ausdrücken würde als die Einzelgebilde selbst. Daß sie nicht die geringste Spur einer Sonderung in Redeteile, geschweige denn eines grammatischen Baues zeigen, bedarf keiner Erwähnung.«[155]

Zwar sind die Lautformen der Tiere offenbar keineswegs immer nur Begleiterscheinungen bestimmter Stimmungen und Befindlichkeiten, die also bei Angst, Freude, Wut oder anderen Spannungsentladungen auftreten. In manchen Fällen sind diese Lautformen schon das Mittel der Verständigung. Sie werden mit der Absicht verwendet, sich über einfache Sachverhalte zu verständigen. Sie enthalten also, entgegen dem Urteil mancher Sprachforscher, durchaus auch Objektives, haben eine Darstellungsfunktion, zeichnen oder bezeichnen etwas Gegenständliches. Einfache Situations- und Gegenstandsbezeichnungen liegen durchaus im Funktionsbereich der Tierlaute. Doch ist damit auch schon die Grenze dessen, was sie zu leisten vermögen, angedeutet. Der Unterschied zwischen Mensch und Tier liegt nicht unbedingt in der Absicht, sich zu verständigen. »Sondern das *völlig Neue der menschlichen Sprache* gegenüber der tierischen liegt im reichen *Inhalt der Verständigung,* indem die Laute nicht nur als Ausdruck von Gefühlen oder zur einfachen Situations- und Gegenstandsbezeichnung verwendet, sondern zur Übermittlung höherer, komplexer und völlig abstrakter Begriffe verwendet werden. Laute und Worte werden damit überwiegend zu *Symbolen von Begriffen in Kurzform.*«[156] So ist das (menschliche) Wort in einem viel höheren, präziseren und differenzierteren Sinn als der tierische Laut Träger einer Bedeutung geworden, wobei noch hinzuzufügen ist, daß bei den Tierlauten die eindeutige Verbindung zwischen Lautausdruck und Bedeutung gar nicht gegeben ist. Ein und derselbe Laut kann verschiedene Bedürfnisse signalisieren, aber umgekehrt können auch verschiedene Laute auf dasselbe Bedürfnis bezogen werden. Noch nie ist es gelungen, Lautäußerungen von Affen, Vögeln, Hunden usw. mit bestimmten Begriffen in Verbindung zu bringen,[157] es sei denn, man bezeichnet ihr in den verschiedenen Lautformen sich ausdrückendes Wahrnehmen und Erkennen bereits als eine Begriffsform.

Auch wenn wir also der Natur, wie sie sich in den höheren Tierarten zum Ausdruck bringt, ein gar nicht so bescheidenes Repertoire an lautlichen Kommunikationsformen zubilligen müssen (Lock-, Warn-, Zu- und Anrufe[158]), so haben doch diese tierischen Ruflaute weder die phonologische Struktur noch die morphologisch-grammatikalische Form echter Sprachgebilde. Es sind *wort-*

lose Rufe, eine Kommunikation ohne Worte. Soweit zwischen diesen wortlosen Kommunikationsmitteln und den Lautworten sinnfällige Übereinstimmungen bestehen, beziehen sie sich auf »das bloße Lautphänomen, nicht aber auf die Laut*gestalt* und den differenzierten *intentionalen Inhalt* des Lautbildes«.[159]

Wort- und Begriffssprache sind also das, was dem Tier fehlt. Wenn wir den oben gemachten Vergleich zwischen Schimpansen und Menschenkind weiter fortsetzen, so stellt sich heraus, daß das letztere im achten Lebensmonat menschliche Worte nachzuahmen versucht und mit etwa 15 Monaten Worte gebraucht, um Gegenstände zu benennen. »Der Schimpanse dagegen verfällt nie auf die geringste Nachahmung irgendeines Lautes, der in der Umgebung regelmäßig wiederkehrt.«[160] Er verwendet auch keine Worte als Zeichen in freier, von einer bestimmten Situation losgelöster Verfügung. Offenbar sind nur dem Menschen, aufgrund der höheren Großhirnentwicklung, jene Assoziationen möglich, die für die Formung höherer Begriffe und für die Umsetzung dieser Begriffe in die Lautfolgen von Worten und Sätzen nötig sind. Offenbar kann dagegen das Großhirn selbst der höchsten Säugetiere »die Verknüpfungen der Erregungselemente (Teilmuster) zu ganzen Folgen von Erregungsmustern auf der sensorischen und motorischen Seite noch nicht bewältigen... Die symbolhafte Zuordnung von Sachverhalt und Lautfolge als Darstellung und Mitteilung... stellt nicht nur eine graduelle, sondern eine wesenhafte Grenze gegenüber der tierischen Lautgebung dar.«[161]

Übrigens besteht diese Grenze auch zwischen den Sprachen der sog. Primitiven und der tierischen Lautgebung. Die ersteren sind nämlich von der Sprache des modernen Zivilisationsmenschen gar nicht so himmelweit entfernt. Es war vor allem der Ethnologe Lévi-Strauss, der aufgrund linguistisch-ethnologischer Strukturanalysen beweisen konnte, daß das »wilde, komplex begriffliche Denken« der Primitiven ebenso strenge und beachtenswerte Strukturen und Denkmuster wie das »gezähmte« Denken der großen Kulturvölker aufweist.[162]

Über die Art und den Ort, wie und wo das Vermögen zur Wort-

und Begriffssprache in der Hominidenreihe phylogenetisch aufgetaucht ist, gibt es nur verschiedene Hypothesen von größerer oder geringerer Wahrscheinlichkeit. Größere Übereinstimmung herrscht nur bezüglich der Annahme, daß die drei Leistungen der Sprache (1. die *Kundgabe* oder Äußerung von Gemütsbewegungen, 2. die *Auslösung* von Reaktionen beim Hörer, 3. die *Mitteilung*) aufeinanderfolgende biologische Stufen der Sprache darstellen, somit die drittgenannte Funktion als biologisch jüngste anzusehen ist, die in der Tierwelt keine Präzedenz hat. Die Mitteilung, zumindest im Sinne symbolhafter Zuordnung von Sachverhalt und Lautfolge, stellt die »unübersteigbare Trennungswand«[163] zwischen Mensch und Tier dar. Die sog. mitteilenden Rufe des Tieres (Lock- und Warnrufe, Zu- und Anrufe) sind in Wirklichkeit nur auslösende Funktionen im Rahmen der zweiten der drei eben erwähnten Leistungsgruppen der Sprache. Übereinstimmung herrscht noch darüber, daß sich die enge Verknüpfung zwischen den beiden Sondermerkmalen des Menschen, der aufrechten Haltung und der Wortsprache, auch daran zeigt, daß phylogenetisch der Mund für das Sprechen erst frei werden konnte, als er nicht mehr zu greifen und zu kämpfen brauchte. Die Aufgaben des Greifens und des Kampfes erfüllt ja bei den Menschenaffen der Mund immer noch. Beim Menschen haben dagegen Arm und Hand diese Aufgaben übernommen, was ebenfalls nur durch die aufrechte Haltung ermöglicht wurde, weil damit die Beine und Füße das alleinige Instrument der Fortbewegung wurden, die Hände und Arme also für andere Aufgaben, vor allem das Greifen und »Begreifen«, frei wurden.

Der öko-religiöse Mensch hat den Auftrag,
die Natur zur Sprache zu bringen
(oder: Im Menschen bringt sich die Natur
selbst zur Sprache)

Es sieht also alles ganz danach aus, daß die Natur mit der evolutiven Zunahme der Komplexität, mit der Höherentwicklung des
Gehirns, mit der Aufrichtung der Haltung auf die Sprache hinaus-
»wollte«, und zwar auf eine dem Ganzen der Wirklichkeit möglichst voll und differenziert entsprechende, »adäquate« Sprache,
d. h. auf eine Wort- und Begriffssprache, die die Möglichkeit verschiedenster Sätze, Satzkonstruktionen und Satzsysteme erlaubt.
Nur eine solche Sprache kann auch den geistigen, den »überbiolo-
gischen« Tiefenschichten der Natur angemessen Ausdruck verleihen. »Überbiologisch« meint hier nicht etwas über die Natur Hin-
ausgehendes, wohl aber eine die unmittelbaren sinnlichen Bedürfnisse des Lebens überschreitende Leistung. Wie hoch wir auch immer die Laut- und Gebärdensprache in der Tierwelt, ihre verschiedenen Kommunikationsformen einschätzen mögen, kein Forscher
dürfte heute bereit sein, der sog. Tiersprache eine überbiologische
Funktion im eben präzisierten Sinn zuzubilligen. Zwar verfolgt die
Natur auch in der sog. Tiersprache einen immanenten Logos, einen Sinn. Hierin besteht also noch nicht der Unterschied zum
Menschsein und zur menschlichen Sprache. Mit Recht sagt F. J. J.
Buytendijk, daß »die Kundgabe in der Tierwelt . . . immer ein Verhalten ist, das auf eine Situation, auf Artgenossen oder auf andere
Tiere *sinnvoll* bezogen ist«.[164] Der Unterschied zum menschlichen
Sprechen liegt also nicht in der Logik, der Logoshaftigkeit der tierischen Kommunikation als solcher, sondern darin, daß dieser Logos der biologischen Situation so gut wie vollständig immanent,
d. h. praktisch nur auf sie bezogen ist und sich sein Sinn in der
Hilfe für diese Situation im großen und ganzen erschöpft, während
von der menschlichen Sprache gesagt werden muß, daß sie prinzipiell *situationsentbunden,* situationsgelöst, situationsfrei sein
kann, wobei allerdings mit Situation vornehmlich die biologische,

sinnlich-vital bedeutsame Situation gemeint ist. Bezüglich der grundsätzlichen Situationsentbundenheit menschlicher Sprache betont A. Portmann: »Neu ist die Überschreitung der puren Möglichkeit des spontanen Ausdrucks von subjektiven Stimmungen, die Fähigkeit zur beherrschten, von der Situation losgelösten Aussage.«[165] Ja, man muß geradezu sagen, daß die menschliche Sprache »Situation konstituierende Leistung«[166] sein kann, weil der Mensch eine neue Situation durch seine Rede, manchmal sogar durch ein einziges energetisch-ethisch geladenes Wort zu schaffen vermag.

Aus der grundsätzlich gegebenen biologischen Situationsentbundenheit der menschlichen Sprache ergibt sich, daß sie, daß der Mensch mit seiner Sprache der ganzen, der möglichst vollständigen Wahrheit (über die Wirklichkeit) und Wahrhaftigkeit verpflichtet ist. Seine auch und wesentlich durch die Sprache ermöglichte Freiheit von der Enge der das Tier bestimmenden sinnlich-vitalen Bedürfnisse soll keine Willkür, keine Schranken- und Richtungslosigkeit begründen oder veranlassen, sondern ihn in den Stand versetzen, sich dem Ganzen der Natur, des Seienden zu öffnen und ihm in seiner Sprache Ausdruck zu verleihen.

Wir haben ja bereits gesehen, daß auf Grund der prinzipiellen Freiheit der menschlichen Sprache gegenüber der biologischen Situation ihre Laute nun nicht mehr bloßer affektischer Ausdruck organischer Zustände, auch nicht mehr bloße Kundgabe zum Zweck der Herbeiführung leiblichen Wohlgefühls, also nicht mehr von praktischer, körperlich pragmatischer, d. h. dem Individuum oder der Art nützender Bedeutung sind bzw. notwendig sein müssen, sondern daß sie nun logoshaft in einem neuen Sinn, auf einer höheren Ebene sind bzw. sein können. Zumindest der inneren Fähigkeit nach ist die menschliche Sprache sinnbezogen auf das Objektive, auf das Wesen, die Wahrheit, die innere Sinnhaftigkeit der Welt und des Menschen, und nicht mehr auf die innere Ratio einer biologisch relevanten Situation. Vernunft ist ja gerade die freilich ideale, daher nie ganz erreichte Fähigkeit, die Wirklichkeit in ihrem An-sich-Sein, unabhängig von meiner jeweiligen individuell gefühlsmäßig und vital pragmatisch gefärbten Situation zu verneh-

men, ihr gerecht zu werden, womit sich die Vernunft als ein über-
biologisches, ja überpsychisches Prinzip ausweist, wie immer sie
auch entstanden sein mag. Ein solches Prinzip anerkennt im
Grunde auch der Marxismus mit seiner These der jetzigen qualita-
tiven Überlegenheit des menschlichen Bewußtseins gegenüber der
Materie, auch wenn er andererseits im Rahmen seiner Dialektik
dieses Bewußtsein als Höchstprodukt der Bewegung der Materie
ansieht. (Die Tatsache, daß in den mikrophysikalischen Ergebnissen die Objekt-Subjekt-Struktur mitenthalten ist, ändert an dem
soeben über die Bestimmung der Vernunft zur Objektivität Gesagten nichts, weil die Erkenntnis und Anerkenntnis dieser Struktur – tiefer gesehen – nochmals die überbiologische Fähigkeit des
Menschen, der Sache, dem Objekt, der Wirklichkeit gerecht zu
werden, voraussetzt.) Hieran also erkennt man erst das Menschsein: an dem Wort, an der Sprache, soweit sie Zeugnis ablegen von
der Vernunft im Sinne eines biologisch zweckentbundenen Prinzips, das sich den inneren Dimensionen des Menschseins und den
äußeren der Welt in ihrem An-sich-Sein, unabhängig von den
Wünschen des einzelnen Menschen, erkennend zuzuwenden vermag. Ob die Vernunft das objektive An-sich-Sein der Dinge wirklich erreicht oder überhaupt zu erreichen vermag, braucht uns hier
nicht zu beschäftigen, weil dies eine rein erkenntnistheoretische,
nicht direkt anthropologische Frage ist. Aber der anthropologische Befund, daß der Mensch prinzipiell fähig ist, sich über sich
selbst als sinnliches Lebewesen zu erheben und sich der Wirklichkeit, unabhängig von seiner psychophysischen Wunschstruktur,
der Intention und Tendenz nach zuzuwenden, kann keinem Zweifel unterliegen. Weil also menschliche Sprache als prinzipiell situa-
tionsentbundene die Tendenz hat, das An-sich-Sein der Dinge zum
Ausdruck zu bringen, weil humane Sprache dort begann, wo sich
ein Wesen aus seiner affektischen Gebundenheit an die biologische Triebsituation herauslöste und die Dimensionen des inneren
und äußeren Universums zum ersten Mal und freilich noch sehr
keimhaft als unabhängiger Beobachter, als »*spectator mundi*« betrachtete, deswegen muß die Wortsprache, weil sie die reine Ver-

wirklichung der Idee und des Wesens der Sprache darstellt und zutiefst mit Sprache in ihrem Vollsinn zusammenfällt, der ganzen Wahrheit und der unbedingten Wahrhaftigkeit verpflichtet sein und stets in Freiheit geführt werden können.

Wahrheit, Wahrhaftigkeit, Freiheit – diese auch verstanden als Freisein von das Denken relativierenden Einflüssen der Triebe und der Affekte (z. B. auch des Fanatismus, des Hasses, der Intoleranz usw.) – sind also schon im phylogenetischen Ursprung der Sprache als menschlicher Wortsprache verankert. Vom Ursprung der menschlichen Sprache her, von ihrer wie immer gearteten diskontinuierlichen oder relativ kontinuierlichen Entwicklung aus den tierischen Kontaktlauten, Zurufen und Anrufen, insbesondere von ihrem Vergleich mit dem Zweck der lautlichen Leistungen der Tiere her, sind wir nämlich auf die drei erwähnten Merkmale (Wahrheit, Wahrhaftigkeit, Freiheit) gestoßen.

Nicht nur diese drei Merkmale, alle geistigen Fähigkeiten des Menschen sind eng mit der Wort- und Begriffssprache verbunden. Der Wesenszusammenhang dieser Sprache mit dem eigentlichen Menschsein, mit dem, was den Menschen zutiefst ausmacht, ist offenkundig. Sprache im eigentlich menschlichen Sinn einer überutilitären Funktion kommt erst dort zustande, wo das Menschsein im Sinne des Sicherhebens über die psycho-physische Organisation und damit über das Spektrum der sinnlich bedürfnismäßigen Situationen und Wunschstrukturen erwacht. Dies ist nur einer der vielen bestätigenden Aspekte jener bedeutsamen Wechselwirkung, die W. von Humboldt bekanntlich so formuliert hat: »Der Mensch ist nur Mensch durch die Sprache; um aber die Sprache zu erfinden, mußte er schon Mensch sein.« Vier Zitate mögen einen modernen Kommentar zu diesem Ausspruch liefern. Der Sprachpsychologe G. Révész: »Die Menschwerdung setzt mit der Sprache ein.«[167] A. Portmann meint, daß die Wortsprache »höchste Präsenz des uns Besonderen« sei und in ihrer »zentralen Stellung als Kennzeichen des Humanen« gesehen werden müsse. Er betont mit Nachdruck: »Wer vom Ursprung der Sprache redet, der meint den Ursprung des Menschen. So zentral ist die Funktion des

Redens mit der des unmittelbaren Weltverstehens, mit unserer Art von Einsicht und Leben verbunden, daß dieses Reden stets mitgemeint ist, wenn wir überhaupt vom Menschen sprechen.«[168] Der Psychologe F. J. J. Buytendijk: »Unsere Untersuchung der Ähnlichkeit und des Unterschiedes von Mensch und Tier findet ihre Zuspitzung in dem Vergleich der tierischen Kommunikation mit der menschlichen Sprache. Der Mensch ist nicht ein Tier, das sprechen kann, sondern seine Sprache ist die Manifestation einer von der des Tieres unterschiedenen Seinsweise. Im Kinde ›erwacht‹... diese Seinsweise mit der Sprache.« Unter Bezugnahme auf die neueren systematisch durchgeführten Beobachtungen und Versuche an Schimpansen, bemerkt derselbe Forscher: »Ihm (dem Schimpansen) fehlt die Sprache, darum auch jede Kultur – also jede eigentliche Menschlichkeit.«[169] Auch F. Kainz erblickt in der Wortsprache »den Wesensmittelpunkt des Menschen«.[170]

Kein Zweifel kann daran bestehen, daß die Entwicklung der Wortsprache, die dadurch ermöglichte Entfaltung einer reichen und umfassenden Begriffs- und Symbolwelt den Fortschritt des menschlichen Bewußtseins, des gesamten menschlichen Geistes- und Seelenlebens überhaupt mächtig gefördert hat. Neben ihrer Funktion als praktisches Mittel der Verständigung (in welcher zweckgebundenen, utilitären Aufgabe sie etwas der tierischen Kommunikation einigermaßen Analoges darstellt) hat nämlich die menschliche Wortsprache auch die Funktion eines *Denkorgans;* sie ist gleichsam »aussagendes und formuliertes Denken« (B. Erdmann). Sie ist somit Werkzeug und *Mittel zur Erfassung* der Welt, der gesamten Naturwirklichkeit in ihrem An-sich-Sein. Unsere eigene innere Natur wie die Natur des äußeren Universums werden sprachlich, und d. h.: klarer, präziser, eindeutiger erfaßt, als dies unserem Bewußtsein ohne Wort-, ohne Begriffssprache möglich wäre. Schon Plato maß deshalb der Sprache einen erkenntnistheoretischen Wert zu, der Wortbegriff ist nach ihm ein Mittel, das wahre Sein der Dinge zu lehren, ein Werkzeug, das Sein zu gliedern.[171] Und auch für Herder und W. von Humboldt ist die Sprache »die geistige Tätigkeit, die die Welt gestaltet und benennt«.

Der letztere fügt hinzu: »Der Mensch umgibt sich mit einer Welt von Lauten, um die Welt von Gegenständen in sich aufzunehmen und zu bearbeiten.«[172] H. Schell erblickt den »höchsten Vorzug« der Sprache darin, »daß sie die metaphysischen Kategorien oder Abstufungen des Seienden aus dem Tatbestande heraustreten läßt und in ihren Ausdrucksformen und Wortarten wiedergibt«. Die Wirklichkeit – so Schell – ist »die erste Lehrmeisterin der Metaphysik; ihr erstes Lehrbuch ist allerdings die Sprache«.[173]

Die moderne Sprachpsychologie hat die denkfunktionelle Seite der Sprache, ihre wichtige Rolle bei den Denkoperationen und fast allen geistigen Leistungen, bei der Formulierung latenter, gerade in Entfaltung begriffener Gedanken, ihren Anteil am logisch geordneten und produktiven Denken, die Art und Weise, wie sie aus eigenem Antrieb denk- und sprachschöpferisch wirkt, mit einem Wort: ihren erkenntnistheoretischen Wert in vielen Einzelheiten herausgearbeitet. Zweifellos erhalten unsere Gedanken über die Wirklichkeit durch die sprachliche Fixierung festere Konturen und durch den grammatischen Aufbau, die sprachlich-logische Gestaltung und durch Einführung von Analogien und Metaphern einen allgemeineren Charakter, eine über das Individuelle hinausgehende Bedeutung. Bei der äußeren Wahrnehmung schaltet sich die Sprache als »gestaltende, formmodifizierende und formergänzende Tätigkeit« produktiv ein. Bei sprachlicher Formulierung des Wahrgenommenen entstehen Relationen, die den Inhalt und die Form des Wahrnehmungsbildes zu bereichern und zu beeinflussen vermögen. »Eine Landschaft wird anders gesehen, je nachdem ob man sie ohne Selektion und kategoriale Ordnung auf sich wirken läßt oder die kategorial zusammengehörigen Wahrnehmungsgegenstände miteinander verbindet und diejenigen voneinander trennt, die anschaulich oder begrifflich zueinander nicht passen. Die kategoriale Ordnung der wahrgenommenen Gegenstände geschieht in der Regel durch sprachliche Fixierung, die ihrerseits eine sinnvolle Gliederung in der Außenwelt bringt.«[174]

Aber auch in der inneren Wahrnehmung spielt die Sprache eine bedeutende Rolle. Die Sprache hilft mir, mein Bewußtsein, mein

Selbstgewahrsein, das Erfahrungswissen von meiner Freiheit im Akt der Willensentscheidung, das weite Feld meiner ethischen Vorstellungen, meine Unterscheidungen zwischen Wahr und Falsch, Gut und Böse, Recht und Unrecht, meine Gewissensregungen zu klären, teilweise zu »erklären«, jedenfalls präziser zu erfassen und durch Vergleich in ein Verhältnis zu den entsprechenden Erfahrungen anderer zu bringen. »Die anschaulichen und unanschaulichen Gegenstände der inneren Wahrnehmung, wie die Denkakte, Intentionen, Relationen, Abstraktionen, Apperzeptionen, ferner Trieb- und Gefühlsregungen oder wie die Gegenstände und Vorgänge der inneren Wahrnehmung auch sonst heißen mögen, werden teilweise durch die Sprache erzeugt, teilweise durch sie bewußtgemacht, in die Begriffswelt eingefügt und so zum Gegenstand der Reflexion erhoben.«[175]

Die Sprache ist also in vielen wesentlichen Hinsichten ganz eng mit einem Großteil unserer geistigen Fähigkeiten verbunden. Aber sie ist nicht schöpferisch in dem Sinne, daß sie diese Fähigkeiten erzeugt hätte. Das grundlegende geistige Bewußtsein des Menschen wird durch Sprache nicht erzeugt, sondern vervollkommnet. Sprache und Bewußtsein stehen in unauflösbarer, enger Wechselwirkung zueinander. Aber es gibt auch denkschöpferische Vorgänge, z. B. in der Musik, der darstellenden Kunst, in vielen praktischen Aktivitäten, im Schachspiel usw., wo die Sprache meist keine Rolle spielt. Diesen Vorgängen geht der verbale Charakter durchaus ab. Dagegen treten hier andere Elemente wie unmittelbares Erfassen der raumzeitlichen Beziehungen, zielgerichtetes Handeln, Phantasie, Bewegungsstrategien, Ergreifen von Möglichkeiten, die sich anschaulich darbieten, usw. in den Vordergrund.

Festzuhalten aber bleibt, daß die Sprache ein unabdingbares und hervorragendes Mittel für den menschlichen Geist ist, das dem geordneten Denken über die gesamte (Natur-)Wirklichkeit (in und um uns), dem sinnvollen Gestalten der Wahrnehmungen, der Selbstbesinnung und Selbstbestimmung sowie dem Ausdruck des inneren Lebens dient. Wenn wahr ist, daß wir es mit einem »erkennenden Universum« zu tun haben, daß die Natur ihren Aufstieg, ihre Höherentwicklung, ihre Zunahme an Komplexität vollzog, damit dabei ein Mehr an Bewußtheit und Information heraussprang; daß der Mensch, nach einem Wort des Neo-Darwinisten J. Huxley, die zum Bewußtsein ihrer selbst gelangte Evolution ist, dann »wollte« die Natur auch eine Sprache hervorbringen, »hervortreiben«, die die tierischen Kommunikationsformen weit übersteigt. Denn nur eine solche Sprache kann der Natur in ihrem breitesten und tiefsten Sinn und in ihrer Entwicklung angemessen, gleichsam »konnatural« sein, die den gesamten Seinsaufbau und die Sinngestalt der Natur als umfassendster Wirklichkeit zumindest grundsätzlich zum Ausdruck zu bringen vermag. Dazu aber ist keine tierische Laut- oder Gebärdenkundgabe fähig. »Der Mensch ist ein *Zôon lógon échon* (Aristoteles, *Politik* 1253 a 9 f.): ein Lebewesen *(zôon),* zu dessen physischer Beschaffenheit – als Naturwesen – es gehört, daß es den Logos, das Denk- und Sprachvermögen hat. Das heißt naturgeschichtlich: *Im Menschen kommt die Natur zur Sprache* ... Dazu, daß die Natur in uns zur Sprache kommt, gehört, daß auch Berge und Bäche, Tiere und Blumen, wenn nicht einander, so doch jedenfalls uns etwas zu sagen haben, das wir zum Ausdruck bringen können, wenn wir darauf hören ... Die Natur zu Wort und so zu sich kommen zu lassen, ist ... die besondere Aufgabe des Menschen unter Millionen von Tier- und Pflanzenarten auf der Erde. Wie einzigartig und entscheidend diese Aufgabe im Ganzen der Naturgeschichte und für ihre Vollendung ist, können wir wohl nicht wissen. Für uns aber ist sie die entscheidende, denn sie ist die unsere. Wir können sie nur wahrnehmen oder verfehlen ... Wir nehmen dadurch am Leben teil, daß die Natur in uns zur Sprache und so zu sich kommt.« Hiermit, mit der Zuordnung des Sprachauftrags durch die Natur an den Menschen, ist keine Diskriminierung oder Entwertung der Rolle der Tiere und Pflanzen verbunden. Vielmehr treibt sich die Natur »mit uns fort, und mit allen anderen Lebewesen auch. Sie treibt sich mit uns fort, indem sie in uns zur Sprache und zur Kunst kommt, und mit den anderen Lebewesen, indem diese gleichermaßen ihr Leben leben. Unser Leben und das der Mitwelt ist ihr Leben. Wenn aber ihr Leben sich *in uns* erfüllt, dann würde sie, als an ihr Ziel gelangt, geradezu aufjauchzen und den Gipfel des eigenen Werdens und Wesens bewundern. Dies schließt nicht aus, daß sie auch im Leben anderer Lebewesen an ihr Ziel gelangen kann. Worauf es in *unserem* Leben ankommt, ist jedoch, ob wir die in *uns* liegenden Möglichkeiten der Natur erfüllen.«[176]

Der öko-religiöse Mensch trägt zur Vollendung der Sinngestalt des Universums der Natur bei (oder: Die Natur drängt den Menschen, sie in den ihr gebührenden Rang zu erheben)

Mit der in dieser Überschrift formulierten Thematik wird das im vorigen Abschnitt Behandelte lediglich fortgesetzt und weitergeführt. Denn schon die Sprache, von der dort die Rede war,[177] trägt zur Vollendung der Sinngestalt der Natur und zu ihrer Erhebung in den ihr gebührenden Rang entscheidend bei. Indem sich die Natur im Menschen zur Sprache bringt, kommt sie ja zu sich selbst. Insofern wird uns die Sprache auch bei den Überlegungen des jetzigen Abschnitts stets begleiten. Sie ist von dem Beitrag, den der Mensch für die Vollendung der Sinngestalt der Natur leistet, fast stets unabtrennbar.

Der Mensch erfüllt nun die Aufgabe, die ihm die »sich mit ihm forttreibende« Natur gestellt hat, u. a. dadurch, daß er ihre *Werte* (die im ersten Kapitel ausführlich charakterisierten ästhetischen, sozialen, logisch-mathematischen, biotechnischen usw. Wertaspekte) ins Bewußtsein hebt und zur Sprache bringt. Das Fundament dieser Werte ist – ohne unser Zutun – in der Natur verankert, aber es »schreit«, es verlangt danach, von einem entsprechenden Erkenntnisvermögen gewürdigt und damit zum eigentlichen Wert erhoben zu werden.[178] Der öko-religiöse Mensch versucht, immer tiefer in die Natur einzudringen und ihre ungeheuer vielfältigen Aspekte und Werte zu erkennen und zu artikulieren, aber er tut es nicht in der zugreifenden Neugierhaltung des *homo faber,* der nur wissen will, um machen, um verändern und ausbeuten zu können, sondern in der Haltung der *Ehrfurcht,* der Bereitschaft, von der Natur (ihrem Reichtum, ihrer Weisheit) zu empfangen, zu lernen, das eigene Sein durch die Natur, als deren Teil er sich versteht, wachsen zu lassen.

Die Ehrfurcht ist nicht etwa nur ein nettes Gefühl, das man beim Erkennen der Natur so mitschwingen läßt, aber auch lassen kann, da es ja zur eigentlichen Erkenntnis vermeintlich nichts beiträgt; sie ist vielmehr jene Haltung, ohne die man im Grunde der Wert- und Seinstiefe der Natur nie ansichtig wird. Unter diesem Gesichtspunkt ist die Ehrfurcht geradezu ein Erkenntnisorgan, und ohne dieses Organ kann der Mensch den Sinn des Universums der Natur nicht ergründen, vermag er also zur Vollendung ihrer Sinngestalt absolut nichts beizutragen. Meines Wissens hat kein Denker die Notwendigkeit der Ehrfurchtshaltung für die Ergründung der Wirklichkeit so überzeugend dargetan wie der große deutsche Philosoph Max Scheler. Sie ist nach ihm »kein Gefühlszusatz zum fertigen, wahrgenommenen Ding«, aber auch keine »bloße Distanz, die das Gefühl zwischen uns und den Dingen aufrichtet«. Sie ist »im Gegenteil die Haltung, in der man noch etwas hinzu wahrnimmt, das der Ehrfurchtslose nicht sieht und für das gerade er blind ist: das Geheimnis der Dinge und die Werttiefe ihrer Existenz«.

Kein öko-religiöser Mensch, der nicht ein um das andere Mal bei seinen Begegnungen mit der Natur das empfunden und erlebt hätte, was Scheler als Gegensatz zur ehrfurchtslosen Haltung folgendermaßen umschreibt: »Wo immer wir von der ehrfurchtslosen, z. B. der durchschnittlich wissenschaftlich erklärenden Haltung, zur ehrfürchtigen Haltung gegenüber den Dingen übergehen, da sehen wir, wie ihnen etwas hinzuwächst, was sie vorher nicht besaßen, wie etwas an ihnen sichtbar und fühlbar wird, was vorher fehlte: Eben dies ›Etwas‹ ist ihr Geheimnis, ist ihre Werttiefe. Es sind die zarten Fäden, in denen sich jedes Ding in das Reich des Unsichtbaren hineinerstreckt.«

Nicht nur die Haltung des Durchschnittswissenschaftlers, auch eine rationalistische Philosophie, eine viel zu intellektualistisch gewordene Theologie, die sich von ihrer religiösen Erlebnisbasis fast vollständig abgekoppelt hat,[179] die positivistische und die agnostische Denkhaltung haben dazu beigetragen, daß heute die Forderung nach einer Haltung der Ehrfurcht als dem der Natur allein angemessenen Verhalten seitens des Menschen in der Öffentlichkeit weitgehend auf Unverständnis stößt, somit die seelische oder genauer: seelenlose Grundlage für das naturfeindliche, unökologische, technokratische Weiterwursteln auf unserem Planeten nicht ernsthaft gefährdet ist oder behindert wird. Scheler hat nicht nur auf die eben erwähnten Denksysteme als (Mit-)Ursachen der modernen Durchschnittshaltung der Ehrfurchtslosigkeit hingewiesen, er hat auch den Marsch in die letale Gesellschaft der Oberflächlichkeit und Bedeutungslosigkeit, der durch diese Haltung begründet wird, schon vor mehr als einem halben Jahrhundert signalisiert: Die Fäden, durch die sich jedes Seiende im Universum der Natur in eine Tiefendimension hinein erstreckt, »zu durchschneiden, sei es dadurch, daß man die Sphäre, in der sie enden, in klaren Begriffen zu entwickeln und eine starre Ontologie und Dogmatik über sie aufzustellen sucht, sei es dadurch, daß man den Menschen auf das sinnlich Greifbare der Dinge verweist, ist gleichsam eine Ertötung des geistigen Lebens und eine Fälschung der vollen Wirklichkeit. Den ersten Weg ging in der Geschichte alle rationale Metaphysik und Theologie; den zweiten aller Positivismus und Agnostizismus. Sie sind beide gleich ehrfurchtslos! Die Ehrfurcht ist aber die einzige und notwendige Haltung des Gemütes, in der diese ›Fäden ins Unsichtbare hinein‹ zur geistigen Sichtbarkeit gelangen. Wo sie künstlich ausgeschaltet wird oder gar nicht vorhanden ist, da nimmt die Welt der Werte einen Charakter der Flächenhaftigkeit an und einen Charakter der All-Verschlossenheit, die sie entleeren, und die zugleich jeden *Reiz* zum Fortleben und zum Eindringen in die Wertewelt, jeden Reiz des Fortentwickelns unserer Existenz im tieferen Eindringen in die Welt vernichten. Wir vermögen nur wahrhaft zu ›leben‹, indem wir das jeweilig Sicht-Fühl-Greifbare unserer Umwelt von einer in tausend Stufen sich abdunkelnden Sphäre von Gestaden umschwebt fühlen, die uns zur Entdeckung reizen und locken... Die Welt wird sofort ein flaches Rechenexempel, wenn wir das geistige Organ der Ehrfurcht ausschalten. Sie allein gibt uns das Bewußtsein der *Tiefe und Fülle* der Welt und unseres Ichs und bringt uns zur Klarheit, daß die Welt und unser Wesen einen nie austrinkbaren Wertreichtum in sich tragen; daß jeder Schritt uns ewig Neues und Jugendliches, Unerhörtes und Ungesehenes zur Erscheinung bringen *kann*.«[180]

Unschwer ließe sich nachweisen, daß nur die von Scheler getadelte wissenschaftliche Durchschnittshaltung ehrfurchtslos ist, daß aber die Spitzen der Wissenschaft im Bereich der Astronomie, der naturwissenschaftlichen Kosmologie, der Atomphysik, der Biologie, teilweise auch der Psychologie, also die großen wissenschaftlichen Entdecker und Forscher stets von einer tiefen Ehrfurcht gegenüber der Natur erfüllt, ja überzeugt waren, ohne dieses geistige Organ nicht in die Tiefen der Wirklichkeit eindringen zu können. Wir hörten Albert Einstein sagen: »Wer sich nicht mehr wundern und in Ehrfurcht verlieren kann, der ist seelisch bereits tot.« Auch Scheler sieht die Spaltung zwischen »Pionier-Wissenschaft« und »Durchschnitts-Wissenschaft«, wie diese letztere in Medien und Schulen dem säkularistischen, technokratischen, utilitaristischen Zeitgeist entsprechend dargeboten wird: »Wo die Wissenschaft ihre Gipfelpunkte erreichte, gerade da haben ihre Träger das geistige Organ für das Unsichtbare, zu dem auch die Ehrfurcht gehört, mit dem in ihnen treibenden Logos zu einer Einheit verschmolzen... Denken wir den Prozeß der Erkenntnis vollendet: Müßte dann nicht *alles* wieder pures Wunder sein? Es ist nicht die Wissenschaft der Forscher, sondern jene der rationalistischen, systemgierigen Schulmeister, welche in Gegensatz zur Ehrfurcht gerät. Wer nicht für Schüler ›darstellt‹ und ›beweist‹, sondern ›findet‹ und ›forscht‹, der hat jede Sekunde mit dem Phänomen zu kämpfen, daß seine Anschauung die Grenzen seines Verstandes überflutet und daß ihm sein Gefühl schon Tatsachen und

Verhältnisse verrät, von denen er sich noch keinen ›Begriff‹ machen kann. Was wir die ›Wissenschaft‹ nennen, verdankt historisch seinen Ursprung einer allmählichen Berührung des staunenden, ehrfürchtigen, metaphysischen Geistes mit dem Streben nach nutzbaren Regeln zur Herrschaft über die Materie: eine Berührung, die sich auch in der langsamen Verschmelzung eines Standes der Freien mit einem solchen der Gewerbetreibenden darstellt. Nur *beides zusammen* konnte das eigentümliche Produkt ›Wissenschaft‹ erzeugen.« Gerade in bezug auf die Astronomie sagt Scheler mit Recht: »Prüft man näher die mannigfaltigen Epochen des Fortschritts, z. B. der Astronomie, so wird man an ihrer *Quelle* stets eine neue und tiefere Ehrfurcht vor dem Unsichtbaren gewahren... Es war also nicht zu viel, sondern *zu wenig* echte Ehrfurcht vor dem Göttlichen und der Welt, was den ›Fortschritt der Astronomie‹ gehemmt hatte.«[181]

Wissenschaft als »Pionier-Wissenschaft«, die, dem Gesagten entsprechend, mit Ehrfurcht gepaart ist und sein muß und die der Versuchung der demiurgischen Hybris-Haltung, die nur erkennen will, um auszunutzen, widersteht, trägt also zur Vollendung der Sinngestalt der Natur bei, indem sie ihre Seinstiefe und Wertfülle immer weiter erforscht und entdeckt. Aber überhaupt jeder Mensch, insbesondere der öko-religiöse Mensch, der ja heute auch Pionier, nämlich bei der Realisierung einer neuen Geisteshaltung gegenüber der Natur sein muß, erhebt die Natur in den ihr zukommenden Seinsrang, wenn er sich intuitiv-meditativ den imposanten Reichtum der Natur, die Vielfalt ihrer Bezüge, ihren sinnvollen Gesamtzusammenhang, der sich ins Größte wie ins Kleinste erstreckt, die Erhabenheit ihrer Gesetze, die höhere Logik ihrer Seinsordnungen und -strukturen und die ansprechende und bewegende Fülle ihrer Wertaspekte *zum Bewußtsein bringt,* ihnen sich zu *assimilieren,* sie sich – im Sinne des Wachstums des inneren Seins – *anzueignen, zu integrieren* sucht. Ist ihm dies einigermaßen gelungen, dann wird er, erfüllt vom Wertekosmos der Natur, aus seiner Innerlichkeit heraustreten und in der »Welt«, in der öffentlichen Arena alles tun, um der Natur die Achtung und

Geltung zu verschaffen, die ihr gebührt. Erst mit dieser praktischen Realisation hat er alles in seinen Möglichkeiten Stehende für die Vollendung der Sinngestalt der Natur getan. Er wird also »praktisch«, aktiv, initiativ werden müssen, um z. B., wovon in einem weiteren Abschnitt noch die Rede sein wird, die Interessen und Rechte der Tiere und Pflanzen gebührend zu vertreten.

Aber verweilen wir noch einen Augenblick bei der Erhebung der Natur in der Fülle ihrer Wesens- und Wertaspekte in unser Bewußtsein. Wir haben schon darauf hingewiesen, daß das Universum seit dem Urknall und in vielen seiner wichtigsten Prozesse darauf ausgerichtet ist, eine erkenntnismäßige, bewußtseinsmäßige Komponente zu entwickeln, zu realisieren. Das Universum der Natur hat eine innere, in seinem Kern liegende Hinordnung auf das Erkennen. Es »will« sich gleichsam zur Erkenntnis seiner selbst bringen. Im Menschen – und nicht nur in ihm, sondern in jedem denkenden Wesen irgendwo in diesem unerhört großen Universum – kommt die Natur zur Klarheit über sich selbst, ihren (zurückgelegten) Weg, ihr Wesen, ihren Sinn und ihre Bestimmung. Der Mensch ist »die zum Bewußtsein ihrer selbst gelangte Evolution« der Natur, hörten wir J. Huxley sagen. Erst im menschlichen Erkennen, nicht im Tier, dem das Welt- und Selbstbewußtsein und die damit verbundenen Vermögen der Meditation, Kontemplation und Reflexion fehlen, wird die Natur sich ihrer Evolution und der Sinnrichtung dieser Evolution ganz bewußt, findet sie sozusagen eine neue Innerlichkeit auf höherem erkenntnis-, begriffs- und sprachmäßigen Niveau. Da das Tier keine von einer Instanz in ihm selbstmächtig ausgelöste Objektivierungsfähigkeit der Innen- und Außenwelt als selbständiger Größen, keine Möglichkeit echten Sich-Distanzierens von der es (auch noch dort, wo es flieht) widerstandslos durchflutenden kosmischen Wirklichkeit besitzt, weil es also in die Raum-Zeit hineinverwoben ist, deshalb hat es auch keinen Distanz-, keinen Zeit-, Ziel-, Fortschritts-, Geschichts-, Seins- und Wertbegriff. Damit ist gesagt, daß die Evolution der Natur ohne den Menschen nicht zum Bewußtsein ihrer selbst als eines stammesgeschichtlichen, erkenntnisgewinnenden Prozesses gelangen könnte. Das dunkle, letztlich aber doch folgerichtige Drängen, die sich zu immer höheren, psychisch vollkommeneren Lebensformen herauftastende Strebigkeit, die wir Evolution nennen, wird im Menschen gleichsam »erlöst«, weil als solches erkannt, begriffen, verstanden. Daß diese Strebigkeit, dieses Ausprobieren verschiedener Möglichkeiten, diese keimhafte Wahl zwischen verschiedenen Chancen des Aufstiegs ein schattenhafter Anfang von Geschichte war, daß diese Geschichte nicht sinnlos war – dies alles »weiß« die Evolution in reflex-begrifflicher Form erst in dem und durch den Menschen. So hebt sich die Natur im Menschen zur (erkannten) Würde ihrer eigenen Geschichte empor.

Unübertrefflich hat Goethe die Art und Weise ausgedrückt, wie sich die Natur im Menschen zur Vollgestalt ihres intendierten Sinnes bringt. In ihm empfindet sie sich, in ihm weiß sie von sich.

>»Freue Dich, höchstes Geschöpf der Natur!
>Du fühlst Dich fähig, ihr den höchsten Gedanken,
>zu dem sie schaffend sich aufschwang, nachzudenken!«[182]

An anderer Stelle: »Wenn die gesamte Natur des Menschen als ein Ganzes wirkt, wenn er sich in der Welt als in einem großen, schönen, würdigen und werten Ganzen fühlt, wenn das harmonische Behagen ihm ein reines, freies Entzücken gewährt – dann würde das Weltall, wenn es sich selbst empfinden könnte, als an sein Ziel gelangt aufjauchzen und den Gipfel des eigenen Werdens und Wesens bewundern.«[183] K. Meyer-Abich kommentiert die zweite der beiden Aussagen Goethes treffend so: »Das Weltall *kann* sich m. E. selbst empfinden, nämlich im Menschen, wenn er ganz Mensch im Ganzen der Welt ist. In Kepler hat es sich empfunden und in Goethe gleichermaßen. Als ein Ausdruck des Ganzen nehmen auch wir am Leben Teil. Wir haben es weder mit uns selber noch nur mit den Mitmenschen und uns selber zu tun, sondern die menschliche Gesellschaft ist Teil eines Ganzen, der Natur, die ›sich mit uns forttreibt‹.«[184]

Die Natur selbst drängt also den Menschen, durch sein Erkennen ihr Sinngeber zu sein. Er ist, wie Teilhard de Chardin richtig gesehen hat, der »Schlüssel« (zum Begreifen) des Universums.[185] Sein Bewußtsein ist Sammel-, Mittel- und Brennpunkt der gewaltigen kosmischen Massen, Prozesse, Ereignisse, denen er durch sein Erkennen ein neues, gewissermaßen vergeistigtes, weil vom menschlichen Denken durchlichtetes, gewürdigtes Sein verleiht. Der Mensch vermag grundsätzlich das ganze All der Natur in sein Bewußtsein aufzunehmen. Aber meist sehen wir dabei nur das, was der Mensch der Natur gibt. Vergessen aber, daß sie es selbst ist, die den Menschen aufbaut und gleichsam für sich herrichtet, damit er ihr Bewußtseins- und Erkenntnisorgan sei, damit er ihr den gebührenden Ausdruck verleihe und den Sinn offenbare, den sie in sich trägt, der latent immer schon in ihr steckt. Auch nach seinem erkenntnismäßigen Heraustreten aus der Biosphäre ist der Mensch ja weiterhin getragen von dem gewaltigen Lebens- und kosmischen Werdestrom, der auch noch sein höchstes Bewußtsein und seine vergeistigtesten Taten energetisch mitspeist und aufrechterhält. Zwar scheint sich der Mensch gerade mittels seines Erkennens außerhalb dieses Lebensstromes zu stellen. Aber gerade dadurch gewinnt er einen festen Standpunkt und vermag so seine Stellung gegenüber Leben, Natur und Kosmos wirklichkeitsentsprechend zu bestimmen. Auf dieser Grundlage kann er nun in ein neues, andersartiges Einheitsverhältnis zur Welt treten, in eine Einheit, die zwar jedes naive Unmittelbarkeitsverhältnis zur Natur im Sinne des Verhaftetseins an sie, des Aufgehens in ihr ausschließt, die aber um so inniger und tiefer zu sein vermag, als sie durch die wertfühlende Innerlichkeit des menschlichen Geistes gestiftet wird, die alles in sich aufzunehmen und zu assimilieren imstande ist ohne die Gefahr der geringsten Beschädigung oder gar der Zerstörung. Der Mensch ist also auch insofern Sinngeber der Natur, als sie ihm durch ihr Drängen, durch ihre vorwärts- und aufwärtstreibende Energie die Aufgabe der *Verinnerlichung des Seienden,* der *Vergeistigung der Natur* durch deren Hereinnahme in ein wertfühlendes Bewußtsein zuweist. In der Tat: Die unerhörte

146

Mannigfaltigkeit der von der Evolution hervorgetriebenen Lebensformen, die Grandiosität und gewaltige Amplitude des kosmischen Entwicklungsgeschehens, die Schönheit und Erhabenheit des unbelebten und belebten Universums wären nicht das, was sie sind, wären sinnlos ohne ein Bewußtsein, welches all dies zu würdigen, ja zum Teil erst zu seiner eigentlichen Würde und Schönheit emporzuheben vermag.

Bei all diesen Ausführungen über die Würde des menschlichen Bewußtseins und Erkennens darf gerade im Rahmen einer Ökologischen Religion (die ja, wie wir sahen, Natur-Religion auf einer höheren Stufe des menschheitlichen Bewußtseins ist) nie vergessen werden, daß es die Natur selbst ist, die sich im Menschen zur Geltung bringt. Allzulange waren wir dem Irrtum der Spaltung von Geist und Natur, von Denken und Materie verhaftet (der berühmte cartesianische Dualismus von *res cogitans – res extensa*!) und haben vergessen, daß auch das Denken, daß auch das Bewußtsein ein naturgeschichtlicher Prozeß ist. Unser Denken, unsere Selbstbewußtwerdung ist das Denken der Natur, ist ihr eigener Prozeß des zum Bewußtsein Gelangens. »Treibt die Natur *sich mit uns* fort, so ist nicht nur sie unser Leben, sondern wir wiederum sind es, die ihrem Leben so Raum geben sollen, daß sie auf eine ganz besondere Weise wirklich wird, nämlich in uns zum Bewußtsein ihrer selbst und so zu sich kommt. Wenn wir die Welt durchlaufen, läuft sie auch durch uns hindurch. Dies ist weder nur vom Ganzen noch nur vom Teil her gedacht, sondern es geht um beides... In der erinnernden Vergegenwärtigung der Naturgeschichte, die in uns fortlebt, erfahren wir uns als Natur, die im Menschen geschichtlich wird.«[186] Die Natur in ihrem Entwicklungsprozeß selbst ist es, die den (scheinbaren) Gegensatz von (vermeintlich seelen- und geistloser) Materie und Geist in sich, und besonders im Menschen, überwindet, ihn als klassischen Irrtum überzeugend demonstriert.

Die Evolution der belebten Natur auf unserem Planeten ist gekennzeichnet nicht nur durch den Aufstieg zu immer höherem Bewußtsein, sondern auch durch eine Zunahme der Autonomie und

Umweltunabhängigkeit in dem sich immer höher organisierenden Tierreich. Diese Entwicklung konnte, ohne sinnlos zu bleiben, auch bei den höher und höchstorganisierten Tieren nicht haltmachen, weil diese trotz ihrer größeren Umweltunabhängigkeit und gesteigerten individuellen Autonomie eben nicht frei im eigentlichen Sinne geistiger Ursächlichkeit sind, die ohne Selbstbewußtsein und Reflexion nicht möglich ist.[187]

Auch mit seiner im Verhältnis zu allen anderen terrestrischen Lebewesen relativ höchsten Freiheit trägt also der Mensch zur Vollendung der Sinngestalt der Natur bei. Ohne den Menschen bliebe die Steigerung der tierisch-sinnlichen Innerlichkeit, des Bewußtseins, das trotzdem kein Welt- und Selbstbewußtsein wird, der Autonomie und Umweltunabhängigkeit, die sich dennoch nicht zur eigentlichen geistigen Freiheit und Selbstbestimmung erheben, letztlich sinnlos. Ja, es gäbe im Grunde nicht einmal einen Maßstab, um die Bewußtseinszustände verschiedener Tiergruppen auf der Stufenleiter der Evolution als höher oder niedriger zu bezeichnen. Das soeben Gesagte gilt auch von allen anderen Kennzeichen (Kriterien) des biologischen Aufstiegs.

Die Natur drängt im Rahmen der ganzen Evolution auf größere Autonomie, Freiheit, Selbstbestimmung der Individuen. Die Evolution ist auch ein Individualisationsprozeß. Im Menschen erreicht sie in dieser Hinsicht einen (relativen) Kulminationspunkt. Der Kosmos der Natur stellt einen – wenn auch nicht statisch, sondern dynamisch zu denkenden, durch Höherentwicklung errichteten – Stufenbau auch in bezug auf die Freiheit des Willens dar, d. h., daß jede höhere Stufe der Weltwirklichkeit einen Fortschritt zur Willensfreiheit hin bedeutet. Die unterste Stufe des kosmischen Seins, die Materie, ist als Kraft, Wirksamkeit, Energie, Bewegung, Ursächlichkeit das niedrigste Analogon zum menschlichen Willen. Die Lebensschicht nähert sich als Selbstbewegung und Selbstgestaltung aus einem Inneren heraus, als Selbstentwicklung und gewisse Selbstursächlichkeit schon weit mehr der Selbstbestimmung und freien Ursächlichkeit des Geistes. Die höhere Stufe im Bereich des Lebens, wie sie die Tiere, vor allem die höher organisierten Tiergruppen, bilden, bedeutet in der Form der Begierde, des Begehrens durch eine sinnliche Innerlichkeit, die stärkste Annäherung an den geistigen Willen des Menschen. Die Freiheit des Menschen bildet die zumindest keimhaft höchste Stufe des Universums der Natur, sie ist zugleich Sinn und Ziel aller untergeistigen Entwicklungskräfte und Ursächlichkeiten des Kosmos; Sinn und Ziel in dem Maße, daß diese für den spezifisch menschlichen Willen – und d. h. für einen Willen, der ohne ein System materiell-vital-sinnlicher Kräfte gar nicht seine beabsichtigte Wirkung aus sich hervorzubringen und in der Weltwirklichkeit herzustellen vermöchte – die Schaffens- und Existenzgrundlage bewirken. Man kann den Fortschritt, den jede höhere Seinsschicht der Wirklichkeit in bezug auf die Annäherung an den freien Willen bedeutet, an solchen Begriffen wie Kraft, Ursächlichkeit, Aktivität, Entwicklung, Bewegung, Spontaneität, Leben usw. aufweisen. Man kann nachweisen, daß die diesen Begriffen entsprechenden Realitäten in den je höheren Seinsschichten sich immer voller verwirklichen, um dann in der menschlichen Freiheit mit ihrer (relativen) Selbsttätigkeit, Selbstursächlichkeit, Selbstbewegung und Selbstentwicklung ihren eigentlichen und vollen Sinn zu erreichen.

Der Makrokosmos der Natur hat sich im Menschen einen »Mikrokosmos« geschaffen, einen zentrierten Miniatur-Spiegel seiner selbst. Wie es nämlich die Eigenart des Menschen ist, alle Schichten des Kosmos in sich zu tragen und zu vereinigen, so fließen auch in seine freie Aktivität alle (soeben kurz erwähnten) Wirkkräfte dieser Schichten ein, freilich so, daß ihnen die freie Ursächlichkeit des Willens neuen Sinn, neue Richtung und Form verleiht. Wenn wir also sagen, der Mensch sei auf Grund seiner Freiheit ein Mikrokosmos, so soll dies bedeuten, daß er in einem gewissen Sinn alle Wirkkräfte des Kosmos, genauer: gleichsam einen Extrakt all dieser Kräfte, in sich vereinigt. Die gewaltigen, aber blinden und gebundenen Kräfte des Universums und der Lebensevolution werden auf dem Höhepunkt ihrer gewaltigen Aufwärtsbewegung, nämlich im Menschen, zur Freiheit entbunden und »erlöst«. Die Kräfte und Ursächlichkeiten der untergeistigen Schichten finden in ihm Sinn und Vollendung: sie partizipieren an der geistigen Freiheit, sie ordnen sich höheren Normen unter und werden dadurch selber erhöht. So ist der Mensch Sinngeber des Kosmos der Natur auch durch seine Freiheit. Die Freiheit des menschlichen Willens versittlicht die Sinnlichkeit, vergeistigt die materiellen Kräfte, vermag die naturhafte Selbstsucht in Liebe umzuwandeln, löst die dumpfe Naturgebundenheit des Tierischen in uns und reißt dieses mit hinein in die Bewegung zu den hohen und universalen Zielen des Geistes: der Wahrheit, (sittlichen) Gutheit und Schönheit. Bleibt zu hoffen, daß die die Spitze der Evolution bildende Willenskraft des Menschen sich in Zukunft auf ihre Aufgabe, Sinnvollenderin aller Weltkräfte zu sein, besinnt und den verheerenden, umweltvernichtenden Folgen des ökonomischen Egoismus und Eigeninteresses der Völker und Staaten endlich Einhalt gebietet, ehe es gänzlich zu spät ist. Der Sinn der Evolution auf unserer Erde, vielleicht sogar der der ganzen Welt, steht auf dem Spiel. »Von uns hängt es ab, ob die Natur die Chance der Freiheit, die sie im Menschen hat, wahrnimmt oder verfehlt.«[188]

Der Mensch wurde eben als »Sinngeber des Kosmos der Natur« apostrophiert. Auch dabei darf nicht übersehen werden, daß es die allumfassende, alles durchdringende, überall waltende Natur mit ihrer inneren Weisheit ist, die sich in dem und durch den Menschen (durch sein Bewußtsein, seine Freiheit) ihren Sinn gibt. Der Mensch könnte den von der (Gesamt-)Natur erhaltenen Auftrag, Mitvollender ihrer Sinngestalt zu sein, gar nicht erfüllen, wenn er sich nicht ständig an der Weisheit der Natur, dem Reichtum ihrer Sinnbezüge, ihren Werten und Ordnungsstrukturen orientieren würde und sich ihnen anzugleichen suchte. Mit Recht sagt der Gießener Professor für die Philosophie der Naturwissenschaft, B. Kanitscheider, am Schluß seines von Detailkenntnissen und -überlegungen fast ausufernden Werkes über die Geschichte und Systematik kosmologischer Hypothesen und Theorien: »Sicher nicht erst seit Kants Worten über den gestirnten Himmel haben viele Menschen sich immer wieder von der Erhabenheit des Kosmos beeindrucken lassen. Gerade in einer Zeit der Motiv- und Orientierungslosigkeit, da so viele Menschen nach einer Aufgabe, einem Sinn und dergleichen suchen, ist es vielleicht angebracht, die Aufmerksamkeit darauf zu lenken, in einem wie großartigen, reichstrukturierten, mit vielfach noch geheimnisvollen Objekten bestückten und dennoch verstehbaren Universum wir leben. Wie sehr könnte die grenzenlose Langeweile, die so vielen Menschen zur Plage geworden ist, gemildert werden, wenn sie sich bewußt machten, daß unsere kurze Lebensspanne sinnvoll dadurch genützt werden kann, daß wir ein wenig von unserer großräumigen Einbettung, von unserem Universum, zu verstehen suchen.«[189]

Auch Bertrand Russell, wiewohl einer der kritischsten, ja skeptischsten Philosophen des 20. Jahrhunderts, hält das demütige Lernen vom Universum der Natur für eine Grundvoraussetzung intellektueller und ethischer Menschwerdung. »Wenn wir es nicht fertigbringen, unsere Interessen zu erweitern, bis sie die ganze Außenwelt umfassen, sind wir in der gleichen Lage wie die Garnison einer belagerten Festung: wir wissen, daß der Feind uns nicht entkommen lassen wird und daß die Kapitulation letzten Endes unvermeidlich ist... Und wenn unser Leben groß und frei sein soll, müssen wir diesem Streit und unserer Gefangenschaft in ihm entkommen. Ein Ausweg ist die philosophische Kontemplation... Jeder Gewinn an Wissen ist auch eine Erweiterung unseres Selbst... In der Kontemplation... gehen wir vom Anderen aus, und durch seine Größe werden wir selber zu etwas Größerem gemacht. Der betrachtende Geist gewinnt einen Anteil an der Unendlichkeit der von ihm betrachteten Welt... Er wird seine Ziele und Wünsche als Teile des Ganzen betrachten... Die Unparteilichkeit, die in der Kontemplation das unvermischte Verlangen nach Wahrheit ist, ist dieselbe Qualität des Geistes, die sich im Handeln als Gerechtigkeit ausdrückt, und im Fühlen als jene umfassende Liebe, die allen gelten kann und nicht nur jenen, die man für nützlich oder für bewunderungswürdig hält. So vergrößert die Kontemplation nicht nur die Gegenstände unseres Denkens, sondern auch die unseres Handelns und unserer Neigungen: Sie macht uns zu Bürgern der Welt und nicht nur zu Bewohnern einer ummauerten Stadt, die mit der Welt vor ihren Toren im Kriege liegt.« Die Offenheit für, das Eingehen auf die vielfältigen Aspekte der Welt, des Universums der Natur, verbessert nach Russel unsere Vorstellung von dem, was möglich ist, bereichert unsere intellektuelle Phantasie und vermindert die dogmatische Sicherheit, die den Geist gegen alles Neue verschließt. »Vor allem aber werden wir durch die Größe der Welt, die die Philosophie betrachtet, selber zu etwas Größerem gemacht und zu jener Einheit mit der Welt fähig, die das größte Gut ist, das man in ihr finden kann.«[190]

Die Harmonie des Menschen mit der Natur, die Einheit mit dem Kosmos und den kosmischen Kräften, die doch der eigentliche Sinn des menschlichen Daseins, das Ziel seiner Selbstverwirklichung sind, wird von vielen als »unmögliche, verrückte Idee« belächelt. Ihnen hält Roger Garaudy, einst Chefideologe der französischen KP, der sich aber der religiösen Tiefendimension des Menschen immer bewußter wurde, in schroffer Weise entgegen: »Es ist charakteristisch für die Ideologie einer verfaulenden Klasse, daß sie nicht imstande ist, sich die Harmonie zwischen den Menschen und dem Weltall vorzustellen. Die Widersprüche des Systems widersetzen sich der bewußten Meisterung der Kräfte der Natur. Die Welt scheint einer Gesellschaft, die durch innere Unordnung gelähmt ist, feindlich gesinnt zu sein.«[191]

Die zu ihrer Eigentlichkeit, ihrem wahren Zweck und Sinn gelangte menschliche Gesellschaft aber ist nach K. Marx »die vollendete Wesenseinheit der Menschen mit der Natur, die wahre Resurrektion der Natur, der durchgeführte Naturalismus des Menschen und der durchgeführte Humanismus der Natur.«[192]

Bisher wurden die Sprache, das Bewußtsein, die (relative) Freiheit und Selbstbestimmungsenergie des Menschen als jene Elemente abgehandelt, durch die der Mensch einen Beitrag zur Vollendung der Sinngestalt der Natur leistet. Aber dieser Beitrag wäre nicht vollständig, wenn nicht auch die *Transzendenz* der Natur, ihr Basieren auf und Hervorgehen aus der *»natura naturans«* durch den Menschen transparent gemacht würde. Der Mensch ist jene Schaltstelle im Universum der Natur, wo das Bewußtsein der Unterscheidung, des Unterschieds zwischen der *natura naturans,* der wirkenden, hervorbringenden Schöpferkraft, und der natura naturata, dem durch diese Kraft Bewirkten oder Geschaffenen, aufleuchtet. Schon der Mensch der Ur- und Frühgeschichte, noch deutlicher der der Naturreligionen, sieht die Natur mit dieser Hintergrunddimension. Das Erste, was wir von den Naturreligionen, den Naturvölkern lernen können und heute auch wieder zu lernen hätten, ist die *Transparenz* der Natur. Die Natur ist unmittelbar zu ihnen, sie zu ihr, und sie ist transparent, durchscheinend, und zwar auf ihr schöpferisches, hervorbringendes Prinzip. Die Natur erschien den meisten Naturvölkern als von göttlichen, übersinnlichen Kräften durchströmt, aber gerade so war sie für sie die eine, allumfassende, vollständige und ganze Natur. Sie war Natur in ihrer Fülle und Urgewalt, weil etwas in ihrem tiefsten Innern, ihrem Zentrum, Kern und Grund wirkte und sie zu dem machte, was sie war und ist. Gerade diese Transparenz der Transzendenz, dieses Durchscheinen des schöpferischen Prinzips bewirkte, daß die Natur bei den Naturvölkern nie zum Manipulationsobjekt herabsinken, herabgewürdigt werden konnte.

Natürlich stellten sie sich das schöpferische Prinzip in tausenderlei bunten Gestalten, in den mannigfaltigsten Personifikationen vor, und natürlich können wir Heutigen diese naive, kindlich-geniale Unmittelbarkeit zur transzendenten Dimension der Natur nicht wieder in uns einfach zu neuem Leben erwecken. Die Geschichte der Natur im Menschen ist weitergeschritten. Unser Verhältnis zur Natur ist distanzierter, kühler, reflektierter, so daß wir fast immer geneigt sind, Menschen, die heute ein engeres, innigeres Verhältnis zur Natur haben, als sentimental, schwärmerisch, romantisch oder exaltiert abzuqualifizieren.

Auch so mancher Leser wird vielleicht nur bereit sein, den hier beschrittenen Weg lediglich zur Hälfte mitzugehen. Er wird vielleicht anerkennen und zugestehen, daß der Natur tatsächlich eine weit umfassendere Bedeutung zukommt, als er ihr bisher beimaß. Aber er wird sich möglicherweise weigern, daraus eine Naturphilosophie oder gar Naturreligion in dem Sinn zu machen, daß auch die transzendente Dimension, die Frage der hervorbringenden, urschöpferischen Tiefendimension der Natur einbezogen wird.

Das ist und bleibt allerdings eine grundlegende Entscheidungsfrage. In den letzten Jahren hat meines Wissens unter den renommierteren Naturwissenschaftlern keiner den Entscheidungscharakter dieser Frage derart deutlich herausgestellt wie der Direktor des Instituts für Biologie III der Universität Freiburg, Prof. Carsten Bresch.[193] Er markiert zunächst die unübersteigbare Grenze für die Naturwissenschaft: Wir können Stufe um Stufe zurückgehen bis hinunter zu den Eigenschaften der Elementarteilchen und dem Anfang dieser Welt. »Aber dort, am Anfang von Universum und Materie, endet die Naturwissenschaft.« Dort endet auch für nicht wenige das verantwortliche, der Phantasie und den Spekulationen abholde Denken. »Ich kann als Naturwissenschaftler«, so Bresch, »verstehen, daß viele Mitmenschen an dieser Stelle stehenbleiben, daß sie sich weigern, weiterzudenken, weil solchem Denken der bisher so feste Boden fehlt. Das ist sicher eine vertretbare und respektable Haltung. Denn wir stehen an der Grenze, an der Grenze von Wissenschaft und Religion.« Es ist ein ganz persönlicher Entscheidungsakt, wenn einer sich entschließt, diese Grenze zu überschreiten. Aber es ist kein blinder Willkürakt, weil die ungeheure, auf Schritt und Tritt begegnende Sinnhaftigkeit der Natur auf ihrer phänomenalen Ebene diese Entscheidung vernünftigerweise zuläßt und begünstigt. Mit den Worten Breschs: »Aber ich selbst mag hier nicht zu denken aufhören – zuviel Ungeheuerliches – zuviel Wundersames hat uns die Erforschung der Natur entdecken lassen. Ich möchte diese Grenze überschreiten und sehen, wohin das führt. Das ist ein freiwilliger, ein ganz persönlicher Entschluß, den jeder nur für sich selbst fassen kann. Aber vielleicht sind auch Sie bereit, naturwissenschaftliches Denken hinter sich zu lassen, vielleicht spüren auch Sie Lust, mitzuentdekken, was uns jenseits dieser Grenze erwartet: Kein alter Mann, dem menschliche Eigenschaften wie Zorn, Gerechtigkeit, Güte oder Willen zuzuschreiben wären. Moses kam vom Berg und sagte, ihr sollt euch kein Bildnis machen und kein Gleichnis. Die

Causa prima steht am Anfang – der Urgrund: ALPHA. Und das Wort ›Grund‹ ist in seiner ganzen Doppelbedeutung zu verstehen: als Boden, aus dem alle Entwicklung wächst, und als Ursache – als Anstoß für alles Geschehen. Wissenschaft führt uns zu ihm – zu diesem unergründlichen, transzendenten Geheimnis. ALPHA ist erkennbar geworden – sichtbar im großen Buch der Entwicklung des Universums. Theologen haben das schon vor Jahrhunderten die Revelatio naturalis, die Offenbarung der Natur, genannt. Und jetzt, auf der anderen Seite der Grenze, ist die Frage nach dem Sinn, die Frage nach dem Sinn menschlicher Existenz beantwortbar. Wir sind ein Teil der Entwicklung des Universums vom Chaos zum Kosmos, und weil wir denken können, sind wir ein mit Verantwortung beladener Teil dieser Evolution. Im Verstehen der Natur, im Verständnis unserer Rolle, im Erkennen des Urgrunds, liegt ein Auftrag. Wer die Grenze überschritten hat, ist nicht mehr frei. Er spürt die Verpflichtung, mitzuwirken – mit zu wirken, damit der Beitrag, den unser Planet zur Entwicklung des Ganzen liefern kann – liefern könnte, auch erbracht wird. Wir sollen für das Weiterleben dieser Menschheit Sorge tragen. Wir sollen diese Welt zu einer Welt der Liebe machen – zu *einer* Welt. Denn Liebe ist der Wunsch, Getrenntes zu vereinigen, neue Bindungen entstehen zu lassen, zu einer größeren Einheit zusammenzuwachsen. Und genau das ist das Prinzip aller Evolution. Darin liegt der Sinn menschlicher Existenz.«[194]

Von Plato bis Einstein erstreckt sich eine erlauchte Reihe großer Denker, zugleich tief religiöser Menschen, die den Schritt zur verursachenden Tiefendimension der Natur ähnlich wie Carsten Bresch vollzogen haben.[195] Plato hält den Materialisten seiner Zeit entgegen, daß auch die vermeintlich so reale Sinnenwelt ohne das unsichtbare Sein der Ideen und dessen Kraft nicht das wäre, was sie ist, daß die Tiefennatur der Natur nicht ihre Materialität, sondern die Weltseele als Ursprung von allem ist. Einstein erklärt, daß er sich als »echt religiösen Menschen« empfinde, weil zum »Kern aller wahren Religiosität« das Wissen darum gehöre, »daß das Unerforschliche wirklich existiert und daß es sich als höchste

Wahrheit und strahlendste Schönheit offenbart«.[196] Ken Wilber glaubt, daß der Grundgedanke der Ewigen Philosophie dahin tendiert, »Gott nicht als Große Person«, sondern »als Wesen alles dessen, was ist«, zu definieren.[197] Er müßte hinzufügen: »auch als Ursache alles dessen, was ist«, denn das gehört zur Grundüberzeugung der *philosophia perennis*. Diese ist ja eine Angelegenheit der philosophischen Vernunft, die in ihrem den Dingen auf den Grund gehen die engen wissenschaftlichen Grenzen überschreitet. Dabei gelangt sie zu dem Schluß, daß das absolute Naturprinzip zwar in sich unerforschlich, unergründlich ist, daß es aber andererseits das unentbehrliche Urprinzip der Sinnhaftigkeit der gesamten Natur in ihrer phänomenalen Ausbreitung und Fülle, der sinnstiftende Urgrund der ganzen Weltentwicklung ist.

Die Dynamik der Selbst-Transzendenz und Selbst-Transformation des Lebens, wie sie in der stammesgeschichtlichen Entwicklung der Organismen zu immer komplexeren Formen so überzeugend zum Ausdruck kommt,[198] bliebe unabgeschlossen und damit letztlich sinnlos, wenn der Mensch als höchste Spitze der (bisherigen) terrestrischen Evolution, als (bisher) letztes Produkt des grenzüberschreitenden Sichselbstorganisierens des Lebens auf einem zunehmend höheren Niveau nicht noch den endgültigen und allerletzten Überstieg vollzöge: den zum innersten Kern und Grund der Natur selbst, zu ihrem urschöpferischen Prinzip. Dieser Überstieg liegt in der Sache selbst, in der Konsequenz der aufsteigenden, grenzüberschreitenden Dynamik der Natur! Er ist, näher besehen, nur eine notwendige Folge des »Ergriffenseins von dem unendlichen, unergründlichen, vorwärtstreibenden Willen, in dem alles Sein gegründet ist« (Albert Schweitzer).

Der Mensch begreift sich nicht genügend, wenn er nicht entdeckt, daß ihn die Natur mit einem grenzüberschreitenden Energiepotential ausgestattet hat. Dieses Potential soll – das ist der Sinn und die Zielrichtung der Gesamtnatur – auf das immanenttranszendent schöpferische Urprinzip hin bewegt und aktualisiert werden. Wenn der Mensch diesem Bewegungsdrang nicht folgt, verweigert er sich seinem Naturauftrag, zur Vollendung der Sinngestalt des Universums beizutragen. In seiner tiefsten Wirklichkeit ist der Mensch die persongewordene Grenzüberschreitungsdynamik der (Gesamt-)Natur. Insofern ist das Transzendenzstreben des Menschen eine *biologische Tatsache,* etwas, das in den genetisch-biologischen Anlagen des Menschen verankert ist. Ortega y Gasset ist überzeugt, »daß die geschichtliche Wirklichkeit in einer früheren und tieferen Schicht eine biologische Potenz ist, die reine Lebenskraft, der Vorrat kosmischer Energie im Menschen; nicht die gleiche Kraft, die das Meer bewegt, das Tier befruchtet, die Blüte treibt, aber ihr schwesterlich verwandt«.[199]

Nach Aldous Huxley ist der Mensch »von Natur religiös, aber durch die Umstände zu einer Existenz ohne Religion verdammt«. Das »chronische Gefühl einer ungestillten Sehnsucht« aber könne kein Mensch verleugnen.[200] Der große englische Zoologe, Prof. Sir Alister Hardy, ist als überzeugter (Neo-)Darwinist trotzdem der Meinung, daß die geistige Wesenheit des Menschen sich mit der darwinistischen Lehre von der natürlichen Selektion und mit dem genetischen Code versöhnen lasse. In seinem vielbeachteten Buch »Der Mensch – das betende Tier« erweist er in überzeugenden Analysen und Gedankengängen Religiosität als Faktor der Evolution. Das biologische System der Natur sei ohne einen geistigen Faktor nicht funktionsfähig. Das Werden des Homo sapiens sei, streng biologisch gesehen, ohne Religion, ohne das erlebte Bezogensein auf eine höhere Macht, nicht denkbar. Religion habe »eine *biologische Grundlage*« im Menschen: »Was auch immer Psychologen über die Ursachen der Religion sagen mögen, sie ist, ob primitiv oder hochentwickelt, genauso ein Teil der menschlichen Natur wie die Sexualität, aber einer, den wir bis jetzt noch weit weniger begreifen.«[201] Der Schweizer Psychologe B. Staehelin gibt seiner Überzeugung Ausdruck, daß die immanent-transzendente Hintergrunddimension der Natur, die er die »zweite Wirklichkeit« nennt, »naturwissenschaftlich ebenso feststellbar« ist und »als derjenige Teil vom Menschen definiert werden kann, der dem Absoluten, dem Unbedingten, dem Ewigen, der Unendlichkeit, der Unbegrenztheit, der Ungeteiltheit, der Großen Ordnung... zugehörig, und zwar auch *biologisch* zugehörig ist«. Der angeborene Drang des Menschen zur Religion sei »primärste Biologie«. Die biologische Natur des Menschen rage ganz unwillkürlich, ursprünglich und spontan in die zweite Wirklichkeit hinein. Die menschliche Psyche sei die Schaltstelle zwischen der ersten und zweiten Wirklichkeit und fasse diese beiden zusammen, »und zwar biologisch!« Der Mensch sei Angehöriger zweier Sphären, die aber aufeinander bezogen seien: »Jeder Mensch, zu jeder Zeitepoche, in jeder Konfession, in irgendeiner Politik, ist unausweichlich sowohl individuelle, endliche Geschichte als auch Zugehörigkeit zu und Kollektivität mit dem Ewigen, also zugehörig zu und eins mit... dem Absoluten, und dieses Ewige findet sich als das gemeinsame Unbedingte in jedem Du dieser Welt. – Jedes Menschen Natur ist also auch Mystik.«[202] Unter den modernen Psychologen ist es vor allem A. Maslow mit seiner humanistischen Psychologie, der die biologische Verankerung des religiösen Transzendenztriebes im Menschen stark betont. Ähnliches hatte ja schon der große französische Philosoph Henri Bergson mit der im Menschen kulminierenden *»évolution créatrice«* und der »dynamischen Religiosität« im Unterschied zur statischen, konventionellen, institutionalisierten gemeint. Und auch Max Scheler intendiert in seinem Buch »Vom Ewigen Menschen« mit seiner »Absolutheitssphäre« in der menschlichen Psyche im Grunde den gleichen Sachverhalt. Ganz von der Naturwissenschaft her argumentierend, betont H. v. Ditfurth, daß »die Evolution... uns zur Anerkennung einer den Erkenntnishorizont unserer Entwicklungsstufe unermeßlich übersteigenden ›weltimmanenten Transzendenz‹ zwingt«.[203]

Immanent-transzendent ist der hervorbringende Urgrund, Urquell, Urkern der Natur, die natura naturans, weil er ganz *in* der Natur west, ihr also ganz immanent ist, aber aufgrund seiner schöpferischen, unendlichen Seinsqualität allen (hervorgebrachten) Dingen der Natur (der natura naturata) qualitativ haushoch überlegen, also transzendent ist, obwohl – das ist eben die Dialektik von Immmanenz und Transzendenz – jedes Seiende am Seinsgrund partizipiert.[204] Und es partizipiert (bewußt) um so mehr, je komplexer es ist, je höher es sich in der hierarchischen Stufenleiter der Evolution selbsttransformiert, selbsttranszendiert hat. Der Mensch ist die uns bekannte höchste Form dieser evolutiven Selbsttransformation der Natur, er ist die zum Bewußtsein ihrer selbst gelangte Selbsttranszendenz der Evolution der Natur zu ihrem Urgrund und Urquell hin.

Insofern ist der öko-religiöse Mensch der Sinn der Erde, ein (zumindest wesentlicher Teil-)Sinn der Evolution der Natur. Denn er ist mit seiner (Wort-)Sprache und der Qualität seines Bewußtseins, welches auch die Erkenntnis des tragenden Urgrundes aller Wirklichkeit einschließt, »das erste Gespräch, das die Natur mit Gott hält« (Goethe). Das heißt, daß der öko-religiöse Mensch in freier Entscheidung die bewußte und sprachlich artikulierte Verbindung der Natur mit ihrem eigenen (immanent-transzendenten) Urgrund, der natura naturans, herstellt. Die Evolution ist der grenzüberschreitende Weg zur Eröffnung des Dialogs zwischen der Natur und »Gott« als ihrem immanenten und doch absoluten Prinzip. Sieht die im Menschen ihren bisherigen Gipfelpunkt erreichende Höherentwicklung des Lebens nicht aus wie die gewaltige Anstrengung der Erde, der Natur, sich im Menschen ein vollbewußtes und freies Subjekt des Dialogs mit dem urschöpferischen Prinzip aller Wirklichkeit, ein geeignetes (Erkenntnis- und Sprach-)Organ für die Antwort der Schöpfung auf das sie hervorbringende Prinzip zu gestalten?

Wir sagten, der öko-religiöse Mensch sei der Sinn der Erde, der Evolution der Natur. Das klingt zunächst überheblich. Aber damit soll nur zum Ausdruck gebracht werden, daß das genaue Gegenteil des öko-religiösen Menschen, nämlich der »*demiurgische, titanische, technokratische Mensch*«, der alles Leben in einen toten, wenn auch hochkomplizierten Mechanismus verwandelt bzw. umzuwandeln sucht, ein Irrläufer der Evolution und eben nicht ihr Sinn ist. Weil die ganze Selbsttranszendenzdynamik, die gesamte Selbsttransformationsenergie der Natur im »Mikrokosmos Mensch« versammelt ist, deshalb ist er nach seiner tiefsten Seinsbefindlichkeit endliche Unendlichkeit, potentielle Unendlichkeit. In jedem Augenblick seines Daseins zwar begrenzt, überschreitet er dennoch ständig seine Zuständlichkeit, seine Grenzen. Im Menschen ist etwas Utopisches, eine unendliche Sehnsucht nach Erkenntnis und Realisation von Höchstem, Tiefstem, Unbegrenztem, ein grenzüberschreitender Vitalimpuls. Selbst die so säkularisierte, »gottentfremdete« Menschheit der Neuzeit und Moderne beweist diesen Grundzug im menschlichen Sein, denn indem sie die ökonomischen und technischen Werte an die oberste Stelle der Werteskala setzte, verunendlichte sie sie, umgab sie sie mit einer Aureole der Göttlichkeit. Die ökologische Katastrophe, vor der wir heute hautnah stehen, ist die folgerichtige Konsequenz dieser Verunendlichung, sonst hätte diese Katastrophe auch gar nicht jene ungeheuerlichen Ausmaße annehmen können. Der »Wurm« liegt nicht in den technisch-ökonomischen Werten als solchen, deren Rolle als Dienstleistungswerte für den Menschen durchaus legitim ist, sondern in der Verunendlichung und Vergöttlichung dieser Werte.

Vielleicht werden mir hier Atheisten und Agnostiker in der Charakterisierung des Menschen als endliche Unendlichkeit dennoch nicht folgen können. Aber einer der größten atheistischen Religionskritiker, vielleicht der größte, Ludwig Feuerbach, war es, der die Unendlichkeit des menschlichen Bewußtseins so betont hat wie kein anderer. Und Karl Marx ist ihm gerade darin gefolgt.[205] Ich finde, daß das tiefste Wesen des Menschen diese grenzüberschreitende Vital- oder Naturenergie, diese ihm von Mutter Natur eingegebene Unendlichkeitsdynamik ist. An dieser Stelle aber erhebt sich heute die fundamentalste Entscheidungs- und Sinnfrage der Menschheit. Denn weil der Mensch sich mit dieser Vitalenergie in allen Richtungen, den positiven wie den negativen, den ethischen wie den unethischen überschreiten kann, deshalb hängt heute alles, aber auch alles davon ab, ob wir den öko-religiösen Weg der Ehrfurcht vor der Natur und ihrem tiefsten Seinsprinzip sowie ihrer aktiven Rettung oder den demiurgisch-titanischen Weg ihrer Vernichtung, die auch und vor allem unsere

Selbstvernichtung einschließt, beschreiten wollen. Wenn nämlich das von der Natur wurzelhaft in uns grundgelegte Selbsttranszendieren ins Negative geht, dann wird eben der Mensch aufgrund dieser »endlichen Unendlichkeit«, die er zutiefst darstellt, zwangsläufig zum Wesen der *Maßlosigkeit,* der *übersteigerten Selbstprofilierung,* des *technischen Größenwahns,* d. h. der *Megatechnik und Gigantomanie,* die ihn dazu treibt, Hunderte von Atomkraftwerken zu bauen, Tausende von Tonnen radioaktiven Mülls zu produzieren, für deren »Entsorgung« wiederum Wiederaufbereitungsanlagen zu errichten usw. Dieselbe Gigantomanie waltet in ihm, wenn er Zehntausende von Raketen mit atomaren Sprengköpfen herstellt oder ständig neue biologische und chemische Massenvernichtungswaffen erfindet. Aufgrund seiner »endlichen Unendlichkeit« ist der Mensch eben auch das Wesen der *perfekten Utopien,* des alles kontrollierenden, alles in seine Verfügungsgewalt nehmenden Atomstaats, der Personen und Sachen vollkommen beherrschenden Orwellschen *Megamaschine,* die im Grunde eine letale, eine Todesmaschine ist. Auch das seinerzeit in den USA geprägte Postulat der glücklichen kapitalistischen Gesellschaft, die keinen Wunsch unbefriedigt läßt (»freedom from want«) ebenso wie das Ideal des kommunistischen Paradieses im Osten waren ja Projektionen solch einer perfekten Utopie. Nur der Mensch ist im Bereich der uns bekannten Intelligenzen das Wesen der *wahnwitzigen absoluten Destruktion,* das Wesen einer *mörderischen Logik und Konsequenz,* die in einer Besessenheit ohnegleichen alle, aber auch alle Möglichkeiten der Wirklichkeit durchprobiert, das Erbgut von Pflanze, Tier und Mensch in allen Richtungen manipulieren möchte, alle Rohstoffquellen der Erde und der Meere nutzen und ausschöpfen will, so daß diese höchste (mörderische) Logik zur allerhöchsten Unlogik gerät. Der Mensch ist aber auch das Wesen der *Einsichtslosigkeit,* zumindest kann er es in einer geradezu absurden Weise sein. Die Mächtigen dieser Erde erwecken jedenfalls diesen Eindruck. Denn weil der Mensch in den letzten Jahrhunderten unsagbare Triumphe über die Natur mit Hilfe der Technik errungen hat, glauben sie, daß auf dieser triumphalen

Einbahnstraße des Sieges der Großtechnik über die Natur weiter vorangeschritten werden müsse, auch wenn Millionen von Pflanzen-, Tier- und Menschenleichen, Hekatomben von Opfern am Rande dieser Straße liegenbleiben. Gegen jede bessere Einsicht wird in einer Richtung weitermarschiert, die in 20 oder 30 Jahren ins absolute Verderben führt. In diesem Zusammenhang wäre eventuell noch das methodische *Rüstzeug der Psychoanalyse* heranzuziehen. Denn es könnte durchaus sein, daß sich führende Politiker und Wirtschaftsbosse für jede Niederlage im seelischen, familiären usw. Bereich mit Gigantomanie im technisch-wirtschaftlichen Bereich »rächen«, die Fehlleistungen in der einen Dimension durch technische Großunternehmen und politisch wahnwitzige Entscheidungen in der anderen Dimension kompensieren. Gerade im Zusammenhang mit solchen Affären wie dem Flick-Skandal leuchtet ja blitzartig die psychisch-ethisch-emotionale Verwüstung führender Männer in Politik und Wirtschaft auf.

Diese Leute haben auch einen echten *Wirtschaftswachstumskomplex,* die *psychische Krankheit eines Wachstumssyndroms.* Was (vor allem im Bereich der Wirtschaft, der Technik, der Rüstung usw.) nicht wächst, nicht größer wird und sich vermehrt, erscheint ihnen als Stillstand, Rückgang und Tod. Dabei tun sie so, als ob sie sich am Organischen, an organischen Wachstumsgesetzen orientieren. Aber die Erhöhung der industriellen Produktion hat mit Natur- und echten Wachstumsvorgängen nichts zu tun. Da wächst ja nichts biologisch-organisch, sondern hier werden aus toter Materie tote Güter hergestellt, gemacht. Diese Güter leben nicht, deswegen sterben sie auch nicht und können deshalb meistenteils – im Gegensatz zum Toten und vorher Lebenden – nicht wieder in den Kreislauf der Natur aufgenommen werden. Das Organische wächst auch nicht ständig, es hat eine Wachstums- und eine Regressionsphase, die sich in Altern und Tod äußert. Wollte sich der Glaube an das Wirtschaftswachstum am Organischen orientieren, dann wäre es nach der ungeheuren Verschwendung von Rohstoffen und der Hypertrophie an Produktionsmitteln ohnehin jetzt Zeit für den Tod dieses Glaubens. Leben und Tod bilden nämlich in der Natur ein Gleichgewicht. Wirtschaftswachstum ist also eine Begriffsverfälschung, denn es bedeutet in Wirklichkeit den unwiederbringlichen Verbrauch der Bodenschätze, die ja gerade nicht nachwachsen. Trotzdem werden ständig neue Überkapazitäten produziert. Ein besonders sichtbares Symbol dieser Überkapazitäten sind vielleicht die gewaltigen, die Natur so verschandelnden Autohalden. Trotzdem – und obwohl wir uns in fast allen Bereichen der Wirtschaft einem Nullwachstum nähern oder es schon erreicht haben – reiten die Politiker dieses Todesroß des Wirtschaftswachstums unentwegt weiter. Sie machen diese Ideologie geradezu zur Basis der Bewahrung unserer Gesellschaftsform.[206]

Daher kann also nur der öko-religiöse Mensch die Sinngestalt der Natur zur Vollendung bringen bzw. dazu beitragen, weil, wie gesehen, der Mensch mit derselben Kapazität seiner endlichen Unendlichkeit eben auch die ungeheuerlichste Destruktion der Natur betreiben kann. Dieser demiurgisch-titanische Mensch aber ist nicht der Sinn der Natur. Die Sinnrichtung der Natur verkörpert vielmehr der auf die Natur hörende, ihre Werte, Rechte und tiefsten Interessen erkennende, der von der Natur lernende und sich mit ihr wieder verbindende, sich an sie rückbindende (religare!) öko-religiöse Mensch. In der gegenwärtigen (bisher) schwersten Schicksalsstunde der Natur (und unserer eigenen) stellt der öko-religiöse Mensch durch sein erkennend-liebendes Umfassen der Natur in ihrer ganzen Breite und Tiefe und durch sein aktives Eintreten für die ungeschmälerten Rechte und Interessen von Tieren, Pflanzen und Landschaften die Speerspitze der Evolution, den Pfeil des wahrhaft Humanen und der eigentlichen Sinnrichtung der Natur dar. Er verkörpert auch als einziger bewußtseinsmäßig und tatkräftig die Hoffnung, daß die Natur wieder genesen und der Mensch wieder geistig, seelisch und körperlich heil und gesund werden kann. Denn die (religiöse) Anerkennung der gesamten Natur, nicht nur das (ethische) Justieren und Reparieren von Umweltschäden an ihren Erscheinungsformen, den (hervorgebrachten) Naturdingen, ist heute die unentbehrliche

Voraussetzung für eine echte und eigentliche Rettung der Natur. Der »Geist« der Natur muß mitberücksichtigt werden!

Es wurde in diesem Buch schon wiederholt darauf hingewiesen, daß der Geist keinen Widersacher und Gegensatz zur Natur darstellt. Auf Schritt und Tritt sehen wir uns vielmehr mit Geistigem konfrontiert, wenn wir die Natur betrachten. Ihre ästhetischen, sozial-altruistischen, logisch-bewußtseinsmäßigen Werte, ihre Ordnungsstrukturen, die Logik ihrer Komplexitätszunahme, die Sinnrichtung ihrer Selbstorganisation, Selbsttransformation und -transzendenz,[207] die Hervorbringung eines höchstentwickelten Gehirns und einer Wortsprache im Menschen[208] – all das bezeugt den Geist der Natur, beweist, daß dieser keinen Fremdling in ihr darstellt, sondern ihr tiefstes Wesen ausmacht. Der gesamte Kosmos bewegt sich seit dem Urknall auf ein »erkennendes Universum« hin.[209] Und auf subatomarer Ebene haben sich die festen materiellen Objekte, die Miniatur-Körper der klassischen Physik in wellenartige Wahrscheinlichkeitsstrukturen aufgelöst. Diese Strukturen stellen aber nicht mehr Wahrscheinlichkeiten von Dingen, sondern vielmehr solche von Verknüpfungen dar. Die kartesianische Auffassung von einer aus getrennten Teilen zusammengesetzten Wirklichkeit ist mit der Quantentheorie unvereinbar. »In der Atomphysik kann die scharfe kartesianische Unterscheidung zwischen Geist und Materie ... nicht länger aufrechterhalten werden«, Bewußtsein ist »ein essentieller Aspekt des Universums«. Der neue Geist, den die Natur im mikrophysikalischen Bereich widerspiegelt, kommt in der folgenden Charakteristik gut zum Ausdruck: »Die moderne Physik verwandelte das Bild vom Universum als einer Maschine in die Vision eines unteilbaren dynamischen Ganzen, dessen Teile grundsätzlich in Wechselbeziehungen zueinander stehen und nur als Muster eines kosmischen Prozesses verstanden werden können. Auf subatomarer Ebene sind die Wechselbeziehungen und Wechselwirkungen zwischen den Teilen des Ganzen von grundlegenderer Bedeutung als die Teile selbst. Es herrscht Bewegung, doch gibt es letzten Endes keine sich bewegenden Objekte, es gibt Aktivität, jedoch keine

Handelnden; es gibt keine Tänzer, sondern nur den Tanz.«[210] Wir erinnern uns an die Ausführungen über die Welt als Rhythmik.[211] Woraus, so fragten wir dort, besteht letztlich die Materie? Sie besteht »aus Leere und Rhythmus. Im Innersten des Körpers, im Herzen der Welt gibt es keine feste Materie: Es gibt nur den Tanz.«[212]

Die Welt der festen Objekte erscheint so nur in makroskopischer Perspektive, im Makrokosmos. In der mikrophysikalischen Welt, aus der sich der Makrokosmos aber letztlich zusammensetzt und aufbaut, lösen sich diese scheinbar so festen Körper auf, sie entpuppen sich als Beziehungsgefüge und Schwingungsmuster. Diese Wechselbeziehungen und -wirkungen, diese rhythmischen Vibrationen und Schwingungsmuster haben ihren Punkt Alpha und ihren Punkt Omega, das heißt den Ausgangspunkt und den Zielpunkt aller kosmischen Prozesse im *Absoluten Prinzip,* also der hervorbringenden Allursache und dem Schwingungszentrum des kosmischen Tanzes. Der Urquell und Urkern der Natur ist Geist, der sich in der hervorgebrachten Natur, den Naturdingen (der *natura naturata*), mit Körperlichkeit umkleidet und so für mit Wahrnehmungsvermögen ausgestattete Lebewesen die sinnliche Erscheinungsweise der Natur möglich macht. So ist die Sinnlichkeit die Erscheinungsweise des Geistes, wenn er in der Natur zur Anschauung kommt. Die Natur ist als uns entgegentretendes Phänomen die sinnliche Erscheinungsweise des Geistes, des Göttlichen. Die Natur in ihrer Erscheinungsweise für uns ist die sinnliche Immanentisierung, sozusagen die Sinnlich-Werdung (der Transzendenz) des Geistes. Die verschwenderisch ausgebreitete Pracht und Fülle der Natur, ihre mathematischen, proportionalen und symmetrischen Strukturen und Gesetze, ihre Lebendigkeit, ihr Farbenglanz, ihre gewaltige Kraft und Energie usw. sind diverse Formen der Verleiblichung des Geistes, des Göttlichen, des unendlichen Bewußtseins. Auch die uns erscheinende Natur ist Geist vom Geist, Abglanz, Spiegelung des Geistes, ist durchgängig geistinformiert, von den mathematischen Informationsgesetzen des Geistes ge- und durchformt (vgl. den genetischen Code). Natur ist

Spiritualität, die umfassendste Grundlage, der weiteste Gegenstand für die Spiritualität des Menschen. Der Kosmos, das Universum der Natur, ist die Materialisation des Geistigen, Göttlichen, seine universale Verleiblichung, seine Sichtbarwerdung, er ist die sinnliche Realisation des Absoluten, das Absolute in der Erscheinung. Das Universum ist der kosmische Leib Gottes. Deshalb ist für den wirklich lernen und wissen wollenden Menschen das Universum der Natur die Grundnahrung seiner Erkenntnisorgane, das universalste, umfassendste Inhalt und Leben spendende Bild, das Urbild und Ursymbol aller Klarheit und Wahrheit.

Von daher fällt Licht auf ein vertieftes Verständnis der menschlichen Grundstrukturen der Sinnlichkeit, Sensibilität, Sexualität, Leiblichkeit, Weltlichkeit, Innerlichkeit. Sie sind immer mit dem Geistprinzip als innerstem Kern der Naturwirklichkeit zusammenzudenken. In diesen Grundstrukturen ist stets das geistige Element mitenthalten und mitzubejahen, sonst erfüllt sich der in ihnen grundgelegte Sinn nicht. Insofern sind diese Grundstrukturen des Menschseins zutiefst öko-religiös, weil nur der öko-religiöse Mensch die (immanent-transzendente) geistige Komponente der Natur in all seinen Begegnungen mit ihr mitdenkt, mitbejaht, miterlebt. Und Sinnlichkeit, Sexualität, Leiblichkeit, Weltlichkeit usw. des Menschen sind ganz grundlegende Weisen der Begegnung des Menschen mit der Natur. Im Grunde wird jedes echte Ereignis in dieser Welt nur zutiefst richtig gewürdigt, wenn es in der umfassenden öko-religiösen Dimension gesehen wird. Die Empfängnis und Geburt eines Menschenkindes zum Beispiel! Das ist ein »Geist-Natur-Ereignis« und dürfte nur aus einem kosmisch-transzendenten Erleben der Liebe von Mann und Frau resultieren. Dann zeigt sich auch erst so richtig das tief Entwürdigende und Unökologische der Samenbanken, der anonymen Samenspenderpraxis usw. Gerade die geistige Transzendenzkomponente der Natur und deren erkenntnismäßig-bejahende Realisierung durch den öko-religiösen Menschen verleihen allem, was er tut, die tiefere Bedeutungsdimension. Auch beispielsweise seiner Sexualität, die ohne diese Komponente zur rohen, groben Aktivität, zu geistloser Gymnastik herabsinkt. Immer können wir dabei allerdings auch vom Geist der sog. Außennatur lernen. Wieviel »Geist« allein in den Pflanzen und ihren Relationen zueinander steckt, vermag z. B. ein von diesbezüglichen Einsichten, Erkenntnissen und Entdeckungen geradezu überbordendes Buch, wie das von P. Tompkins und C. Bird über »das geheime Leben der Pflanzen«,[213] ihre Seele, ihren Charakter, ihre emotionalen Beziehungen zum Menschen, überwältigend zu veranschaulichen.

In der Tat ist ja in den vorhin erwähnten Grundstrukturen des Menschen stets schon einiges vom Sein und Sinn der (Gesamt-)Natur mit- und vorgegeben. In der Sinnlichkeit des Menschen sind (zumindest potentiell) die Fülle, der Reichtum der Natur, keimhaft das Kosmische und dessen Urprinzip enthalten bzw. angesteuert – oder es wird nicht der Sinn von Sinnlichkeit und damit des Menschen erreicht, der weder reiner Geist noch reine Materie ist, sondern die *intimste Begegnung* dieser beiden Reiche (die dies allerdings – wie wir sahen – nur in makrokosmischer Sicht sind), und d. h. eben *Leiblichkeit* und *Sinnlichkeit*. Der Mensch ist Leib, durch und durch Leib und nichts anderes als Leib. Aber dieser Leib ist (wie auch die ihn umgebende Natur des Universums) die Erscheinungsweise des Geistigen. In der Leiblichkeit des Menschen, in der Leiblichkeit als Menschsein wird die kartesianische Spaltung von Materie und Geist, Körper und Seele radikal ad absurdum geführt. Der Mensch ist eine zentrale Schaltstelle im Kosmos. In seiner Leiblichkeit und Sinnlichkeit wird die Materie vergeistigt und der Geist gleichsam materialisiert, d. h. materiell sichtbar.

Die gesamte Evolution, dieser erkenntnisgewinnende Prozeß, diese ständige Zunahme von Komplexität, von differenzierten Mustern, von Information, die wachsende Vervollkommnung der Nerven- und Gehirnsysteme im Laufe der Stammesgeschichte – all das bezeugt die Evolution der Natur als einen Bewußtseinsprozeß, als den fortschreitenden Triumph des Geistes über die Materie. Die Geschichte der Natur, des Kosmos ist die Weltwerdung, Weltentwicklung, Weltvollendung des Geistes, der immer schon war.

Die Stammesgeschichte der Natur von der unbelebten zur belebten, von der belebten zur bewußt reflexen Natur und von dort zur Noosphäre eines alle Einsichten verbindenden Überbewußtseins, wie es schon Teilhard de Chardin prognostizierte,[214] ist der Prozeß der Weltwerdung, der Weltentäußerung und dann der Weltverinnerung, der Weltverinnerlichung und Welterhöhung des Geistes. Natur ist der Geist, der sich versinnlicht, verleiblicht, verkörpert, materialisiert, um dann durch das Mittel der Evolution wieder den Weg der Vergeistigung einzuschlagen und konsequent zu gehen, den Weg der Durchgeistigung aller sog. materiellen Gebilde und Erscheinungsformen. Nochmals zeigt sich hier, daß das absolute Geistprinzip der Natur kein übernatürlicher, außer- oder überweltlicher Gott ist, sondern der innerste, zentrale Kraftquell und immanente Urgrund der Natur, der nur infolge seiner Seinsmächtigkeit und -qualität als transzendent, eben als »immanent-transzendent« gelten kann. Der Geist ist letztlich das tiefste Sein und der Sinn der Natur, aber kein übernatürlicher Geist, sondern das geistige Prinzip *in* der Natur. Der Geist ist natürlich, ist Natur, und die Natur ist geistig, ist zutiefst unter der Hülle ihrer Erscheinungsweisen Geist. Natur, wie sie uns erscheint, ist verkörperter Geist. Daher ist Natürlichkeit als grundlegende öko-religiöse Verhaltensform[215] immer zugleich natürliche Geistigkeit und geistige Lebendigkeit. Der öko-religiöse Mensch ist in besonderer Weise aufgerufen, die Transparenz der Transzendenz zu vollziehen, d. h. den Geist in der Natur sichtbar zu machen, ihm auch durch die reflex-bewußte und ethische Art seines Lebens Geltung in Welt und Gesellschaft zu verschaffen. Die Materie ist im Grunde nur der Geist in raumzeitlicher Anordnung, Ausbreitung, Erscheinungsweise. Der bedeutende Biologe G. Coghill unterscheidet mit Recht drei fundamentale und miteinander verbundene Organisationsmuster: Struktur, Funktion und Mentation. Struktur bedeutet bei ihm Organisation im Raum, Funktion ist Organisation in der Zeit und Mentation oder Geistestätigkeit ist eine Weise der Organisation, die auf niederen Ebenen der Komplexität mit Struktur und Funktion verwoben ist, auf komplexeren Stufen der Lebensschicht aber über Raum und Zeit hinausgeht.[216]

Das eben über Natur und Geist und über ihr Verhältnis im Evolutionsprozeß Gesagte wird manchem als »metaphysische« Zumutung erscheinen. Aber selbst eine so präzis wissenschaftlich vorgehende Denkrichtung wie die Systemtheorie kommt ohne den Geist letztlich nicht aus. Gregory Bateson, einer der profilierten Systemtheoretiker, hat vorgeschlagen, Geist als ein Systemphänomen zu definieren, das für lebende Organismen, aber auch für Gesellschaften und Ökosysteme charakteristisch ist. Geist, Verstand, Intelligenz sind nach Bateson notwendige, unausweichliche Konsequenzen einer gewissen Komplexität, die einsetzt, lange bevor die Organismen ein Gehirn und ein höheres Nervensystem entwickkeln. Geist sei eine wesentliche Eigenschaft lebender Systeme, »das Wesentliche am Lebendigsein«.[217] (Man kann übrigens von ganz anderen naturwissenschaftlichen Positionen ausgehen und trotzdem zu ganz ähnlichen Ergebnissen bezüglich des Geistfaktors im Evolutionsgeschehen gelangen.) Aus der Sicht der Systemtheorie ist jedenfalls »Leben keine Substanz oder Kraft, und Geist ist kein ›Ding‹, das in Wechselwirkung mit der Materie steht. Leben und Geist sind Manifestationen derselben Gruppierung von Systemeigenschaften, von Prozessen, in denen die Dynamik der Selbstorganisation zum Ausdruck kommt... Geist und Materie erscheinen nicht länger als zwei getrennte Kategorien, wie Descartes es glaubte, sondern man kann sie als unterschiedliche Aspekte desselben universalen Geschehens betrachten.«[218]

In der Perspektive der Systemtheorie kann Geistestätigkeit als Dynamik der Selbstorganisation, der Selbsttransformation und Selbsttranszendenz lebender Systeme beschrieben werden. Sie stellt damit sozusagen eine Meta-Funktion, nämlich die Organisation aller Funktionen dar. Geistestätigkeit, »Mentation« im Sinne Coghills, ist also keineswegs auf den Menschen beschränkt. »Es gibt höhere Manifestationen des Geistes, in denen unser individueller Geist nur ein Untersystem darstellt. Diese Erkenntnis hat tiefgreifende Rückwirkungen auf unsere Einstellung zur natürlichen Umwelt. Trennen wir geistige Phänomene von den umfassenderen Systemen, in denen sie immanent sind, und beschränken wir sie auf menschliche Individuen, dann wird uns die Umwelt als geistlos erscheinen und wir werden dazu neigen, sie auszubeuten. Unser Verhalten wird dagegen völlig anders sein, wenn wir uns bewußt sind, daß die Umwelt nicht nur lebendig, sondern auch wie wir selbst mit Geist begabt ist.«[219]

Wie die evolutive Naturwirklichkeit »draußen« in ihrer Vielschichtigkeit, so kann auch der menschliche Organismus in systemtheoretischer Sicht als aufsteigender Schichtenbau »metabolischer« Geistestätigkeiten in Zellen, Geweben, Organen, im Gehirn (als »neurale« Geistestätigkeit) usw. betrachtet werden. Das Ganze läßt sich dann auch noch »kosmisch« ausweiten: »In der geschichteten Ordnung der Natur ist der jeweilige individuelle menschliche Geist in den umfassenderen Geist gesellschaftlicher und ökologischer Systeme eingebettet; dieser wiederum ist in das planetare geistige System integriert..., das seinerseits an irgendeiner Art von universalem oder kosmischem Geist teilhaben muß. Das Gedankengebäude des neuen Systemansatzes wird in keiner Weise eingeengt, wenn man diesen kosmischen Geist mit der traditionellen Vorstellung von Gott assoziiert... Aus dieser Sicht ist die Gottheit natürlich weder männlich noch weiblich..., sondern stellt nichts weniger als die Selbstorganisations-Dynamik des gesamten Kosmos dar.«[220]

Der öko-religiöse Mensch ist derjenige, der die in der gesamten Natur latent grundgelegte, in ihm als Mikrokosmos konzentriert versammelte Selbsttranszendenzenergie zur letzten Klarheit bringt, indem er sie auf ihr höchstes Sinnziel, den kosmischen Geist, die natura naturans, ausdrücklich ausrichtet und hinlenkt. Ausdrücklich – d. h. in voller reflexer Bewußtheit, in sprachlicher Artikulation und so, daß dieses Transzendieren zum Urgrund der Natur hin auch im praktischen Handeln und im künstlerischen Gestalten des Menschen zur Geltung kommt. In diesem Zusammenhang kann man der Sprache eine *kosmologische* und *religiöse Funktion* und *Qualität* zusprechen: Die Natur treibt sich mit uns fort, indem sie in uns zur Sprache (auch zur Sprache der Kunst) kommt, und diese Sprache erreicht ihr höchstes Niveau, wo der Mensch sie dazu benutzt, seine und der gesamten evolvierenden Natur Tendenz zur Grenzüberschreitung auf den immanent-absoluten Geist der Natur hin zum Ausdruck und zur formulierten Geltung zu bringen.[221] So ist der öko-religiöse Mensch durch die bewußte und sprachliche Realisierung seiner biologisch fundierten Transzendenzanlage, durch das Werfen des Ankers hinüber zum urersten Prinzip der Natur, durch bewußte, freie und sprachlich formulierte Verbindungs- und Beziehungsaufnahme zum Urgrund tatsächlich »das erste Gespräch, das die Natur mit Gott führt«, und damit der eigentliche Vollender der Sinngestalt der Natur. Ohne dieses Transzendieren im Sinne der bewußten Realisierung der latenten Zielrichtung der Natur auf das Urprinzip, das alles durchwaltet, allem innewohnt, erreicht auch der Mensch nicht seine eigentliche Bestimmung, seinen eigentlichen Wert. Der Mensch findet sich nur selbst, wenn er das ganze Universum der Natur – seiner weltoffenen, biologisch-anthropologischen Grundstruktur gemäß – in den Blick bekommt und in die letzte Tiefe dieser Natur vordringt.

Ökologische Religion heißt, das Absolute in der Natur (und ihren wunderbaren Lebensgesetzen) zu verehren; das Göttliche als greifbar kosmisches Phänomen sichtbar zu machen; das Universum der Natur als körperlich-seelische, als sinnlich anschauliche Verkörperung des Geistes zu erfahren; die Natur als Sinnlichkeit Gottes zu erleben; Pflanzen, Tiere, Menschen als Aspekte und Symbole des Göttlichen aufzufassen: die Pflanzen etwa in ihrer Dauer, Ruhe, Gelassenheit, die Tiere in ihrer stummen, oft so beredten Seelentiefe, den Menschen als (zumindest) die Möglichkeit der expliziten Ausdruckskraft alles dessen, was Natur ist, und wozu sie insgeheim drängt.

Die ganze Natur, das gesamte Universum hat auf den Menschen hingearbeitet, damit er (mit möglicherweise vielen anderen intelligenten Lebewesen in anderen Planetensystemen) das (relativ) angemessenste Bewußtseins-, Erkenntnis- und Ausdrucksorgan der Natur werde. Wie hat die Evolution allein an der menschlichen

Physiognomie gearbeitet, an der hohen Stirn, der Schale des Vorderhirns, der Rücknahme des Untergesichts, damit dieses nicht mehr nur ein beißendes, fressendes, fassendes, höchstens gewisse Laute von sich gebendes, sondern ein der Wortsprache fähiges wurde? »Ist der Mensch – schon wenn wir ihn in groben Zügen betrachten – nicht ein Wesen, das so ist, als ob es nach einer ewigen Idee so sein müßte? Gewiß, die Idee wäre, leider sehr oft, sehr unvollkommen realisiert, ja oft ignoriert – dennoch scheint sie ›fleischgeworden‹ zu sein: Es ist die Idee eines Wesens, das sich selbst in der irdisch vollkommenen Weise erlebt: Es schreitet über die Erde, es überblickt ihre Landschaft, ihre Horizonte, das Firmament. Es sieht die Welt, die lebendigen Wesen, seinesgleichen als Gegenüber, dessen Größe, Buntheit, Rätselhaftigkeit es staunend, neugierig, entzückt, aber auch fragend, fürchtend und erschreckt erlebt: Es ›erblickt‹ das Seiende. Es hört die Stimmen der Natur, nicht nur als Warnung oder Lockung, es horcht auch auf Schönheit und Erhabenheit in ihnen. Es hat selbst eine Stimme, die *vox humana,* die sprechen und singen lernt. Es benennt die Dinge und Wesen und sich selbst mit einem Namen – es erkennt sie an diesen Namen wieder, auch wenn es sie nicht sieht. Es schafft sich eine innere Welt der Vorstellungen und Gedanken, in der sie die äußere Welt nachbildet, bedenkt, aber auch erweitert durch eigene Schöpfungen. Es wirft die innere Welt, in der es die äußere Welt aufnimmt und verwandelt und die es aus seinem eigenen Empfinden und Fühlen ergänzt, nach außen, so daß sie anderen sichtbar und hörbar wird, die die Mitteilung verstehen. Es nimmt den Reichtum des Seienden auf und fügt ihm den eigenen hinzu. Dazu hat es auch Hände, lebendige Instrumente des Greifens, Umgreifens, Betastens, des Werkens und Bildens ... Die schaffenden Hände sind das Zeichen seiner Souveränität über das andere Seiende. Aber die Hände, der Blick, die Sprache, die Gesten und Gebärden des Gesichts und des ganzen Leibes sind auch Mittel der Begegnung mit dem anderen, gleichartigen Wesen, mit dem Du. Es kann sich im Anderen anschauen, anrühren, umfassen, es kann sich mit ihm in gesprochenen und ungesprochenen Worten, in allen Weisen des Ausdrucks, im sachlichen, frohen und ernsten und im liebenden Dialog verstehen.«[222]

Gewiß, das Tier besitzt auch Möglichkeiten des Erlebens, des Einander-Begegnens. Tiere, vor allem höhere Tierarten dürfen nicht einfach auf den dürftigen Umkreis von Nahrung, Fortpflanzung und Schutz eingeschränkt werden. Aber im Rahmen der Evolution der Natur auf unserer Erde ist der Mensch doch das Wesen des *höchsten Begreifens seiner selbst, der Welt und ihres Urgrundes.* Weit mehr als das Tier ist er prinzipiell fähig, den eigenen subjektiven Interessenkreis zu sprengen und Objektivität zu üben: das Seiende um ihn herum in seinem Eigensein ernst zu nehmen und schließlich in den Grund alles Seins herabzusteigen. Er ist das Wesen einer zweifachen Selbstüberschreitung: der zum anderen Sein hin und der zum unendlichen Sein. Nur der Mensch weiß um die Unerschöpflichkeit des Seinsanspruchs des Lebens, weiß, daß das Leben der Natur sich in ihm das Wesen mit dem größten irdisch möglichen Seinsgewinn und Seinsgenuß geschaffen, bereitet hat. Nur der Mensch kann sich das Drängen der Natur erklären, dieses Streben, das alle Grade der Bewußtheit durchlaufen kann, angefangen von einem dunklen, gefühlsmäßigen Drängen, das nicht weiß, wohin es strebt, das nur den alten, unbefriedigenden Zustand verlassen möchte, bis hin zur echten Zielstrebigkeit, die den elementarsten Drang des »weg von etwas« in ein klar vorstellungsgeleitetes »hin zu etwas Bestimmtem« verwandelt. Im Bewußtsein des Menschen leuchtet der Sinn des Dranges des Lebens der Natur zu neuen Formen und Bauplantypen hell auf. Er erkennt, daß dieser Drang nicht völlig chaotisch war und ist, nicht absolut richtungslos, sondern daß dieses Drängen der Natur seine bevorzugten Richtungen hat, nämlich die zu komplexeren, neuen Lebensformen mit größerer Umweltautonomie, Bewegungsfreiheit, Erlebnisentfaltung mit höherem Bewußtsein. »So wirft der Mensch, der sich nicht als zielloses Ergebnis der Evolution betrachten kann, *von seiner Existenz her* ein Licht auf sie: Sie konnte nicht ein absolutes, blindes Tappen nach allen chaotischen Möglichkeiten sein, sie war eher ein Suchen, ein Suchen gewiß auch mit

Tasten und Irren, aber doch ein Suchen, das ein Ziel trieb: das Ziel der Aufrichtung, der Freiwerdung von Hand und Blick, der Souveränität über die Dinge, der Erlebnisvollendung, der Begegnung.«[223]

Fassen wir kurz zusammen: Im Menschen hat sich die Natur im Verlauf eines Milliarden Jahre währenden Evolutionsprozesses ein Organ des höchsten Begreifens ihrer selbst, ihrer Entwicklung und ihres Urprinzips geschaffen; ein Organ der tiefsten Begegnung mit sich selbst und ihrem Urgrund; ein Organ des nuanciertesten, sensibelsten Erlebens der Welt, der Gesamtwirklichkeit in ihren Höhen und Tiefen; ein Wesen der höchstmöglichen Selbstbestimmung und Autonomie im Rahmen der Natur; mit einem Wort: Im Menschen hat die Natur die terrestrisch höchste Spitze ihres Dranges erreicht, sich selbst zu gewinnen, sich selbst zu besitzen, ihrer selbst bewußt zu werden, sich selbst im richtigen Maße zu genießen. Der Mensch ist gleichsam die bewußte Schaltstelle zwischen Seiendem und Sein. In seiner bewußten Selbsttranszendenz zum absoluten Sein hin nimmt er alles Seiende der Natur, alle Naturdinge, in diese Bewegung mit hinein. In ihm schließt sich der Kreis zwischen der natura naturata und der natura naturans. Dieser Kreis ist zwar seinsmäßig immer schon vorhanden, immer schon geschlossen. Aber erst das reflexe Erkennen des Menschen vollendet diesen Sachverhalt »onto-logisch«, »bewußt-seinsmäßig«. Nur im Menschen weiß die Natur, soweit sie nicht das absolute Prinzip selbst ist, daß sie Anteil an diesem hat, daß sie an ihm partizipiert. So erweitert sich im Menschen die Natur (bewußtseinsmäßig) zu ihrer eigentlichen Größe, zu ihrem ganzen Sein. Der Mensch verdankt der Natur, die Natur verdankt dem Menschen die Fülle und Vollendung ihrer und seiner Sinngestalt.[224]

Der öko-religiöse Mensch hat die
Interessen und Rechte der Natur zu artikulieren
und engagiert zu vertreten

Zur Vollendung der Sinngestalt der Natur gehört nun noch ein Teilelement, das so wichtig erscheint, daß es hier trotz seiner thematisch-systematischen Zugehörigkeit zum Vorhergehenden als eigener Abschnitt abgehandelt werden soll. Es leuchtet ohne weiteres ein, daß der Mensch zur Vollendung der Sinngestalt der Natur keinen echten Beitrag leisten würde, wenn er nicht auch die Interessen und Rechte der Natur, konkreter: der Tiere, Pflanzen, Landschaften und der Naturelemente, wie Wasser, Boden, Luft, engagiert verträte, verwaltete, verteidigte. Dazu also wäre sehr Vieles und sehr Wichtiges zu sagen. Da dies aber schon geschehen ist, da hervorragende und umfassend begründende Arbeiten zum Thema der Interessen und Rechte der Natur, auch zur Thematik bzw. Problematik des entsprechenden Interessens- und Rechtsschutzes von Tieren, Pflanzen, Landschaften und der fundamentalen Naturgrundlagen (Luft, Wasser, Erde) bereits vorliegen, möge hier der Hinweis auf einige dieser Studien sowie die Einbringung bzw. Akzentuierung einiger Gesichtspunkte genügen.

Dem Anliegen des vorliegenden Buches, und d. h. einer Ökologischen Religion, kommen in bezug auf die Rechte der Tiere und Pflanzen am nächsten das von Prof. W. Brockhaus in Zusammenarbeit mit 20 weiteren Wissenschaftlern herausgegebene Werk *Das Recht der Tiere in der Zivilisation*[225] und das von Prof. K. M. Meyer-Abich, das unter dem Titel *Wege zum Frieden mit der Natur*[226] erschien. In diesen Werken findet der interessierte Leser auch eine imposante Fülle naturwissenschaftlicher, historischer, philosophischer,[227] ethischer und juristischer Gedankengänge zum Thema der Interessen und Rechte der Natur. Ein einziger Punkt kommt in den eben erwähnten Werken allerdings kaum bzw. nicht kräftig genug zur Geltung, nämlich der Gesichtspunkt der Eigenwerte und Eigentätigkeit (Eigenursächlichkeit) der Natur, der Tiere und Pflanzen ganz besonders. Das großartige und riesige

Spektrum der Eigenwerte und Eigenleistungen der Tiere und Pflanzen, das ich deshalb im ersten Kapitel so ausführlich wie möglich dargestellt habe, ist aber eine der ganz wesentlichen Grundlagen für die Zuerkennung von Eigenrechten an Tiere und Pflanzen.

Manche sind heute wohl geneigt, den höherorganisierten, uns näherstehenden Tierarten gewisse Eigenrechte zuzuerkennen, das weite Feld weniger hoch organisierter Tierarten und vor allem das der Pflanzen aber erscheint vielen Zeitgenossen als Gebiet, dem keine besondere Rücksichtnahme zu gelten hat. Wer sich jedoch die unerhörten, leider den meisten noch unbekannten Leistungen von Pflanzen hinsichtlich des erstaunlichen Umfangs ihrer sinnlichen Wahrnehmungen, des Gedanken- und Absichtenlesens, ihrer Erregbarkeit durch und ihrer empfindsamen Reaktionen auf Musik, ihrer meteorologischen oder wetterprognostischen Fähigkeiten, ihres Langzeitgedächtnisses, ihrer telepathischen Möglichkeiten usw. vergegenwärtigt, der wird ihnen in mancherlei Hinsicht eine größere Feinfühligkeit und Fähigkeit des Mitfühlens zusprechen müssen als den Tieren, ja teilweise sogar den oder vielen Menschen. Bei Interessenkollisionen nicht nur zwischen Tieren und Menschen, sondern auch zwischen Pflanzen und Menschen kann also nicht a priori rechtlich zugunsten des Menschen entschieden werden, sondern es muß stets eine Güterabwägung beider Seiten stattfinden, der Mensch muß sich so selbstlos wie möglich in die Interessenssphäre der Tiere und der Pflanzen hineindenken, hineinversetzen (eben weil er von der Natur selbst getrieben wird und beauftragt ist, ihr Anwalt zu sein), und es muß von Fall zu Fall, in Konsequenz der erwähnten Güterabwägung, einmal den Menschen, dann wieder Tieren und/oder Pflanzen der Vorzug und das Vorrecht gegeben werden. Ein überhebliches anthropozentrisches Weltbild, das ja stets auch religiös (pseudoreligiös) begründet, gerechtfertigt und überhöht wurde, kann als Grundlage für die rechtliche Hintansetzung der Tiere und Pflanzen, für die Verletzung ihrer Rechte nicht mehr ernst genommen werden. Es widerspricht zu sehr den Tatbeständen, die die Natur uns fast tagtäglich in Gestalt neuer Entdeckungen ihrer Kreativitäten, ihrer schöpferischen Genialität offenbart. Diese Tatbestände weisen den Menschen in den Rahmen des Gesamtorganismus der Natur ein und zurück, sie erweisen die Richtigkeit eines »partizipierenden Bewußtseins« und eines »physiozentrischen«,[228] nicht mehr anthropozentrischen Welbildes. Dem Menschen fällt in diesem Weltbild dennoch eine wichtige Rolle zu, wie alles in diesem Buch bisher Gesagte beweist, aber diese Rolle ist nicht eine *über,* sondern eine solche *in* und *mit* der Natur.

In einer freilich noch – wahrscheinlich für lange Zeit – ausstehenden, letzten Endes aber konsequenten und unausweichlichen Zukunftsperspektive wird alles auf eine *»kosmische Rechtsgemeinschaft aller Dinge«*[229] hinauslaufen müssen, oder die Menschheit wird in ihrer anthropozentrischen, die Dinge weiterhin ausbeutenden Selbstherrlichkeit und Verblendung mit Sicherheit nicht überleben. Schon vor über 200 Jahren sah ein Utilitarist wie Jeremy Bentham, daß ein wesentliches Prinzip des Utilitarismus, nämlich das »des größten Glücks der größten Zahl«, nicht auf die Menschheit beschränkt bleiben darf, wenn es sein Ziel erreichen soll. Der Mensch kann eben nicht glücklich werden, wenn durch seine Haltung und sein Werk ein Großteil der Natur leidet. Wir können heute angesichts tiefenpsychologischer Erkenntnisse sagen: Schon un- und unterbewußt wird das auf seine Stimmung drücken. Deshalb Originalton Bentham: »Warum sollte das Gesetz irgendeinem empfindungsfähigen Wesen (sensitive being) seinen Schutz versagen? Es wird soweit kommen, daß der Mantel der Menschlichkeit alles umfängt, was atmet.«[230] Auch Rousseau hat sich in diesem Sinne geäußert: »Wenn ich verpflichtet bin, meinen Mitmenschen kein Leid zuzufügen, so geschieht das weniger, weil sie vernünftige Wesen, sondern vielmehr, weil sie empfindende Wesen sind. Da nun Menschen und Tiere das gleiche Empfindungsvermögen haben, kommt ihnen auch das Recht zu, sich vom anderen nicht unnütz mißhandeln und quälen zu lassen.«[231] Nun gibt es zwar eine Unzahl verschiedener wissenschaftlicher Meinungen über den Grad der Empfindungs- (sowie auch über den der Leidens-)fähigkeit bei Tieren und Pflanzen. Aber weiterkommen können wir in dieser Frage eigentlich nur, wenn wir ganz generell allen Tieren und Pflanzen die Empfindungsfähigkeit zusprechen und daraus ihr Recht, nicht gequält und mißhandelt zu werden, ableiten. Im Empfinden und Leiden, damit auch im Mitgefühl und Mitleiden, eröffnet sich das große Reich der Allverbundenheit von Menschen, Tieren und Pflanzen. Unter Einbeziehung der Tiere, noch nicht der Pflanzen, bringt dies P. Corbett ein wenig zu enthusiastisch, aber in der Sache treffend auf folgenden Nenner: »Es ist unsere Überzeugung, daß *wir jetzt* die Grundsätze der Freiheit, Gleichheit und Brüderlichkeit auf das Leben der Tiere auszudehnen haben. Begraben wir neben der menschlichen Sklaverei nun auch die der Tiere auf dem Friedhof der Geschichte.«[232] »Es geht«, fordert H. Rolston, »um eine Erweiterung der Werte, so daß das Reich der Natur jenseits privater Aneignung zu einer Lebensgemeinschaft wird... Um den Begriff der Person zu verallgemeinern, möge man sich vergegenwärtigen, wie lange es gedauert hat, bis Ausländer, Fremde, Säuglinge, Kinder, Neger, Juden, Sklaven, Frauen, Indianer, Gefangene, Alte, Kranke und Behinderte uneingeschränkt als Personen akzeptiert worden sind. Und heute ist immer noch strittig, als was ein Fötus gelten soll. In der ökologischen Ethik geht es nun darum, ob wir durch die Anerkennung des Eigenwerts aller Elemente des Lebens zu einer weiteren Verallgemeinerung fortschreiten sollten.«[233]

Der öko-religiöse Mensch hat sozusagen noch ein Motiv mehr als der Öko-Ethiker, um die Anerkennung des Eigenwerts und Eigenrechts aller Elemente des Lebens zu fordern, zu vollziehen, zu erkämpfen. Er kann gar nicht anders, er wird wegen seiner Bezogenheit auf die immanent-transzendente Dimension der Natur, auf ihr hervorbringendes Urprinzip, auch allen Erscheinungsformen der Natur gegenüber eine religiöse Grundhaltung der Ehrfurcht und universellen Rücksichtnahme sowie des aktiven Wohlwollens einnehmen. Er weiß ja, wie wir schon wiederholt sagten, daß alle diese Formen, alles Seiende, am Urprinzip, am grundlegenden Sein der Natur Anteil hat. Aber man muß darüber hinaus noch einen Sachverhalt hinzufügen: Die Echtheit des Transzendenzverhältnisses des öko-religiösen Menschen erweist sich nicht so sehr in diesen grenzüberschreitenden Akten selbst auf den Urgrund der Natur hin, sondern an der Intensität der den Tieren und Pflanzen und anderen Erscheinungsformen der Natur direkt entgegengebrachten positiven Aktivität. Albert Schweitzer z. B. hat diesen Sachverhalt sogar noch dahingehend radikalisiert, daß er die Ansicht vertritt, die Hinwendung zu den Erscheinungsformen des Absoluten sei die einzige Form, um zum Absoluten selbst in ein Verhältnis zu kommen. Wirklich sei doch nur »das in Erscheinungen erscheinende Sein«. Daher könnten auch Ethik und »ethische Mystik« nicht darin bestehen, »daß das Individuum zu der Totalität des Seins« direkt »in ein Verhältnis tritt«. Vielmehr ist nach Schweitzer »Hingebung meines Seins an das unendliche Sein... Hingebung meines Seins an alle Erscheinungen des Seins, die meiner Hingabe bedürfen.«[234] Die ethische Mystik läßt also »das Einswerden mit dem Unendlichen durch ethische Tat verwirklicht werden«.[235] In der – so könnte man es ausdrücken – Unendlichkeit der Fürsorge für alle Erscheinungen des Seins der Natur, für alles Lebende insbesondere, wird das menschliche Individuum zum universalen Menschen, zum mit dem Unendlichen Einsgewordenen. Schweitzer: Nur »in der Anerkennung und der Bestätigung unserer Verbundenheit mit allen Wesen gehen wir auf die uns einzig mögliche Weise Verbindung tätiger Art mit dem unendlichen Sein ein«. »Hingebung an Leben zur höchsten Erhaltung und Förderung von Leben ist tätiges Eins-Werden mit dem unendlichen Sein.«[236] Jedes Lebewesen, jeder Mensch ebenfalls, ist nach Schweitzer eine Erscheinung des »geheimnisvollen universellen Willens zum Leben«,[237] der rätselhaft in der Natur wirkt und uns seine Ziele und Ideale eingibt. Hierin, nämlich in dem Sachverhalt, daß alles Leben Erscheinung des universellen Willens, des Urgrunds der Natur ist, liegt die tiefste Wurzel für den innigen Zusammenhang zwischen Menschen und Tieren, Menschen und Pflanzen, das wichtigste Motiv auch für die ethische Notwendigkeit unserer Ehrfurcht vor dem Leben, vor jedem Leben.

Aber an dieser Stelle meldet sich die technisch-instrumentelle

Vernunft und erhebt ihren Einspruch. Wozu Ehrfurcht vor dem Leben, vor allem Leben? Warum soll denn der Mensch die Werte der Natur hervorheben und herausarbeiten, weshalb soll er Interessen und Rechte von Tieren und Pflanzen vertreten und verwalten, wo doch die Natur selbst, noch vor jeder Zerstörungswut und Ausbeutungsgier des Menschen, ein riesiger Kriegsschauplatz ist? Sicher, es gibt eine imposante Anzahl sozial-altruistischer Phänomene in der nichtmenschlichen Welt des Lebens, wie im ersten Kapitel dargelegt. Aber daneben gibt es auch das »Gesetz« des Fressens und Gefressenwerdens, den Drang der rücksichtslosen Ausbreitung und Durchsetzung von Leben auf Kosten anderen Lebens. Selbst Pflanzen beteiligen sich an dieser Brutalität. Wenigen dürfte darüber hinaus bekannt sein, daß es über 500 verschiedene fleischfressende Pflanzen gibt, »die – wenn sie es kriegen – jede Art Fleisch vom Insekt bis zum Rindsfilet konsumieren. Um ihre Beute zu erwischen, wenden sie unendlich listenreiche Methoden an: Tentakel mit klebrigen Ausscheidungen, tellereisen- und trichterförmige Fallen etc. Die Tentakel der fleischfressenden Pflanzen sind gleichzeitig Mäuler und Mägen auf Stengeln, die ihre Beute packen, fressen und vollständig verdauen, so daß nur noch das Skelett, der Chitinpanzer, übrigbleibt.«[238]

Obwohl Öko-Religion »Natur-Religion« auf einer höheren Stufe des menschheitlichen Bewußtseins ist,[239] hat sie keinen Grund, die Natur zu idealisieren oder zu idyllisieren. Im Gegenteil: Gerade so wie Natur ist und wie sie vom Bewußtsein des ökoreligiösen Menschen erkannt wird, ist sie für ihn der Ort und Prüfstein der Bewährung vor dem Urgrund der Natur einerseits wie vor den nichtmenschlichen Erscheinungsformen der Natur andererseits. Der öko-religiöse Mensch läßt sich also einerseits folgende Überzeugung nicht verdunkeln: »Je tiefer wir die Natur ergründen, desto mehr drängt sich uns eine Anschauung des ewigen Friedens auf, in welchem alles in- und miteinander ist, auf eine unvergängliche Weise... Dieses Ewige in der Natur, welches nie erscheint, und dennoch das Göttliche in aller Erscheinung ist, tritt uns durch das innige Naturgefühl unmittelbar entgegen, und nähert sich dem durch den Glauben veredelten Erkennen, daß ›wir erblicken, wie in einem Spiegel, was uns werden soll von Angesicht zu Angesicht‹.« Andererseits ist derselbe Öko-Religiöse nicht blind für folgenden Sachverhalt innerhalb der Welt der Erscheinungsformen: »Aber hier, in dem irdischen Leben, ist dieses Göttliche verhüllt, hineingerissen in die trübe Finsternis eines in sich zertrümmerten Daseins... Können wir die Grausamkeit der Natur ableugnen?... Die verzehrende Kraft, die in dem All der Natur verborgen liegt...«[240]

Die beiden eben zitierten Aussagen sind vor über 150 Jahren von dem Naturphilosophen Henrich Steffens in der Sprachform seiner Zeit formuliert worden, sie bilden der Sache nach auch heute die beiden unaufgebbaren Strukturelemente des Verhältnisses des öko-religiösen Menschen zur Natur. Hinzu kommt aber ein drittes Strukturelement, das nicht weniger wichtig ist: Es ist die Natur selbst, die sich mit uns forttreibt und zur Sprache und zum reflexen Bewußtsein, und damit auch zur relativen Freiheit, Selbstbestimmung, ethischen Entscheidungsfähigkeit und Verantwortung emporentwickelt hat, so daß wir – aus ihrem tiefsten Willen heraus – aufgerufen sind, die Selbstentzweiung der Natur in ihren Erscheinungsformen aufzuheben, zu bremsen oder wenigstens zu einem Prozeß hin zur Einheit und Verbundenheit aller Natur beizutragen, die negativ-destruktiven Aspekte der Natur zu reduzieren und abzumildern. Zwar ist tatsächlich »die Welt... das grausige Schauspiel der Selbstentzweiung des Willens zum Leben. Ein Dasein setzt sich auf Kosten des anderen durch, eines zerstört das andere. Ein Wille zum Leben ist nur wollend gegen den anderen, nicht wissend von ihm. In mir aber ist der Wille zum Leben wissend von anderm Willen zum Leben geworden. Sehnen, zur Einheit mit sich selbst einzugehen, universal zu werden, ist in ihm.«[241]

Das Denken ist ein Naturprozeß, die Natur hat das reflexe Bewußtsein des Menschen hervorgetrieben, damit dieser aufgrund seiner ethischen Vernunft einen entscheidenden Beitrag zur Versöhnung der Natur leiste. Aber an dieser Stelle melden sich wieder

Bedenken: Ist es nicht gerade die Vernunft des Menschen in Gestalt des instrumentellen, technokratischen Denkens, die die – an sich schon gewaltige – Zerstörungsdimension der Natur potentiell unendlich steigert, indem sie, wenn sie nicht gebremst wird, zur endgültigen Auslöschung allen Lebens auf unserem Planeten unweigerlich und in rasendem Tempo hinführt, während die Natur ohne den Menschen ihr Prinzip des grausamen Kampfes ums Dasein nie zu Tode reitet, d. h., ohne Bild gesprochen, nie so extremradikal anwendet, daß sich das Leben nicht immer wieder auf dem Niveau eines neuen ökologischen Gleichgewichts etablieren könnte. Auch kann man nicht sagen, daß der Mensch selbst, vor allem seine Vernunft, von der Natur aufgrund dieses Prinzips des Daseinskampfes und der damit gegebenen Auslese etwa genetisch falsch programmiert worden sei: »Wenn die Menschheit sich in der Weise selbst zugrunde richten würde, wie es derzeit nicht auszuschließen ist, wäre der Grund dafür aber eine *einseitige* Entwicklung der Vernunft und keineswegs unsere genetische Anlage zur Vernunft überhaupt.«[242] Eher schon kann man sagen, daß der Mensch aufgrund seiner Vernunft, die in gewisser Weise alles ist, weil sie erkenntnismäßig alles in sich aufzunehmen vermag und demnach an jener oben charakterisierten[243] endlichen Unendlichkeit des Menschseins teilhat, genetisch zur Möglichkeit von Gutem und Bösem, von Frieden mit der Natur oder Unfrieden mit ihr vorprogrammiert sei. Wer »die Überlebenskrise als biologisches Schicksal oder als Webfehler der Schöpfung interpretiert, drückt sich um die in allen Kulturen und Religionen vorhandene Einsicht, daß der Mensch in seiner Fähigkeit zu wählen hoch greifen und tief fallen kann. Der Mensch muß... wählen zwischen Gut und Böse, dies auch in der Gefahr der Selbstvernichtung. Da hilft uns kein Genetiker.«[244] Zweifellos ist es also »gerade die *Flexibilität* zwischen Frieden und Unfrieden, der wir genetisch sicher sein können, nicht eine Einseitigkeit. In dieser Flexibilität sind wir aus der Naturgeschichte hervorgegangen. Alles weitere ist eine Frage der Vernunft, die ebenfalls eine Gabe der Natur ist.«[245]

Wofür also wird sich die menschliche Vernunft in der gegenwärtigen globalen Schicksalssituation der Menschheit entscheiden? Auch heute steht diese Vernunft vor der fundamentalen Wahl zwischen Gut und Böse. Nur daß es heute unabhängig von allen Detailfragen, was gut oder böse in bestimmten Situationen und Handlungskontexten sei, in entscheidend-grundlegender Weise nur noch um Leben oder Tod der Menschheit und der Natur geht. Die globale Option für das Leben ist gut, die Entscheidung für den Tod (nicht so offen und bewußt getroffen, aber im Endeffekt ebenso global und radikal wie die Option für das Leben) ist böse. Entscheidet sich die menschliche Vernunft dafür, nur technisch-utilitaristisch-instrumentelle Vernunft zu sein, dann ist damit auch die Entscheidung für das Böse, für den Tod von Menschheit und großen Teilen der Natur gefallen. Der dominierende Trend der »offiziellen Vernunft« in Politik, Konzernwirtschaft und Großtechnik läuft in diese Richtung. Daß er letal, todbringend ist, soll hier noch etwas ausführlicher gezeigt werden. Es geht dabei unter anderem auch darum, die tiefste Wurzel des Übels, das in der Verneinung der Interessen und Rechte der Natur besteht, klar hervortreten zu lassen. Wie gesagt, eine Wurzel ist die technisch-instrumentelle Vernunft. Im Menschentyp des perfektionistischen Machers und Technikers hat sie die absolute Herrschaft errungen. Der will – primäres Interesse! – zunächst einmal nur alles probieren, zerlegen, neu zusammensetzen, wie ein Kind fasziniert von den grenzenlosen technischen Möglichkeiten, die die Welt anscheinend zu bieten hat. Daß es sich dabei u. a. um ein todernstes Spiel mit lebenden Objekten, genauer mit empfindenden Subjekten – Pflanzen, Tieren, Menschen und ihrem Keim- und Erbgut – handelt, kommt ihm kaum in den Sinn, wird von seinem Gehirn nicht registriert oder ganz schnell verdrängt. Es fehlt meist ein ausdrückliches Unrechtsbewußtsein. Vielleicht würde sich dieses einstellen, wenn er selbst betroffen wäre, wenn er z. B. plötzlich erleben müßte, daß man ihm die technischen, labormäßigen Möglichkeiten, ohne die er nicht arbeiten kann, wegnähme, wenn er plötzlich arbeitslos wäre und keinen Zugang zu technischen Großapparaturen hätte. Aber so lange das nicht der Fall ist, lebt er im weltanschaulichen Käfig der »technischen Effizienz«. Effizienz, also wirksamer Erfolg in der technischen Manipulation aller Objekte, auch des Lebens, das er als bloßes Rohmaterial ansieht und das vermeintlich erst durch ihn wahre Formen annimmt. Die Weltanschauung der technischen Effizienz kann man auf folgenden Nenner bringen: Der größtmögliche Erfolg in technischer Hinsicht heiligt immer die Wahl der Mittel. Diese Art von Effizienz ist der oberste Wert. Moral und Ethik haben sich dem Effizienzideal unterzuordnen, religiöse Sensibilität und Spiritualität sind Nebensächlichkeiten, die an der modernen Weltordnung technischer Effizienz nicht zu rütteln haben.

Es wurde bereits angedeutet, daß der technisch-instrumentelle Menschentyp ein kleiner Tüftler und Bastler bleibt, also im großen und ganzen gesehen nicht allzuviel anrichten kann, wenn ihm die technischen Großapparaturen unseres Zeitalters nicht zur Verfügung stehen. Diese aber sind für den einzelnen unerschwinglich, sie werden von den großwirtschaftlichen Konzernen zur Verfügung gestellt. Hier stehen wir dann endlich vor der tiefsten Wurzel der rücksichtslosen Ausbeutung der Natur, der radikalen Verneinung irgendwelcher Eigeninteressen und -rechte der Natur: Es ist die geradezu totalitäre, alles in ihren Sog ziehende Autonomie-, Ausbreitungs- und Eroberungstendenz der industriellen, technisch-wirtschaftlichen Großsysteme, deren sich von allen naturgemäßen, humanen und ethischen Einschränkungen und Kontrollen freimachende letale und mechanisierende Eigengesetzlichkeit. Der Automatismus der technischen Apparaturen und Systeme droht, einmal in Gang gebracht, seinen Schöpfern davonzulaufen. Das ist nicht so ohne weiteres ersichtlich oder plausibel, aber es ist so. »Erst die Erfahrung führt zu der Erkenntnis, daß der Maschinerie eine eigene Gesetzlichkeit innewohnt und daß der Mensch sich hüten muß, mit ihr in Konflikt zu kommen... Die Bewegung hat einen Punkt erreicht, an dem sie selbständig, automatisch, mit mechanischer Notwendigkeit zu laufen beginnt«, erkannte schon Friedrich Georg Jünger in seinem 1939 erschienenen Buch *Illusion der Technik*, das später in *Die Perfektion der Technik* umbenannt wurde. In gewisser Weise ist dieses Buch eine größere Prophetie als die von Orwells *1984,* weil es eine hautnahe Analyse der Technik und ihrer künftigen Trends zum Totalitarismus bringt, die die Orwellschen Intentionen und Intuitionen durch ihre Treffsicherheit und Präzision noch übertrifft. Allerdings muß Jüngers *Die Perfektion der Technik* mit seinem Buch *Maschine und Eigentum* (1949) zusammengesehen werden.

Heute weist Joseph Weizenbaum, Professor am Massachusetts Institute of Technology in Cambridge/Mass. und einer der führenden Computer-Experten der Welt, mit Nachdruck auf denselben Sachverhalt hin: »Wir müssen vor allem zwischen kleinen und großen Systemen unterscheiden. Was die großen Systeme anbelangt, etwa das amerikanische Luftverteidigungssystem oder das International Communication System, da muß ich sagen, daß niemand mehr diese Systeme versteht – sie sind undurchschaubar. Als Beispiel möchte ich hier nur das milliardenschwere Kommunikationssystem des Pentagons erwähnen, das vor ein paar Jahren auf seine Tauglichkeit hin untersucht wurde. Dabei stellt sich heraus, es funktioniert kaum, und, was viel schlimmer ist, niemand versteht es. Es kann nicht korrigiert, sondern nur geflickt werden, und dieses Flickwerk vertieft natürlich noch seine Undurchschaubarkeit... Alle diese Systeme sind wie lebendige Wesen, von denen man annimmt, daß sie sich nach bestimmten Regeln verhalten, und man versucht, diese Regeln zu begreifen. Doch die Wahrheit ist, daß sie mehr und mehr autonom werden und sich schließlich auf eine Weise verselbständigen, wo die Gefahr besteht, daß sie Katastrophen auslösen können.« Heute lassen sich nur noch die Taschen- und Home-Computer »beherrschen«, die unabhängig von Anschlüssen an andere Computer oder Systeme sind. In dem Augenblick aber, »wo Computer mit anderen Computern verbunden werden, wo sie sich in fremde Systeme einschalten, ›beherrscht‹ man sie nicht mehr«. Diese technologischen Prozesse »setzen sich fort wie Krebs«.[246]

Zwar ist nicht die Technik an allem schuld. Das biologische »Mängelwesen« Mensch bedarf der Technik.[247] Aber die Technokratie, die absolute Herrschaft der Technik im Verein mit den wirtschaftlichen Großkonzernen, hat Interessen, die den Interessen und Rechten der Natur absolut zuwiderlaufen. Die technokratische »Religion« ist der eigentliche Gegner und Todfeind der Ökologischen Religion. Denn während letztere das Leben will, fördert, schützt, aufbaut, hat erstere eine mechanisierende, Leben nivellierende und tötende globale Grundtendenz. Alles ist nur Material für das gefräßige Wesen der Großtechnik im Dienst internationaler Konzerne. Das technokratische System ist *dynamisch-expansiv*. Es will immer größer und perfekter werden, es will überall herrschen. Perfektion bedeutet hier aber völlig eindimensionale Perfektion im Sinne äußerster Zweckmäßigkeit und Effizienz auf einer einzigen Ebene. Das Technisch-Maschinelle kann zwar den Eindruck höchster Fertigkeit erwecken, aber nie den der (natürlichen, naturgemäßen) Reife. Diese kann nämlich nie »hergestellt«, erzwungen werden. Dynamisch-expansiv ist die Großtechnik in bezug auf Pflanzen, Tiere, Menschen, die »Rohstoffe« Luft, Wasser, Boden, ihre eigenen Maschinen und Produkte, die sie alle gleichermaßen, gleichschaltend und nivellierend, zur Funktion, zu Rädchen in ihrem Räderwerk macht. Die Menschen selbst werden letztlich zu Dienern der von ihnen geschaffenen Apparaturen. Alles Leben wird unterjocht, in den Dienst des Mechanischen gestellt, in die Abhängigkeit alles regulierender Automatismen gebracht. Das technische Denken tendiert dazu, alles, aber auch alles in seinem Umkreis einzubeziehen und sich verfügbar zu machen, das heißt es zu einem willenlosen, perfekt mechanischen Funktionieren zu bringen. Überall breitet sich der totale Herrschaftsanspruch der Großtechnik aus, alle Bereiche gleicht er sich an: das Rechts- und das Bankwesen, Wissenschaft, Schule und Universität, der Sport, Ernährung und Medizin, die Unterhaltungsbranche, Film und Fotografie – alles wird technisiert, technisch in den Griff genommen, alles unterliegt der technischen Faszination. Das Denken in diesen Bereichen verliert viel vom Charakter des Intuitiven, Kreativen, wird mechanisch, apparaturmäßig, organisationsmäßig, stereotyp, schemenhaft, rein formal-logisch (ohne die reiche Inhaltlichkeit des Lebens), wiederholbar, quantifizierbar.

Überall haben sich Großtechnologien ausgebreitet und ihrer Eigengesetzlichkeit entsprechend verselbständigt. Wer kann sie noch bannen oder auch nur überschauen? Die Rüstungstechnik, die Gentechnologie, die Atomenergie, die Daten-, Informations- und Kommunikationstechnik, die medizinische Technik, die Autoproduktion usw. haben sich längst von fast allen oder vielen Fesseln befreit und expandieren ohne Rücksicht auf andere Bereiche oder human-soziale und ökologische Erfordernisse zügellos weiter. »Immer dichter und mächtiger wird das den Apparaturen zugehörige Netz der Organisationen. Großbürokratien sichern den Ablauf der Maschinerie und unterwerfen sich mit Hilfe der neuen Daten- und Informationstechniken die Menschen. Ihre Mitteilungen werden immer kälter, komplizierter, undurchschaubarer; Rentenbescheide, Gehaltszahlungen, Wasserrechnungen, von Computern ausgestoßen, werden unlesbar.«[248] Fast omnipotent durchdringt die moderne Technik auch die Welt der Kinder und Jugendlichen, ihre Spielzeug- und Spielwelt. Wer von ihnen entgeht schon dem Rausch des Fernsehens, der Motorräder und Autos, der Musik mit ihren harten, mechanisch-dynamischen Rhythmen, die oft nur als Musik-Lärm bezeichnet werden kann und durch die ermöglichenden Techniken der Aufnahme, Verstärkung, Übermittlung und Vervielfältigung ihr »technisches Gesicht« offenlegt?

Die Technik bewirkt die totale Unterwerfung von Mensch und Natur auch dadurch, daß sie sich unermüdlich Großorganisationen zu ihrem Dienst und ihrer eigenen Perfektionierung schafft. Sie drängt zur Schaffung von Riesenfabriken und -betrieben, zur Kombination und netzhaften Verflechtung ganzer Industriezweige, zur Bildung von Kartellen, Syndikaten, Trusts usw., die Großtechnik hat die Tendenz, sich international, »multinational«, weltweit in großen transnationalen Konzernen zu organisieren, um nichts im Ablauf ihrer Prozesse und Effektivitäten dem Zufall zu überlassen, z. B. dem Zufall andersgearteter Produktivitäten und wirtschaftlicher Planungen in einem anderen, vom gegebenen Konzern nicht kontrollierten Staat. Selbst Parteien, Gewerkschaften und kleinere gesellschaftliche Gruppen, beispielsweise sogar schriftstellerische Verbände, organisieren sich zunehmend nach dem neuesten Stand und den neuesten Erfordernissen der Technik, der Daten-, Informations- und Kommunikationstechnologie. Auf dem Weg über die totale Organisation errichtet die Mega-Technik ihr Pandominium. Auch in schon bestehende Institutionen setzt sie ihren Fuß, verändert sie organisatorisch, verwandelt und verfälscht ihren Charakter. Selbst die Kirchen z. B. verwenden in ihrer Verwaltung zunehmend Großrechner, Computer usw., obwohl doch der Geist, den sie repräsentieren wollen, nicht verwaltet, schon gar nicht technisch geleitet und kontrolliert werden kann. Aber da sie zwanghaft alles tun, um nicht als un- oder vormodern, als statisch unbeweglich in einer sich aufgrund der Technik rasend schnell verändernden Zeit zu gelten, passen sie sich der technischen Mobilität gehorsam an.

Und *Mobilität* ist ein Merkmal der Großtechnik. Ständig muß sich alles bewegen, soll alles in Bewegung bleiben, um den Schein stets erfolgreicher Effizienz zu verbreiten. Mobilität gilt schon als (technischer) Fortschritt, ständig muß mobilgemacht werden, muß alles in den Dienst dieses Fortschritts gestellt werden. Ausnahmslos alles und jedes wird mobilisiert, die totale *Mobilmachung* macht vor keinem Subjekt noch Objekt, vor keiner Wirklichkeit halt. Nicht die Natur, keine Pflanze, kein Tier, keine Landschaft, kein Wald, keine Wiese, kein Gebirge, kein Tal, nichts kann vor der großtechnisch-organisatorischen Mobilität in seinem Eigensein letztlich bestehen bleiben. Sie müssen zum Versuchsobjekt, Bauplatz, zur Werkstatt, zum Laboratorium der organisatorischen Aktivitäten der Universalmaschine werden, die blind ihrem Automatismus zur global expansiven und zentralistischen Weltumarmung folgt. Zur Mega-Technik gehört die totale, weltweite Organisation.

Daher muß auch der *Staat* in die riesigen Fangarme der Großtechnik geraten. Schon Männer wie Jefferson, einer der amerikanischen Staatsgründer, hatten vorausgesagt, »daß der Staat den gewaltigen, durch die Maschine beschleunigten Zentralisierungsprozeß nicht überleben werde«.[249] Zwar ist von seinem Wesen her der Staat, selbst die staatliche Organisation etwas anderes als die technische Großorganisation. Diese folgt ihrer rein mechanistischen Rationalität, ihrem Gefüge bloßer kausaler Deduktionen und Determinationen, kennt keine Personen noch deren Würde, kennt und anerkennt lebende Wesen nur als Verwertungsobjekte. Das alles kann und darf der Staat als die Organisation von Menschen, von auch Tiere und Pflanzen haltenden und pflegenden Menschen nicht. Aber die Tendenz der Großtechnik geht eindeutig dahin, den Staat von sich abhängig zu machen, die staatliche durch die technische Organisation zu ersetzen. »Wenn man den Staat aber als technische Organisation versteht, wird er seinem Begriff nach aufgehoben. Wohl kann die Technik dem Staat mehr Macht geben, sie schiebt aber ihren universalen Mechanismus mit jedem Akt der Technisierung tiefer in ihn hinein, verändert ihn, breitet den großen Automatismus in ihm aus.«[250] Wo die technische Mega-Maschine dem Staat ihre Organisation vollkommen aufgezwungen hat, dort macht sie ihn im tiefsten zum totalitären Staat, auch wenn an der Oberfläche die demokratischen Freiheiten (Pressefreiheit etc.) zugelassen bleiben, aber sie werden zu Scheinfreiheiten – ein Prozeß, den Orwell ja vorausgesagt hat.

So weit ist es bei uns noch nicht. Aber die Tendenz ist überall sichtbar: die Tendenz, den Staat zum Handlanger und Ausführungsgehilfen der modernen Großtechnik herabzuwürdigen. »Immer tiefer dringt die technische Organisation in den Staat ein... Der Staat selbst wird zum Befürworter, Propagandisten, Finanzier der neuen Technologien, wozu die Herausbildung einer Internationale der Technokraten ebenso beiträgt wie die personelle Verflechtung von Politik, Wirtschaft, Technik, Bürokratie, eventuell Militär. Insbesondere das Bündnis des Staates mit den Daten- und Informationstechniken markiert seine Kapitulation vor der technischen Organisation und ermöglicht ihm bislang unbekannte Zugriffe auf den Menschen: wie verräterisch ist doch das neuerlich aufgekommene Wort ›Rasterfahndung‹! Die neuen Techniken, die dem Staat Macht verleihen und den Sieg des totalen Kollektivs befördern, diktieren nämlich zugleich das Vorgehen ihrer Anwender: Wer über raffinierte und geheime, geheimgehaltene Informationsmittel verfügt, muß auch sammeln und speichern, muß die gespeicherten Daten mit anderen Riesenorganisationen austauschen, Informationshunger wird geweckt, der Sättigung und Zugriff verlangt und die Freiheit des Einzelnen weiter beschneidet; der Vorwand, Freiheit im Namen der Freiheit einschränken zu müssen, ist politisch – und technisch wünschenswert. Auf die Internationalität der Apparaturen und Organisationen brauche ich nur kurz hinzuweisen: Mittlerweile regieren multinationale Konzerne, deren Etats oft größer sind als die von Einzelstaaten, mit Hilfe aller nur möglichen Techniken und als deren Hersteller und Verkäufer das internationale Wirtschaftsleben in West und Ost.«[251]

Will der Staat umweltfreundlichere Gesetze, z. B. geringere Schadstoffemissionen der Fabrikschlote oder eine Herabsenkung der Autoabgase, dann muß er auf die Wirtschafts- und Industrielobby Rücksicht nehmen. Übernehmen sich Großbetriebe wirtschaftlich und/oder aufgrund technischer Fehlinvestitionen und -innovationen, dann drohen sie mit der Entlassung von Arbeitern und erreichen im allgemeinen durch diese Erpressung, daß sie nicht bankrott machen, sondern vom Staat mit dem Geld des Steuerzahlers »saniert« werden. Der nur staatlich verhinderte Zusammenbruch zahlreicher technisch-industrieller Großbetriebe zeigt aber auch den immanenten Irrationalismus des scheinbar perfekt rational-logisch ablaufenden Megasystems Technik, dessen Voraussetzung, das Dogma vom permanenten Wirtschaftswachstum, sich ja längst in der Realität ad absurdum geführt hat. Gerade der Bau der Atomkraftwerke offenbart das besonders deutlich. Seine offiziellen Befürworter betonten die Notwendigkeit der AKW's im Hinblick auf den künftigen, angeblich enorm steigenden, Strombedarf. In Wirklichkeit stand man eher unter der technokratischen Zwangspsychose, machbare Techniken auch zu machen, sie unbedingt in die Tat umsetzen zu müssen. Auch das Argument, man müsse konkurrenzfähig bleiben, ist oft nur ein Verschleierungsmittel: Meist ist der von der letalen Eigengesetzlichkeit der Großtechnik gesteuerte technische Perfektionszwang größer als der Konkurrenzdruck.

Das alles zeigt schon: Der Staat übt keine oder fast keine politische Kontrolle gegenüber der Großtechnik und den wirtschaftlichen Großunternehmen aus, politische Vorentscheidungen über die Verwend- und Anwendbarkeit neuer Techniken werden von ihm schon gar nicht getroffen.

An einigen Beispielen wurde es schon sichtbar: Der zwangsläufige Trend der technischen Megamaschine ist *letal*. Am Ende ihrer großspurigen Prozesse steht letztlich der universale Tod. Davor aber Ausbeutung, Armut, Entfremdung, Katastrophen, die apokalyptischen Vorzeichen des allgemeinen Endes. Trotz ihrer großartigen Erfolge und trotz des imposanten Erfindungsgeistes der in ihrem Dienst stehenden Intelligenz bleibt die Technik – auch als Großtechnik – vom materiellen Substrat, von den Rohstoffen abhängig. Da diese aber begrenzt, die Freßsucht der Megatechnik jedoch unbegrenzt ist, folgen als notwendige Konsequenzen ihrer Bewegung die Ausbeutung, der Raubbau, die Gewalttätigkeit bei der Plünderung der Ressourcen der Erde, der Krieg. Ein weiteres schreckliches Symbol der tödlichen, menschheits- und naturvernichtenden Folgen des sog. technokratischen Fortschritts ist die Katastrophe im Kernkraftwerk Tschernobyl bei Kiew.

Die *universelle Ausbeutung* gehört zum Wesen des technisch-industriellen Systems. Es muß ständig produzieren, um den permanenten Konsum aufrechtzuerhalten, anzureizen, anzuheizen. Die Natur, und sei sie noch so spendefreudig, kann mit diesem Prozeß nicht Schritt halten. Die natürlichen Lebensgrundlagen, die Öko-Systeme, schließlich die Bio-Sphäre insgesamt werden also zwangsläufig von der industrialistischen Großtechnik vernichtet. Die Nahrung, die die Großtechnik ständig neu braucht, kommt aus der Natur, die von ihr zerstört wird – das ist das tragische und zugleich groteske Dilemma dieser Universalmaschinerie. Dabei

191

ist das Wachstum von Raubbau und Ausbeutung der Naturschätze der Erde exponentiell und immer schneller, vorangetrieben von einer sich immer hybrider und eroberungssüchtiger gebärdenden Technik. Wo Rohstoffe entdeckt werden, ist die Eigentumsethik oft mit einem Schlage außer Kraft gesetzt, obwohl sie doch sonst im Kapitalismus, im Sinne des Schutzes für das Privateigentum, als heilig gilt. Die Ureinwohner interessanter Rohstoffgebiete werden verjagt, bei Widerstand getötet. Die Leiden der Indios im Amazonasgebiet sind jedermann aus der Presse bekannt. Sie stehen hier stellvertretend für die Leiden all derer, die das Pech haben, in neuentdeckten Rohstoffgebieten zu leben oder dort zu wohnen, wo die Großindustrie ihr Lager, ihre giftspeienden Fabriken und Kraftwerke aufrichtet. Das Gift von Seveso, die Atomkatastrophen von Harrisburg und Tschernobyl, die Ölkatastrophen im Golf von Mexiko und im Persischen Golf, die abgeholzten, erodierenden Amazonasgebiete – das sind nur einige Symptome und Symbole des todbringenden Ausbeutungscharakters der technisch-industrialistischen Megamaschine. Agenten, die neue Rohstoffquellen auskundschaften, Schlägertrupps, gewissermaßen Terroristen im Dienst der Megamaschine, sind sozusagen die notwendigen, lebendigen Begleitumstände des großtechnischen Wahnwitzes. In »zivilisierten« Gebieten geht es auch zivilisierter zu: Der »Große Bruder« beobachtet, registriert, bittet gerichtlich zur Kasse bei bzw. nach Demonstrationen, trägt einen vom Demonstrationsort weg. Zusammengeknüppelt wird man erst in letzter Instanz.

Im Endeffekt tendiert bereits die Rivalität um die letzten Rohstoffressourcen der Erde zu einem globalen *Krieg* aller gegen alle. Die militärischen Basen und Stationen der Amerikaner auf dem Gebiet der Bundesrepublik sind auch dazu gedacht, die amerikanischen Rohstoffinteressen in Vorderasien zu schützen, im Notfall mit allen zur Verfügung stehenden kriegerischen Mitteln zu verteidigen. Aber ebenso oder noch mehr treibt die immanente Logik großtechnischer Systeme auf Rüstung und Krieg hin. Wo und wann könnte sich die der Großtechnik innewohnende Kraft der

Zerstörung denn auch so austoben wie im Krieg? Deswegen sind vielleicht die waffentechnischen Fortschritte im Bereich der Gesamttechnik die größten. Jedenfalls ist der Krieg kein Krieg im herkömmlichen Sinne mehr, sondern Krieg im Banne des technischen Primats, technischer Krieg. Da ist nicht mehr der Held gefragt, der Tapfere, Mutige, der Abenteurer, zumindest weichen alle Kampftugenden vor der Macht und Gewalt des technischen Kriegsspektakels zurück, das vor allem eine Materialschlacht ist. Der Staat mit dem größten und modernsten technischen Potential beherrscht auch den Kriegsschauplatz. Der Krieg selbst läßt sich seine Gesetze von diesem Potential vorschreiben. Er wird zu einer mehr oder minder anonym-kollektiven Schlacht der Apparaturen, der Maschinen. Verzehr, Verbrauch, Vernutzung, Verschrottung, Vernichtung – die Endeffekte aller großtechnischen Prozesse: hier, im Krieg, offenbaren sie sich am stärksten. Soldaten sind im Grunde keine Soldaten mehr, sondern Arbeiter, Bedienungspersonal der über ein gewaltiges Vernichtungspotential verfügenden, todbringenden Maschinen. Die letale Eigengesetzlichkeit der Megatechnik zeigt sich auf dem Rüstungssektor besonders. Man spricht schon allgemein von einem gigantischen Selbstlauf der Rüstungstechniken, obwohl bei diesem wahnwitzigen Prozeß das Bündnis von Vertretern aus Wirtschaft, Technik und Militär nicht übersehen werden sollte, das diesen Selbstlauf fördert, von ihm profitiert und jede internationale Spannungssituation zum Vorwand für die vermeintliche Notwendigkeit weiterer Rüstungsanstrengungen aufbauscht. Dieser Krieg vor dem (offiziellen) Krieg bestätigt die Parole des Großen Bruders in Orwells Buch *1984:* »Krieg ist Frieden!« Was aber Orwell nicht oder nicht so deutlich gesehen hat, ist die Tatsache des Primats der Rüstungstechnik auch in der Politik. »Nicht Politik verfügt über die Verwendung der Waffen, sondern die Verfügbarkeit von Waffen und deren technische Eigenart bestimmt über deren politische Verwendung.«[252] Der höchste rüstungstechnische Standard verführt dementsprechend die verantwortlichen Politiker zum intensivsten säbelrasselnden Imponiergehabe. Die wiederholten Anspielungen

Reagans auf das mit der Sowjetunion identifizierte »Reich des Bösen« hallen noch jedem im Ohr. In der Tat: »Die Kriegsgefahr geht ebenso von dem Versuch der Vereinigten Staaten aus, ihre technische Überlegenheit auf dem Gebiet der strategischen Atomwaffen aufrechtzuerhalten und möglichst noch zu erweitern, wie dem gleichermaßen beharrlichen wie vergeblichen Versuch der Sowjetunion, den amerikanischen Vorsprung einzuholen. Ganz entscheidend wird dieser Lemmingszug in den Abgrund des thermonuklearen Krieges durch die irrsinnige Hoffnung gestützt, die üblichen militärischen Kriterien militärischer Stärke und Schwäche wären sinnvoll auch im thermonuklearen Wettrüsten, etwa weil sie sich in politische Münze umschlagen ließen.«[253]

Es scheint demnach vieles dafür zu sprechen, daß sich die Menschheit in ihren mächtigsten Vertretern und unter dem Druck der technokratisch-industriellen Megamaschine für den Tod der Natur, also für das fundamental Böse, entschieden hat. Der Nobelpreisträger George Wald (Cambridge/USA) ist einer der relativ wenigen Wissenschaftler, die mutig genug sind, auf die Hintergründe der unheimlichen ökonomisch-politisch-militärischen Situation, in der sich die Menschheit befindet, hinzuweisen. In seinem am 26. Juni 1978 auf der 28. Tagung der Nobelpreisträger in Lindau gehaltenen Vortrag »Life in a lethal society« führte er u. a. aus: »Ich glaube nicht, daß in der westlichen Welt – in unserer Welt – die Regierungen wirklich regieren. Ich glaube, sie dienen als Handlanger großer finanzieller und industrieller Macht.« Die transnationalen (über-staatlichen) Riesenkonzerne stellen nach Wald »die größten Konzentrationen der Macht und des Reichtums dar, die es jemals in der menschlichen Geschichte gegeben hat. Das sind nicht Geschäftsunternehmen, das sind Weltmächte. Haben sie militärische Macht? Natürlich. Sie haben unsere militärische Macht. Haben sie Informations- und Überwachungssysteme? Natürlich. Bei den Amerikanern FBI und CIA. Haben sie Kontroll- und Lenkungssysteme? Natürlich: Sie haben unsere Regierungen.« Angesichts der ungeheuren Atomwaffenvorräte, die die über Atomwaffen verfügenden Staaten angehäuft haben, angesichts des gewaltigen Potentials an chemischen und biologischen Massenvernichtungswaffen, im Hinblick aber auch auf die unerhört modernisierte und perfektionierte konventionelle Waffenproduktion können wir nach Wald mit dem heutigen bewaffneten Nationalismus und der Block-Aufteilung der Welt in ein östliches und ein westliches Lager nicht mehr lange leben. »Wir brauchen eine Art Weltregierung, und... es *gibt* eine Art Weltregierung, das sind die transnationalen Firmen. Und da könnte man nun glauben, daß... die transnationalen Konzerne den Weg für eine Weltregierung vorbereiten. Es gibt aber eine Schwierigkeit dabei, und das ist, daß sie ›letal‹ sind, daß sie eine lebensbedrohende Tätigkeit verfolgen, daß sie uns an den Rand der Selbstzerstörung bringen – so rasch, wie man es sich nur vorstellen kann, und in vieler Hinsicht.«[254]

Kann dieser natur- und selbstzerstörerische Trend noch aufgehalten werden?[255] Kann die Vernunft der Menschheit in ihrer Gesamtheit bzw. in ausreichender Repräsentation dieser Gesamtheit die Kraft aufbringen, über das Technisch-Industriell-Instrumentelle der menschlichen Ratio hinauszukommen und das Gute, im Sinne der Aufdeckung und Beschreitung wirksamer Wege, zur ökologischen Rettung der Natur ergreifen? Werden sich die vielen Zeichen guten Willens in der Menschheit, die zahlreichen »Inseln ökologischer Vernunft« im Rahmen einer »sanften Verschwörung« (M. Ferguson), aufgrund der Ausstrahlungskraft positiver Energie, zusammenschließen und uns so am Ende doch noch die Katastrophe ersparen, der wir sonst in der Gefolgschaft der instrumentellen Vernunft und der technokratischen Megamaschine in rasendem Tempo entgegeneilen? Man kann angesichts der Übermacht des technokratischen Elements in unserem Zeitalter verstehen, daß einige große Denker sich hier nur noch die Rettung der Welt durch eine übermenschliche Kraft vorstellen konnten, der menschlichen Fähigkeit, zu wenden und zu retten, aber kein Vertrauen entgegenzubringen vermochten. Vor allem Martin Heidegger hat immer wieder beschwörend darauf hingewiesen, daß wir nur die Haltung der Erwartung des Erscheinens eines Gottes einnehmen können, wenn wir dem kaum zu denkenden Sein unseres Zeitalters entsprechen wollen und sollen. Alles andere sei eigenmächtige Weltveränderung, die die Dinge immer nur zum Schlechteren treibe. Denn die Eigenmächtigkeit des Menschen, die ja gerade in der modernen Technik ihren höchsten Ausdruck finde, veranlasse ihn, das Wirkliche nur als Bestand zu bestellen. »Sobald ... der Mensch nur noch der Besteller des Bestandes ist, – geht der Mensch am äußersten Rand des Absturzes, dorthin nämlich, wo er selber nur noch als Bestand genommen werden soll. Indessen spreizt sich gerade der so bedrohte Mensch in die Gestalt des Herrn der Erde auf.«[256]

Aber es muß ja nicht Eigenmächtigkeit sein, die die Situation der Natur (zum Besseren hin) verändern will. Der öko-religiöse Mensch erfährt, spürt oder glaubt zumindest, daß er von der Natur und ihrem tiefsten Grund selbst beauftragt ist, zur Besserung der Situation beizutragen. Albert Schweitzer, einer der Vorläufer Ökologischer Religion (auch wenn er diesen Ausdruck nie gebraucht hat und mehr der Philosoph des Willens zum Leben als der Theoretiker einer Öko-Religion der Natur als umfassendster Bestimmung der Gesamtwirklichkeit alles Seins ist), hat da wohl tiefer gesehen als Heidegger: »In der Welt offenbart sich uns der unendliche Wille zum Leben als Schöpferwille ... In uns als Wille der Liebe, der durch uns die Selbstentzweiung des Willens zum Leben aufheben will.«[257] »Ich kann nicht anders als mich an die Tatsache halten, daß der Wille zum Leben in mir als Wille zum Leben auftritt, der mit anderem Willen zum Leben eins werden will ... Wenn in der Sanftmut des Andersseins als die Welt ein anderer und ich uns im Verstehen und Verzeihen helfen, wo sonst Wille anderen Willen quälen würde, ist die Selbstentzweiung des Willens zum Leben aufgehoben. Wenn ich ein Insekt aus dem Tümpel rette, so hat sich Leben an Leben hingegeben und die Selbstentzweiung des Lebens ist aufgehoben. Wo in irgendeiner Weise mein Leben sich an Leben hingibt, erlebt mein endlicher Wille zum Leben das Einswerden mit dem unendlichen, in dem alles Leben eins ist ... Darum erkenne ich als die Bestimmung meines Daseins, der höheren Offenbarung des Willens zum Leben in mir gehorsam zu sein. Als Wirken wähle ich, die Selbstentzweiung des Willens zum Leben aufzuheben, soweit der Einfluß meines Daseins reicht.«[258]

Nach Schweitzer erfüllt der Mensch gerade dann »den Willen des universellen Willens zum Leben«, der sich in jedem offenbart, wenn er Welt und Leben bejaht und eine weltverbessernde Ethik praktiziert. Schweitzer war auch sein Leben lang von der Kraft der menschlichen Vernunft überzeugt, dies auch deshalb, weil er sich weigerte, sie nur auf ihren technisch-instrumentellen Charakter reduzieren zu lassen, sie vielmehr in der ganzen Weite des »Vernehmens« alles Wirklichen ernstnahm. Auf der Grundlage dieser umfassenden Sicht der Vernunft bestand er dann aber auch hartnäckig darauf, daß seine Philosophie des Willens zum Leben nichts als das reine Denken der Vernunft ist. Die menschliche Vernunft ist ein besonderer Ort des universalen Willens zum Leben, weil der Mensch »die Fähigkeit erlangt« hat, »über die Gesamtheit des Seins denkend zu werden«, und weil er auf dieser Basis erkennt, daß er mit anderem Willen zum Leben einswerden soll, so zur Einheit der Gesamtheit alles Seins beitragend. Ethik auf der Grundlage der Vernunft ist nach Schweitzer nichts anderes als »ins Grenzenlose erweiterte Verantwortung gegen alles, was lebt«. Diese Vernunftethik läßt sich nach ihm auch nicht irremachen durch den überproportionalen Umfang des durch Naturgewalten vernichteten Lebens und durch die Bescheidenheit der Erfolge bei der Bemühung, den technokratischen Zugriff auf die Natur zu bremsen oder zu verhindern. »Wirken wollend, darf sie doch alle Probleme des Erfolges ihres Wirkens dahingestellt sein lassen. Bedeutungsvoll für die Welt ist die Tatsache an sich, daß in dem ethisch gewordenen Menschen ein von Ehrfurcht vor dem Leben und Hingebung an Leben erfüllter Wille zum Leben in der Welt auftritt.« Am Rande sei hier noch angemerkt, daß Schweitzer die immer wieder herbeigeredete Spaltung zwischen (rationaler) Vernunft und (vermeintlich irrationaler) Mystik nicht anerkennt. Vernunft und Ethik in seinem Sinne führen geradewegs in die Mystik. »Alle tiefe Weltanschauung ist Mystik ... Der Weg zur wahren Mystik führt durch das rationale Denken hindurch zum tiefen Erleben der Welt und unseres Willens zum Leben hinauf. Wir alle müssen wieder wagen, ›Denkende‹ zu werden, um zur Mystik zu gelangen, die die einzig unmittelbare und einzig tiefe Weltanschauung ist... Alle müssen wir durch Denken religiös werden.«[259]

Der universale Wille zum Leben selbst ist es nach Schweitzer, der in uns wirkt und uns drängt, mit allem anderen Leben, mit Tieren und Pflanzen einszuwerden, uns in Liebe für sie einzusetzen. In einer bestimmten Hinsicht hat aber auch Schweitzer noch einen zu anthropozentrischen Standpunkt eingenommen. Er hat die zahlreichen sozial-altruistischen (wenn auch meist instinktiv festgelegten) Phänomene bei Tieren und Pflanzen, die oben[260] relativ ausführlich dargelegt wurden, einfach nicht in den Blick bekommen oder genommen. »In meinem Willen zum Leben erlebt sich der universale Wille zum Leben anders als in den anderen Erscheinungen. In diesen tritt er in einer Individualisierung auf, die, soviel ich von außen bemerke, nur ein Sich-selbst-Ausleben, kein Einswerden mit anderem Willen zum Leben erstrebt. Die Welt ist das grausige Schauspiel der Selbstentzweiung des Willens zum Leben. Ein Dasein setzt sich auf Kosten des anderen durch, eines zerstört das andere.«[261] Hier war Schweitzer doch noch zu sehr ein Kind des Zeitalters des Darwinismus. Auch er sah wie dieser in der Natur nur den Kampf ums Dasein.

In dieser Hinsicht hat Teilhard de Chardin die in Erscheinung tretende Natur richtiger gesehen. Nach ihm waltet nicht nur in der humanen, sondern auch schon in der biopsychischen, subhumanen Phase der kosmischen Entwicklung eine sozial-sympathische Grundtendenz. Die Liebe, »in ihrer vollen biologischen Realität betrachtet«, »beschränkt sich nicht auf den Menschen«, sondern ist »allem Leben eigentümlich« und verbindet sich »in verschiedener Weise und in verschiedenem Grade mit allen Gestalten, in denen die organische Materie nach und nach erscheint«. »Die Liebe in allen ihren Schattierungen ist nichts anderes und nichts Geringeres als die mehr oder minder direkte Spur, die das Universum in seiner psychischen Konvergenz zu sich selbst in das Herz des Elementes einprägt.«[262] So ist, wie Interpreten Teilhards betonen, die Sympathie, die Sozialität, die Liebe in seinem System zum »letzthin gemeinsamen Bestimmungswert für Natur- und Geistesgeschichte« geworden, zum »Höchstwert« und »Höchstmaßstab«, zum »entscheidenden Wertbegriff« und »höchsten Beziehungspunkt nicht nur des Lebendigen, sondern des Universums überhaupt«, zur »wahren Triebkraft« der Gesamtnatur, zur »universellen Grundkraft« des Kosmos.[263] Auf unserer Erde findet die »planetarische Sympathie« im Menschen lediglich ihren (reflex-)bewußtesten Repräsentanten, aber als solche sind Sympathie und Liebe »zumindest in einem Anfangszustand in allem Seienden vorhanden«[264], sie stellen einen das ganze »Universum durchdringenden Grundimpuls«[265] dar.

Daneben aber gibt es unbestreitbar auch den Kampf ums Dasein, die oft furchtbaren Phänomene der Grausamkeit und Aggression in der Tier- und Pflanzenwelt. Der öko-religiöse Mensch weiß aber, daß diese Ambivalenz von Sympathie und Aggression in der Schöpfung kein Gegen-Argument gegen die durch und durch positive Grundqualität des schöpferisch-hervorbringenden Urprinzips der Natur selbst sein muß. Denn auch die noch so mächtig gedachte »natura naturans« kann sich über folgende fundamentale Alternative nicht hinwegsetzen: Entweder bringt das schöpferische Urprinzip eine mechanistisch-deterministisch ablaufende, völlig einlinige, keine Überraschungseffekte aufweisende Natur hervor, in der dann also Leben und Freiheit als originelle, spontan-kreative Prozesse nicht vorkommen. Oder dieses Urprinzip gibt die hervorgebrachte Natur in ihre zumindest relative Eigenursächlichkeit, Eigentätigkeit, Spontaneität und Kreativität frei. Dann gibt es Evolution, Leben und Freiheit als Prozesse, deren Weg nicht grundsätzlich vorbestimmt ist, die also auch im Chaos, in der Katastrophe und im Bösen enden können. Es gibt dann zwar – wie in unserer Welt – eine allgemeine Höherentwicklung des Lebens, aber mit dem Guten entwickeln sich ebenfalls die Möglichkeiten des Bösen auf ein immer raffinierteres Bewußtseinsniveau hinauf. Auch ein absoluter Grund der Natur kann also nicht anders: Wenn er das von ihm Hervorgebrachte als Eigenständiges wirklich will und ernstnimmt, muß er ihm die Möglichkeit der Selbstursächlichkeit, der Eigentätigkeit und Eigenentwicklung gewähren, damit aber auch die Möglichkeit, anderes Leben zu benachteiligen, zu behindern, zu beschädigen, zu töten. Er muß diese letztere Möglichkeit konsequent auch in ihrer faktischen Realisation zulassen, wenn diese Eigenursächlichkeit nicht zur Fiktion werden soll. Allerdings eröffnet sich an dieser Stelle für den öko-religiösen Menschen auch die Perspektive der Hoffnung und Zuversicht: Wenn sich das schöpferische Urprinzip der Natur frei für diese zweite Alternative der Zueigengebung von Eigenursächlichkeit und -aktivität an das Hervorgebrachte entschieden, somit auch alle Möglichkeiten des Negativen und Bösen in Kauf genommen hat, dann müßte es auch eine letzte Harmonie und Sinfonie aller Dinge, in der jedes Leid, jede Ungerechtigkeit triumphal überwunden wäre, in einem von uns allerdings kaum vorstellbaren Endstadium der Naturentwicklung anpeilen und bezwecken. Nur so wäre die Unsumme an Angst, Leid und Schmerz, die eine Konsequenz der an das hervorgebrachte Seiende mitgeteilten Eigenursächlichkeit ist, von der ethischen Wesensseite des Absoluten zu vertreten und zu rechtfertigen. Der Preis für das ungeheure Leid in der Geschichte der Natur ist die vollkommene Harmonie der Natur am Ende dieser Geschichte.

Wir müssen hier aber fast noch einen Schritt weitergehen. Gehen wir davon aus, daß es nur *ein* Absolutes geben kann. Bringt also das Absolute Nicht-Absolutes hervor (auch das ist schon eine alte philosophisch-theologische Streitfrage, wie es Nicht-Absolutes überhaupt schaffen kann), dann ist dieses letztere nicht absolut vollkommen, zudem beschränkt es sich gegenseitig allein schon durch die Tatsache seiner Vielzahl (da es ja das eine, Absolute nicht sein kann). Die hervorgebrachten Dinge »reiben« sich also aneinander. Eine Welt der Gegensätzlichkeit entsteht. Um sich selbst zu behaupten und durchzusetzen, müssen sie in gewisser Weise gegen andere vorgehen. In dieser Perspektive scheint also ein gewisses Maß an Aggression, an Bösem, an Tragik nicht erst mit der Eigenursächlichkeit der hervorgebrachten Seienden, sondern schon mit der Tatsache ihrer Geschöpflichkeit, ihrer Nichtabsolutheit, ihrer Kontingenz verbunden zu sein. Offenbar scheint es aber auch ein »Zweck« von Geschaffensein, von Hervorgebrachtsein zu sein, daß das Nicht-Göttliche erkennt, wo es landet, wenn es sich aus dem Zusammenhang mit dem Ganzen, d. h. mit allem anderen und dem Absoluten, ausklinkt, den Weg der sich selbst isolierenden Hybris, Überheblichkeit und Unbescheidenheit wählt und geht.

Halten wir zusammenfassend fest: Das göttliche, absolute Prinzip der Natur konnte kein zweites Absolutes erschaffen, also wird, wenn es sich zur Hervorbringung von Nicht-Absolutem entscheidet, eine Welt in Gegensätzen, in gegensätzlichen Kräften und Individuen entstehen. Damit ist das Prinzip des Kampfes ums Dasein unausweichlich gegeben. Aber ebenso das Prinzip Hoffnung und Liebe. Denn die gegensätzlichen Teile haben ja von dem »kosmogenen Eros als weltschaffender Urmacht« den Trieb zur Sympathie, Harmonie, Einheit und Ganzheit eingeprägt bekommen, sie transzendieren sich deshalb im Laufe einer grenzüberschreitenden Höherentwicklung zur Bildung immer größerer Teilsysteme hinauf, bis schließlich das universale Ganze, die Sinfonie aller Teile im System des Ganzen am Ende der kosmischen Geschichte Wirklichkeit wird. Der universale Lebenswille der Natur entzweit sich anfänglich im Rahmen der Geschichte, er individualisiert sich, spaltet sich in die seienden Individuen auf, die diesen Lebenswillen als ihren eigenen partiellen erleben, aber auch behaupten und durchsetzen wollen. Die Richtung geht dann aber in einer immer deutlicheren und intensiveren Endperspektive auf das Wieder-Eintreten, Wieder-Eingehen, Wieder-Einströmen in den universalen Lebenswillen der Natur, in ihr Urprinzip, in die *»natura naturans«,* aber so, daß auch für dieses Prinzip die umfassende Natur- und Geistesgeschichte der kosmischen Entwicklung eine bereichernde Bedeutung hat und die Geschichte der einzelnen Seienden eine bleibende Relevanz in diesem Gesamtprozeß behält.

Eine ethische und bewußt-seins-mäßige Einheit aller Dinge und Lebewesen in Verbundenheit mit dem Absoluten scheint dem Ziel der Natur und all ihrer riesenhaften Anstrengungen im Laufe der kosmischen Geschichte näherzukommen und stärker zu entsprechen als die nur ontische Ein(s)heit, in der das absolute Ende dem absoluten Anfang entspräche und die hervorgebrachten Seienden nach einer wechselvollen Interimsgeschichte wieder zugunsten des Einen und Alleinigen Prinzips abgedankt hätten, somit ins wesenlose Nichts zurückversunken wären.

Dem Menschen aber fällt in der gewaltigen Naturgeschichte des Universums die Aufgabe zu, reflex-bewußt und systematisch für das Ganze zu wirken, die Interessen und Rechte derer zu vertreten, die sich nicht selbst oder nicht in dem Maße wie der Mensch verteidigen können. Der Umstand, daß sie sich nicht persönlich vertreten können, spricht nicht gegen ihre Rechte.[266] Auch Minderjährige, Schwerkranke, aber sogar sog. juristische Personen, die keine natürlichen Personen (= Menschen) sind, z. B. Körperschaften des Öffentlichen Rechts (Staaten, Kirchen, Rundfunkanstalten, Gemeinden, öffentlich-rechtliche Genossenschaften usw.) und körperschaftlich organisierte Vereinigungen des Privatrechts (wie Aktiengesellschaften, eingetragene Vereine, Gesellschaften mit beschränkter Haftung usw.) können sich, ihre Rechte und Interessen vor Gericht nicht persönlich vertreten, sie brauchen einen Stellvertreter. Trotzdem können sogar juristische, also fiktive »Personen«, »im eigenen Namen klagen und verklagt werden, und für die privatrechtlichen Körperschaften gelten nach Art. 19 Abs. 3 GG sogar die Grundrechte, soweit sie ihrem Wesen nach auf diese anwendbar sind. Durch Sondernormen vermittelt, findet Art. 19 Abs. 3 GG auch auf Körperschaften und Anstalten des öffentlichen Rechts Anwendung… Zu meinen, daß nur Menschen Rechte haben können, ist dementsprechend ein Mißverständnis der heutigen Rechtslage… Oder soll, wenn nicht nur Menschen Menschliches sind, eine Aktiengesellschaft menschlicher als ein Menschenaffe sein?«[267] Sogar eine Landschaft oder Teile von ihr, z. B. ein Fluß, können unter diesem Gesichtspunkt menschlicher sein als eine von Menschen geschaffene Institution oder Gesellschaft. So sollte dieser Fluß, durch engagierte Anwälte vertreten, Klage vor Gericht gegen ein Wirtschaftsunternehmen führen können, das seine Abwässer in ihn leitet. Ein Staat, der das Wohl der Allgemeinheit, also des Gesamts von Natur und Mensch im Auge hat, hätte geradezu die Pflicht, Naturanwälte als Pflichtverteidiger zu stellen. Als heuristischen Grundsatz für den Umfang der Zuerkennung von Rechten an die Natur empfiehlt Meyer-Abich: »Rechte der natürlichen Mitwelt sollten zumindest überall dort anerkannt werden, wo es bei den Griechen – oder in anderen naturbezogeneren Religionen als der unseren – Götter gab. Für die Pflanzen wird zusätzlich Sorge getragen werden müssen. Im Christentum sind Rechte der natürlichen Mitwelt eine säkularisierte Form der Anerkennung ihrer Geschöpflichkeit. Sie treten funktional an die Stelle der Naturgötter in früheren Religionen, solange nicht wieder ein religiöses Verhältnis zur natürlichen Mitwelt gefunden wird.«[268]

Es wurde in diesem Buch schon eine ganze Reihe von Gründen genannt, die dafür sprechen, daß die außermenschliche Natur Interessen und Rechte hat, die wir zu achten, aber auch anwaltschaftlich und partnerschaftlich zu vertreten haben. Auch die Grausamkeit und Aggression in der Natur, die, wie wir sahen, aus letzten metaphysischen Gründen von ihrem Entwicklungsprozeß zur vollkommenen Harmonie des Ganzen hin wahrscheinlich gar nicht abtrennbar sind, stellten kein Argument dafür dar, daß nun der Mensch diese Grausamkeit in der Natur noch vermehre und verstärke. Außerdem müssen wir uns auch in bezug auf die Grausamkeit in der außermenschlichen Natur vor dem Anthropomorphismus hüten, menschliche Gemeinheiten in die Aktionen von Tieren und Pflanzen hineinzusehen. Vor allem William L. Long hat in seinem bereits zum Klassiker avancierten Buch »Friedliche Wildnis«[269] dieses Mißverständnis in überzeugender Weise ausgeräumt. Die Natur ist hart, kann teilweise instinktiv-raffiniert sein. Skrupellos wie der Mensch ist sie nie!

Für das Eintreten für die Interessen und Rechte der außermenschlichen Natur sprechen aber noch einige weitere Gründe, die wir hier kurz anführen wollen:

Vor allem ist nochmals der folgende Gesichtspunkt zu berücksichtigen: Zur Natur gehört auch und ganz wesentlich der Mensch.[270] Von der Natur, der »natura naturans« ermächtigt und gedrängt, soll er so viel und soweit wie möglich die Selbstentzweiung des Lebens reduzieren, die Grausamkeit in der Natur durch umfassende Liebe überwinden helfen. Indem die Natur ein Wesen wie den Menschen hervorbringt, will sie auch dem Guten in der Natur zum Siege verhelfen, wiewohl sie dabei die Möglichkeiten des Bösen in Kauf nehmen muß, weil kein Gutes ohne Entscheidungsfreiheit zu haben ist. Grundsätzlich aber stattet die Natur den Menschen auf der Grundlage eines langen Entwicklungsprozesses mit ethischen Fähigkeiten aus, denn sie führt ihn auf die Stufe des Bewußtseins seiner selbst und damit auch seiner (guten und bösen) Taten, Gedanken, Absichten, begründet also auch ein ethisches Bewußtsein, ein Gewissen, d. h. den zentralen Ort in seinem Inneren, das intellektuell-emotionale Organ für sittliche Entscheidungen. Der Triumph des Guten im Menschen, die Niederlage des Bösen in ihm ist zugleich ein Sieg der Gesamtnatur, eine Vermehrung des Guten im ganzen Universum, ein erklommenes Teilstück auf dem steinigen Weg zum allseitigen Frieden der Natur im Endstadium ihres kosmischen Entwicklungsprozesses. Wir sollten in anthropozentrischer Blickverengung nicht so tun, als ob unser Mitfühlen und Mitleiden mit der Natur, ja all unsere guten Regungen gegenüber Tieren und Pflanzen nur unser »Werk«, unsere Eigenleistung seien. Mitgefühl, Mitleid, Mitdenken mit den anderen Seienden ist ein Naturprozeß in uns. Es ist die Natur selbst, die durch uns mitdenkt, -fühlt und -leidet. Sie hat sich Subjekte des Mitgefühls und Mitleidens geschaffen, nämlich uns. Letztlich ist auch die Tier-, Pflanzen- und Landschaftsethik, die der Mensch entwickelt, ein Naturprodukt, etwas, das die Natur im Rahmen ihrer Entwicklung angesteuert hat. Und auch das Denken, das zu dieser Ethik hinführt und sie entfaltet, ist ein Naturprozeß, und wo es gute, der Natur dienende Normen aufstellt, führt es zur »kosmischen Entspannung« (Gottfried Benn). In der abwägenden Bilanz der Summe des Guten und der des Bösen in der Natur stellt also der Posten »Mensch« kein geringes Gewicht auf der Waagschale dar. Im Rahmen der alles umfassenden Naturgeschichte will die Natur durch den Menschen zu einem Bewußtsein ihrer selbst gelangen, um mit diesem Bewußtsein und der aus ihm folgenden Selbstbestimmung die Negativa ihres bisherigen Entwicklungsweges zu korrigieren, zu mildern und zu reduzieren.

Niemand sage, es sei wenig, was die Natur durch den Menschen auf diese Weise zustande zu bringen vermag. Allein schon ein Abblasen der Milliarden von Tieren verbrauchenden Tierversuche wäre eine fühlbare, geradezu »kosmische Erleichterung« für die geschundene Kreatur. Der Grad der Raffinesse der allein an Hunden und Katzen in Tiertests veranstalteten Quälereien übertrifft bereits bei weitem all das, was der Normalbürger sich auch nur vorzustellen vermag. Die Massentierhaltung von Hühnern, Kälbern und Schweinen zu unterbinden, wäre ein weiterer notwendiger und nicht unwesentlicher Schritt zur Humanität des Menschen und damit zur Humanisierung der Natur. Auch wenn dies eine anthropozentrische Argumentation ist: Der Mensch schadet seiner ethischen Selbstwerdung und seinem innersten Lebensnerv, wenn er mitwirkt oder zuläßt, daß sich in der Batteriehaltung von Legehennen zehn Hühner mit dem Raum der Doppelseite einer Zeitung begnügen müssen. Wer seine geschöpflichen Mitbrüder und Mitschwestern so behandelt, entmenschlicht sich selbst.

Welch ungeheure Schuld lädt die Menschheit auch dadurch auf sich, daß sie oft noch radikaler und rücksichtsloser als gegen Tiere gegen die Pflanzenwelt vorgeht. Das Ausmaß der Grausamkeit, das ihr der Mensch antut, ist geradezu unvorstellbar. Man denke – ein Beispiel für viele – nur an die brutale Abholzung des grünen Gürtels der Erde, also der Baumwelt, vor allem im Amazonasgebiet. Dabei ist es schon ein Indiz für die Gemütsroheit des Menschen, nicht zu sehen, daß viele Pflanzen viel sensibler sind als Tiere. Bäume »bluten«, wenn sie verletzt werden; manche Pflanzen wachsen nicht mehr, wenn an ihnen gewalttätig manipuliert wird; sie gedeihen besser, wenn ihnen gut zugeredet wird; sie entwickeln sich positiv oder negativ, je nachdem, in welchem Geist der Mensch für sie sorgt. Sie haben eine Seele, eine andere als der Mensch, als das Tier, aber eine lebensverwandte Seele und tragen damit zur allgemeinen »Beseeltheit der Welt« bei. Weshalb sollten wir den Pflanzen diese tiefe, stille Beseeltheit, den Blumen ihr »Seelenleuchten« absprechen? Der große Physiker Gustav Theodor Fechner fragte schon vor fast 150 Jahren: »Warum soll es zu den Seelen, die da laufen, schreien und fressen, nicht auch Seelen geben, die still blühen, duften, im Schlürfen des Taues ihren Durst, im Knospentriebe ihren Drang, im Wenden gegen das Licht noch eine höhere Sehnsucht befriedigen? Ich wüßte doch nicht, was an sich das Laufen und Schreien vor dem Blühen und Duften für ein Vorrecht voraus hätte, Träger einer Seelentätigkeit und Empfindung zu sein; nicht, wiefern die zierlich gebaute und geschmückte Gestalt der reinlichen Pflanze minder würdig sein sollte, eine Seele zu hegen, als die unförmliche Gestalt eines schmutzigen Wurmes? Sieht ein Regenwurm uns seelenvoller an als ein Vergißmeinnicht?«[271]

Wir können ermessen, wie ungeheuer viel wir Menschen für die Natur tun könnten, wenn wir den Kontrast, nämlich das Ausmaß unserer negativen Aktivitäten ihr gegenüber betrachten. Was das weltweite Waldsterben betrifft, so merken wir nicht einmal, daß mit dem Tod eines jeden Baumes auch ein Stück von uns stirbt. Die Naturvölker wußten dies noch in aller Intensität. »Das wirklich Ungeheuerliche und Barbarische... ist aber, daß *das Sterben des Baums gar nicht wahrgenommen wird,* so als sei dieser Tod einfach nichts. Wenn wir so denken, brauchen wir uns über das Waldsterben nicht zu wundern... Wie kommen wir dazu, in bezug auf das Töten von Bäumen nicht dieselbe ethische Urteilskraft und Sorgfalt gelten zu lassen, wie in bezug auf den Mord an Mitmenschen?«[272] Hier wird keine Gleichmacherei betrieben: Sicher ist der Tod einer Pflanze etwas anderes als der eines Menschen, so wie ja auch kein Menschentod dem anderen ganz gleicht. Aber in beiden Fällen stirbt ein Lebewesen im eigentlichen Sinn des Wortes. Und außerdem gibt es Übergangsformen, wo plötzlich die Nähe von Mensch und Pflanze aufleuchtet. Man denke dabei z. B. an schwerkranke, dahinvegetierende Menschen. Sie empfinden, fühlen, »verstehen«, reagieren in manchem wie Pflanzen. Sie stehen plötzlich wieder in manchen Hinsichten auf der pflanzlichen, vegetativen Kommunikationsstufe, auch wenn ihnen die frische, gesunde Pflanze durch ihr feinfühliges Sensorium sogar noch einiges voraus hat.

Der Öko-Religiöse, der im gegenwärtigen Weltstadium das reflexeste Bewußtsein vom Naturauftrag des Menschen, die Natur zu retten, hat, wird jedenfalls auch am ehesten das gewaltige Ausmaß dessen, was er für diese Natur noch tun kann, wahrnehmen. Er wird, dem vorhin Gesagten entsprechend, die Pflanzen aus der Interessen- und Rechtsgemeinschaft der Natur in keiner Weise ausklammern. Dazu wird ihn auch der Umstand motivieren, daß sie nicht nur die sensibelsten Indikatoren auf Umweltverschmutzungen (z. B. Flechten auf Schwefeldioxid) sind, sondern sich als »gleichermaßen sensible Indikatoren auf den Verlust von Menschlichkeit«[273] erweisen. Das Gemeinsame, Verbindende von Mensch und Pflanze herauszustellen, erscheint heute besonders wichtig, da den meisten von uns noch eher die Notwendigkeit des Tierschutzes als die des Pflanzenschutzes einleuchtet. Dabei sind die Pflanzen wie die Tiere und die Menschen Lebewesen im Unterschied zur unbelebten Natur, etwa den Steinen, und darüber hinaus haben sie mit Tieren und Menschen noch die differenzierende Gemeinsamkeit gegenüber anderen Lebewesen, wie z. B. den Bakterien, daß sie Eukarionten, keine Prokarionten sind. Unsere Gemeinsamkeit und Verwandtschaft mit den Pflanzen erhellt sodann daraus, daß die menschliche Seele auch eine vegetative Teil-Seele oder Schicht aufweist. »Diese Verwandtschaft ist im Umgang mit Pflanzen auch erfahrbar. Pflanzen und Menschen haben eine je besondere Existenz, aber der Strom des Lebens ist in beiden und kann sich in Gestalt von Gärten aufs Neue verbinden, so wie sich auch menschliche Individuen zu gemeinsamen Taten verbinden.«[274] Man übersieht auch meist, daß die Grenzen nicht nur zwischen Tieren und Menschen, sondern auch zwischen Pflanzen und Tieren fließend sind. Schon deshalb verbietet sich eine Grenzziehung, die nur den Tieren, nicht den Pflanzen Interessen und Rechte zugesteht.

Viele aber weigern sich oder haben kein Verständnis dafür, den Pflanzen Interessen zuzugestehen. Werden ihnen diese zugestanden, dann muß man ihnen nämlich konsequenterweise auch Rechte einräumen. Es sind ja »Subjekte von Rechten... gemäß dem Inhalt des Sittengesetzes aller Wesen, die Interessen haben«.[275] Haben also Pflanzen tatsächlich Interessen? Kein guter Pflanzenkenner wird leugnen, daß Pflanzen ein Interesse daran haben, daß es ihnen gut geht, daß sie je nach dem, ob dieses Interesse befriedigt wird, gesund oder krank sind bzw. werden, wie Tiere und Menschen auch. Ein guter Gärtner merkt sehr bald, ob es Pflanzen an einem bestimmten Standort gut oder schlecht geht, daß sie z. B. Blüten und Blätter hängen lassen, wenn es ihnen nicht gut geht, daß sie ihm irgendwie dankbar sind, wenn er sich ihre Sache zueigen macht, ihnen gut zuredet und hilft. Pflanzen haben offenbar ein Interesse daran, daß ihnen keine Schmerzen, kein Leid zugefügt werden; die Reaktionen, die diesbezüglich vor allem Cleve Backster wissenschaftlich aufzeichnen konnte, der berühmte »Backster-Effekt«, beweisen das. Sein erstes Versuchsobjekt, ein Drachenbaum, reagierte bereits zutiefst erschrocken auf seine gedankliche Absicht, ein Blatt dieser Pflanze zu versengen, also noch bevor Backster überhaupt nach einem Streichholz greifen konnte.[276] Kein Zweifel: Pflanzen haben eigene Interessen, wollen ihre eigene Sache im Sinne des Wohlergehens (»their own sake«). Sie sind also auch Subjekte von Rechten, wiewohl freilich mit den Tieren, im Unterschied zum Menschen, ohne das Vermögen zur Vernunft. Daher soll ja der Mensch ihre Interessen anwaltschaftlich vertreten. Aber die primären Interessen und Rechte liegen bei ihnen, den Pflanzen und Tieren, selbst!

Hier sei der Befürchtung entgegengetreten, daß mit dieser Zuerkennung ursprünglicher Interessen und Rechte an die Pflanzen einer Rechtsinflation Tür und Tor geöffnet seien. Diese Zuerkennung bedeutet nicht, daß keine Interessenkollisionen zwischen Menschen und Pflanzen auftreten können. Ebenfalls nicht, daß nun allen Pflanzen alle nur denkbaren Rechte zugesprochen werden sollen. Der Mensch, von der Evolution der Natur auf eine höhere Stufe der Entwicklung gestellt, von ihr »gewollt«, um durch ihn zum Bewußtsein ihrer selbst zu gelangen, hat größere Rechte als die Pflanzenwelt. Diese kann also ein generelles Recht auf Leben und körperliche Unversehrtheit nicht in Anspruch nehmen, weil wir auf den Verzehr bestimmter Pflanzen elementar angewiesen sind. Pflanzen haben also nicht dieselben Rechte wie der Mensch. Aber es bleibt eine »Grauzone« in der Pflanzenwelt, wo wir als luxurierende Wesen mutwillig Pflanzenleben ohne Not vernichten. Und wir können uns darüber hinaus in manchem einschränken und so die Interessen der Pflanzen besser und stärker berücksichtigen als dies bisher geschah. Hier denkt der Einsichtige wohl zuerst an die Bäume und Wälder. Schon im Denken müßte sich ihnen gegenüber einiges ändern. Nicht mehr von »Produktion« und »Nutzungsdauer« der »Hölzer« dürfte die Rede (und das ihr zugrunde liegende rein wirtschaftswissenschaftliche Denken) sein. Und daß wir in der »Holzverwertung« für die Möbel-, Papierindustrie usw. die Maßstäbe des bankrotten Wirtschaftswachstumsprinzips ganz gewaltig zurückstecken sollten, liegt auf der Hand. Papier sollte praktisch nur noch im Recycling-Verfahren hergestellt, d. h. wiedergewonnen werden.

Jedenfalls zeigen die bisher angegebenen Beispiele, daß der Mensch im Auftrag der Natur außerordentlich viel zu ihrer Vollendung und zum Abbau von Schmerz und Leid in ihr leisten kann. Die Natur hat ihm auch in dieser Hinsicht eine hervorragende (Sinn-)Rolle in Richtung auf eine größere Harmonie und Ganzwerdung ihrer selbst zugedacht und zugespielt. Durch eine entsprechende Ethik mit universaler Perspektive auf die Tier- und Pflanzenwelt sowie auf die Rettung von Landschaften, Böden, Gewässern und Luft kann die Menschheit tatkräftig auch zur sittlichen Vollendung der Natur beitragen. Daß der günstigste Boden für eine solche Ethik nicht bloß rein rationale Überlegungen sein können – wiewohl diese natürlich auch –, sondern eine öko-religiöse Lebensgestimmtheit eine entscheidende und umfassende Voraussetzung darstellt, geht schon – in historischem Rückblick – daraus hervor, daß die philosophische und wissenschaftliche Ratio in der Neuzeit, allein auf sich gestellt, selten bereit war, Tieren und Pflanzen Interessen und Rechte zuzuerkennen. Die cartesianische Auffassung der Ratio, die dazu führte, daß Pflanzen und Tiere automatisiert und mechanisiert wurden, hat sich hierbei verhängnisvoll ausgewirkt.

Dagegen wird sich Ökologische Religiosität einem weiteren rational-emotionalen Argument für die große Interessen- und Rechtsgemeinschaft der Natur mit Sicherheit nicht verschließen. Pflanzen und Tiere sind unsere biopsychisch engsten Brüder und Schwestern, weil sie entwicklungsmäßig, naturgeschichtlich mit uns verwandt sind. Ein paar Stufen auf der Entwicklungsleiter der Natur haben sie in gemeinsamer Anstrengung mit uns erklommen. »In gemeinsamer Anstrengung mit uns«, denn wir waren zwar noch gar nicht da, aber das Antlitz des künftigen Menschen war die noch dunkle, ersten Konturen gewinnende Idee, das Motiv, das sie trieb, durch das die Natur sie trieb. »Welcher Art die Antizipation ist, in der der Mensch der Evolution ›ideell‹ vorweggenommen war, welches ›Vorgefühl‹ das Leben drängte, auf den Menschen nicht nur hinzugeraten, sondern hinzutendieren, welcher Grad der Bestimmtheit, welches Maß der Unbestimmtheit dieser Antizipation des Menschen eigen war – das können wir nicht beantworten. Wir können auch nicht sagen, wie die ›Strebigkeit‹ des Lebens, der das ›Ideal‹ des Menschen vorschwebte, es fertigbrachte, schließlich diejenigen Mutationen zu veranlassen, die entscheidend für menschliche Gestalt und menschliches Wesen waren... Rational... kann uns niemand die Annahme verwehren, daß der Mensch ein von der Evolution schon antizipiertes Wesen ist, daß er ein echtes Ziel der Evolution ist. Die Idee des Menschen, die als solches Ziel wirksam wird, ist... eine uns unbekannte Weise der Antizipation, eine Vorwegnahme des menschlichen Habitus, die nicht intellektuell, sondern ›gefühlt‹ zu erahnen ist: Der Mensch war, ehe er wirklich lebte, mehr als nur eine von tausend Kombinationsmöglichkeiten. Er war eine ausgezeichnete Möglichkeit – ...weil er der Evolution in einer besonderen Weise vorgezeichnet war. Er ging ihr als *Entwurf* voraus, dessen Wesen wir nicht kennen, dessen anfängliche Klarheit oder allmähliche Klarwerdung wir nicht ermessen können. Wir können nur sagen: Wir sind da. Und sind nicht von ungefähr da.«[277] Pflanzen und Tiere – unsere stammesgeschichtlichen Brüder und Schwestern – haben dazu beigetragen, aber wir sollten uns davor hüten, sie als »Nebenprodukte« des Weges zum Menschen zu betrachten, die sich auf dem langen und langwierigen Such- und Irrweg zu ihm jeweils ergeben haben. Sie haben vielmehr – bildlich und doch nicht irreal gesprochen – ihren Lauf vollzogen und die Stafette des Lebens weitergereicht, damit der Mensch entstehen konnte, jenes Wesen, das sie im tiefsten ersehnten und das sich jetzt in oft so mörderischer Weise ihnen gegenüber »bedankt«. Pflanzen und Tiere haben ihr Werk geleistet, leisten es teilweise immer noch, um den Menschen zu bewirken und ihn auch heute am Leben zu erhalten.

Nicht nur ist daher die gesamte Natur in horizontal-räumlicher und gegenwärtiger Sicht unser erweiterter Leib, sondern unser Leib, unsere ganze Existenz erstreckt sich auch in die Vergangenheit. Unser erweiterter Leib sind die Pflanzen- und Tierarten, die phylogenetisch vor uns waren und unsere Linie, die Linie zum Menschen bilden. Schon deshalb verbieten sich alle Tierversuche und alle gentechnischen Manipulationen an unserem »Vergangenheits-Leib«, den Tieren und Pflanzen, die ja weiterhin unsere Lebensgrundlage bilden, für die wir verantwortlich sind und für die wir auch in der Zukunft die Verantwortung tragen, weil wir kein Recht haben, auch nur eine Art, die zu der auch von künftigen Generationen zu erlebenden atemberaubenden Vielfalt der Natur beiträgt, auszurotten oder auch nur wesentlich zu dezimieren. Das soeben Gesagte ist zwar eine anthropozentrische Argumentation für ein erweitertes, ökologisches, Pflanzen und Tiere einbeziehendes Bewußtsein, aber gerade als solche überzeugt es vielleicht auch die, die den nichtmenschlichen Lebewesen noch immer keine

Rechte zugestehen wollen. Zum Kosmisch-Umgreifenden Ökologischer Religion gehört jedenfalls auch die Sorge um die Nachwelt. Ihr Imperativ: Behandle diese Erde, diese Natur insgesamt so, daß sie nicht nur allen menschlichen, sondern auch allen tierischen und pflanzlichen Nachkommen Wohnstatt und Heimat sein kann!

Wenigstens mit gewissen Einschränkungen ist das demokratische *Gleichheitsprinzip* auf Menschen, Tiere und Pflanzen anzuwenden: »Die Menschheit ist mit den Tieren und Pflanzen, mit Erde, Wasser, Luft und Feuer aus der Naturgeschichte hervorgegangen als eine unter Millionen Gattungen am Baum des Lebens insgesamt. Wir sind dementsprechend mit ›Tieren, Pflanzen und anderen Sachen‹, wie es im Bundesimmissionsschutzgesetz heißt, naturgeschichtlich verwandt. Mit dieser Verwandtschaft aber sind Übereinstimmungen verbunden, nach denen das Gleichheitsprinzip auf das Verhältnis zwischen der Menschheit und unserer natürlichen Mitwelt grundsätzlich anwendbar wird.«[278]

Mit diesem Gedanken der Anwendung des Gleichheitsprinzips auf das Verhältnis zwischen der Menschheit und unserer natürlichen Mitwelt tangieren wir im Grunde das Gebiet der Politik. Denn es leuchtet ohne weiteres ein, daß es Arten von Staatsverfassungen gibt, die der Anwendung dieses Prinzips mehr oder weniger günstig sind, ihr mehr oder minder wohlwollend gegenüberstehen. Wenn, wie wir oben sagten, die Natur den Menschen mit Ethik ausstattete, damit er die Natur schütze, verbessere und vollende, dann ist die Annahme nicht abwegig, der Natur liege es auch an der Herbeiführung der richtigen oder besten Staatsverfassung durch den Menschen, einer Staatsverfassung, die eine Rechtsgemeinschaft der ganzen Natur, also von Menschen, Tieren, Pflanzen und Naturdingen verfassungsmäßig konzipiert, einführt, ordentlich regelt und garantiert. In dieser Sicht ist die Natur auch politisch, was schon Aristoteles ahnte oder wußte, wenn er den Menschen als ein »von Natur« *(phýsei)* »politisches Lebewesen« *(politikon zôon)* bezeichnete.[279] Das kann man im heutigen öko-politischen Kontext so verstehen, daß die Natur die »Absicht« hat oder

212

dahin tendiert, mit dem Menschen ein ethisch-soziales, ein sittlich-gesellschaftlich verfaßtes Wesen hervorzubringen, das durch die geeignetste politische Staatsform der Natur in ihrer Gesamtheit zu ihrem effektivsten Rechtsstatus verhilft. Auch nach Kant kann man »die Geschichte der Menschengattung im großen als die Vollziehung eines verborgenen Planes der Natur ansehen, um eine innerlich – und, zu diesem Zweck, auch äußerlich – vollkommene Staatsverfassung zustande zu bringen, als den einzigen Zustand, in welchem sie alle ihre Anlagen in der Menschheit völlig entwickeln kann«. Im Grunde »zwingt die Natur« den Menschen zur »Erreichung einer allgemein das Recht verwaltenden bürgerlichen Gesellschaft« als höchstem Ziel der menschlichen Geschichte.[280] In diese *allgemeine* Rechtsverwaltung müssen auch die von Kant noch nicht bedachten Rechte der Tiere und Pflanzen, der Natur ingesamt aufgenommen werden. Die Natur will sich »mit uns zu einer verfassungsmäßig geordneten Rechtsgemeinschaft aller Dinge forttreiben... Der Frieden mit der Natur wäre dann die Lebensform einer naturgeschichtlich erwachsen gewordenen Menschheit«.[281]

Ökologische Religiosität ist jene umfassendste und intimste Verfaßtheit des Menschen, die die wichtigste und fundamentalste Voraussetzung für diesen schwer zu vollziehenden, aber notwendigen Schritt zu einer verfassungsmäßig garantierten Rechtsgemeinschaft *aller* Dinge darstellt. Ist doch Ökologische Religiosität jene grundlegende und umfassende Haltung, in der die sinnliche Außenwelt, die seelische Innenwelt und die (ideell) vollkommenste Struktur der menschlichen Gesellschaft immer schon keimhaft zur Harmonie gekommen sind. Diese Haltung stellt demnach auch die einzig voll entsprechende Grundlage und Motivation für die praktische Verwirklichung dieser Harmonie im öffentlichen Raum dar. Ökologische Religiosität ist die einzige und einzigartige Haltung, die »mit allen liebenden, verehrenden, frommen Kräften in die Natur und das heilige Leben derselben einzudringen sucht« (Goethe[282]). Sie ist sensible, allsympathische Lebensgestimmtheit, die jeder Ethik des Naturschutzes vorausliegt und diese entscheidend motiviert. Warum sollten wir uns auch z. B. ethisch für ein Verbot der Tierversuche und gegen die negativen Aspekte der Tierhaltung, des Schlachtrechts, des Tierhandels, der Tierzucht und -dressur, gegen die nicht artgerechte intensive Massentierhaltung von Nutz- und Pelztieren, gegen die Einfuhr tierquälerisch erzeugter Produkte wie Froschschenkel, Gänsestopfleber oder Schildkrötenfleisch, gegen den Einsatz von Tieren zu Schaukämpfen und den Import exotischer Wildtiere u. ä. einsetzen, wenn wir nicht von der (religiösen) Liebe zur Natur und zu allem Leben in unserem Innersten durchdrungen und getrieben sind, wenn wir im Tier nicht etwas Heiliges und Verehrungswürdiges sehen, weil der erhabene Lebensstrom der Natur es durchfließt und sich in ihm eine je spezifische, eigenartige Gestalt geschaffen hat? Ökologische Religiosität ist so die Wurzel aller sittlichen Bejahung, Hinwendung und Hingebung an die Natur in all ihren Manifestationen, die Wurzel auch des ethischen und politischen Willens, eine befriedete Natur zu schaffen bis hin zur Schaffung einer Staatsform, die den Tieren, Pflanzen und Naturelementen jene Rechte zugesteht und garantiert, die sie verdienen. Ethische Hinwendung zur Natur und tatkräftige Hingabe an sie sind nur die folgerichtigen Konsequenzen einer religiösen Ehrfurcht vor der Natur und einer religiösen Liebe zu ihr.

Ökologische Religion –
Ende der anderen Religionen?

Ökologische Religion ist Universalreligion, ist *die* Welt- und Wirklichkeitsreligion schlechthin, weil sie der Totalität und Universalität der Natur als dem umfassendsten Seins- und Wirklichkeitsganzen zugewandt ist und am weitesten entspricht; der Natur, ihrer Dynamik, ihren Haupttendenzen und -anliegen soweit wie überhaupt möglich gerecht wird. Grundsätzlich kann man ja der Natur als der Ganzheit alles Wirklichen und Wirkenden nicht gerechter werden, als daß man sie in der Weite ihrer Erscheinungen, ihrer Seins-, Wert- und Funktionsgestalten und in der Tiefe ihres hervorbringenden, absoluten Prinzips anerkennt und damit auch zum aktiven Schutz aller ihrer Rechte bereit ist. In der Ökologischen Religion kommen der Sinn, den die Natur mit dem Menschen verfolgt, die Aufgabe, die sie ihm stellt, und die Rolle, die er im Leben und für das Leben zu spielen hat, voll zum Tragen. Das dürften die vorausgegangenen Ausführungen dieses Buches ausreichend demonstriert haben.

Wenn Ökologische Religion Universalreligion in dem eben in einer bestimmten Richtung zusammengefaßten Sinn ist, dann stellt sich zwangsläufig die Frage nach ihrem Verhältnis zu allen anderen Religionen. Beantwortet wird diese Frage zunächst einmal in Form einer These, deren nähere Begründung dann folgen soll. Diese These lautet: *Ökologische Religion bedeutet einerseits das Ende, andererseits die Vollendung aller Religionen.* Inwiefern das Ende? Nun, wir sagten[283], alle großen geschichtlichen Religionen hätten einen »Sündenfall« durchgemacht, der ihr Zentralanliegen verschüttet habe. Dieses Zentralanliegen sei ökologischer

215

Natur, doch sei dies den meisten Religionen nicht mehr bewußt. Insofern stellt die Ökologische Religion, wie sie im vorliegenden Buch dargestellt wurde, das »Ende« der Religionen in ihrem Sündenfallstatus dar. In diesem Zustand haben sie keine Zukunft, sind sie im Grunde tot.

Andererseits können sich ja auch alte und teilweise erstarrte Religionen wieder erneuern und verlebendigen, wenn sie erkennen, daß das Ökologische Prinzip die *Sinnmitte* jeder echten Religion ist, und wenn sie sich wieder auf diese Sinnmitte hin entwickeln. Wenn das geschieht, bewirkt Ökologische Religion die »Vollendung« der betreffenden Religion. Es bleibt dabei natürlich die Frage im Raum, ob die großen, historisch gewordenen Religionen heute überhaupt noch die Kraft aufbringen können, sich ökologisch zu erneuern. Sie verbleiben also bis zum gegenwärtigen Augenblick in einem Schwebezustand gegenüber der von ihnen selbst mitzutragenden Entscheidung, ob die Ökologische Religion ihr Ende oder ihre Vollendung bedeuten und bewirken soll.

Möglicherweise werden sie sogar bezweifeln oder schlichtweg leugnen, daß das Ökologische Prinzip die Sinnmitte ursprünglich jeder Religion, also auch ihrer eigenen, war. Aber daran ist im Grunde nicht zu zweifeln: Jede echte Religion will in ihrem Ursprung das Heil und Heilsein ihrer Anhänger durch die richtige In-Beziehung-Setzung zum Ganzen der Wirklichkeit, des Seins erreichen. Dieses Ganze des Seins unter dem Gesichtspunkt der Verursachung, des schöpferischen Hervorbringens und Hervorgebrachtwerdens ist die *Natur,* die somit die umfassendste, universalste Seins- und Wirklichkeitsbestimmung ist. Natürlichsein als »dem Ganzen der Natur Entsprechen« bedeutet daher für den Menschen Heil- und Gesund-Sein. Alle – mit der Zeit allerdings immer komplizierter, dunkler und undurchsichtiger werdenden – Verrichtungen jeder Religion dienten ursprünglich diesem ökologischen Ziel. Meist finden sich auch in den Ur- und Frühschichten vieler Religionen schriftliche Belege für das hier Behauptete: »goldene ökologische Lebensregeln«, »Weisheitsvorschriften« zur Findung des Pulsschlages des vollkommenen Rhythmus in sich selbst und zur harmonischen Einschwingung in den Rhythmus des universalen Ganzen, auch wenn die Bezeichnungen für dieses universale Ganze und für diesen vollkommenen Rhythmus natürlich vielfach variieren. Aber daß wahre Integrität, echtes und eigentliches Leben in seiner ganzen Intensität und Extensität, volle Vitalität und Gesundheit nur durch den gelebten und realisierten Bezug zum Ganzen (der Wirklichkeit) und seinem absoluten Ur-Prinzip (oder seinen Ur-Prinzipien) möglich seien, bleibt die gemeinsame Grundüberzeugung aller echten Religionen in ihrem Ursprung.

Doch haben sich gerade die großen, altehrwürdigen Religionen wie Buddhismus, Christentum, Hinduismus usw. weitgehend von diesem Ursprung entfernt, haben ihre Vitalität und Lebensfrische, ihre ursprünglich teilweise sogar alles mitreißende Kraft eingebüßt. Das gilt übrigens auch – trotz aller gegenteiligen Behauptungen – von den ost- und südostasiatischen Religionen nicht minder als vom (verkirchlichten, kirchlich zurechtgestutzten) Christentum. Die sich auf diese asiatischen Religionen berufenden und beziehenden modernen »Jugendreligionen« erscheinen nur deshalb vitaler, lebendiger, weil sie ökologisches Gedankengut, ökologische Elemente, Übungen, Kulte aus den verschütteten Traditionen dieser Religionen wieder aufnehmen und auffrischen. Damit bestätigen sie aber das Ökologische als ursprünglichen Kern dieser Religionen. Leider führte dann die weitere Entwicklung im Hinduismus zu einer im Grunde akosmischen Theosophie (»akosmischer Theopantismus« im Sinne Rudolf Ottos), im Buddhismus zu einem im Grunde naturlosen Nirvana, im Christentum zu einem die Natur ausklammernden exklusiven Gott-Mensch-Verhältnis, in dem es im Grunde nur noch um eine Erlösung der menschlichen Seele aus den Verstrickungen des Körpers ging. Das Heil bestand, allen gelegentlichen offiziellen amtskirchlichen Gegenaussagen zum Trotz, in der Seligkeit der vom Körper befreiten Einzelseele.

Dabei finden sich gerade auch im frühen Christentum zahlreiche ökologische Elemente, die meine These der ursprünglichen ökologischen Sinnmitte jeder echten Religion nachdrücklich bestätigen. Allerdings haben es die meisten Christen längst verlernt, die ursprüngliche Botschaft des Christentums als (nicht dem Namen, aber dem Sinn nach) *ökologische* Botschaft zu erkennen und zu betrachten. Aus der ursprünglichen Verkündigung und Haltung des Christentums hat man dogmatische, ideologische Sätze herausdestilliert und den Christen als unbedingt zu glaubende Lehrsätze vorgelegt. Das unmittelbare, schöpferische Leben, das in der ursprünglichen Botschaft Jesu und seiner Jünger enthalten war, ist auf diesem Weg der Definierung, Dogmatisierung, Ideologisierung zum Zweck der Machtstabilisierung des kirchlichen Lehramts längst entschwunden und verflogen.[284] Ökologische Religion als Vollenderin der Religionen legt heute wieder den vielfach verdeckten und verschütteten Tiefen-Sinn und Kern zahlreicher Impulse und Weisheiten der frühchristlichen Religion frei, so wie sie das analog allerdings auch bei anderen Religionen macht.

Es wäre praktisch die Aufgabe eines ganzen Buches, die ökologischen Wahrheiten und Weisheiten der christlichen Religion vom überlagernden Schutt falscher Sichtweisen und Traditionen zu befreien. Im begrenzten Rahmen des jetzigen Kapitels sollen lediglich einige Leitlinien aufgezeigt werden, welche zeigen können, wie Ökologische Religion im Denk- und Handlungskontext der Gegenwart die biblische Botschaft in Richtung auf ihre ökologische Sinnmitte hin interpretiert. Auch durch dieses Vorgehen bedeutet sie das »Ende« des verkirchlichten, kirchlich erstarrten Christentums, andererseits aber die Vollendung echt religiöser Motive des Urchristentums, die allerdings nun in den systematischen Zusammenhang der Ökologischen Religion integriert werden und erst in diesem Zusammenhang voll zum Tragen kommen. In diesem Sinn allein ist es auch gemeint, wenn »Der Spiegel« in seiner Ausgabe vom 3. Juni 1985 meinen Entwurf einer »Ökologischen Religion« als »transchristliches Religionskonzept« bezeichnete.[285]

Schon der Ruf »*metanoia*«, mit dem Jesus seine Frohbotschaft einleitete, kann, muß in gewissem Sinn ökologisch gedeutet werden. Er beinhaltete ja den Aufruf, die Aufforderung, umzukehren, sich zu ändern, dem gottgewollten Ganzen der Wirklichkeit endlich zu entsprechen. Das war für Jesus die Voraussetzung des Eintritts ins Gottesreich, unter dem er eine neue, verwandelte Menschheit, Welt, Natur und Erde verstand. Einige Stellen im Neuen Testament, vor allem bei Johannes und Paulus, enthalten die Verheißung eines »universalen Reiches«, in welchem der durch den Lebensakt einer radikalen »Wiedergeburt« neu gewordene Mensch an der Natur Gottes teilhat, so selbst vergöttlicht wird und in einer vollkommen verwandelten Welt (»eine neue Erde und ein neuer Himmel«! 2 Petr 3,13) mit Mitmensch und Gesamtnatur völlig ausgesöhnt und vereint ist. Für das ursprüngliche Christentum war eine Änderung äußerer Umstände, eine Verbesserung der natürlichen Lebenszusammenhänge und der gesellschaftlichen Lebensverhältnisse gar nicht denkbar ohne einen tiefgreifenden Umwandlungsprozeß des inneren Menschen, ohne einen grundlegenden, »radikalen«, d. h. von der Wurzel seines Lebens ausgehenden Gesinnungswandel. »Gesinnungswandel vor Strukturwandel« könnte man das erste Axiom in der Botschaft des Jesus von Nazareth nennen.

Das ökologisch stets Aktuelle an diesem Axiom: Es gab tatsächlich in der gesamten uns bekannten Geschichte der Menschheit noch nie einen echten und positiven Strukturwandel ohne einen Wandel des Bewußtseins, der Gesinnung. »Der ›Paradigmawechsel‹, der es möglich machte, daß die ›armen Christen‹ schließlich die korrupte Zivilisation des gewaltigen Römerreiches überwanden, der geistige Umschwung, in dem die nur mit dem Instrumentarium eines anderen Denkens ›bewaffneten‹ Naturforscher die Vorherrschaft des nicht mehr glaubhaften Klerus und Gottesgnadentums entthronten, sind Beispiele für solche ›unwahrscheinlichen‹ Veränderungen.« In allen Fällen solcher grundlegenden Veränderungen mußte vor allem gesellschaftlichen und wirtschaftlichen Strukturwandel zuallererst eine »radikal andere Art, die Welt anzuschauen und mit ihr umzugehen«[286], geübt werden.

Auch heute können die unökologischen Strukturen des wirtschaftlichen Wachstumswahns, der dominierenden Finanz- und Profitorientierung, der Technokratie und Überindustrialisierung, der transnationalen Konzernherrschaft usw. nicht durch einzelne Detailreparaturen am bestehenden System, sondern nur durch einen grundlegenden und umfassenden, und d. h.: religiös-spirituell-ethischen Bewußtseins- und Gesinnungswandel an der Wurzel verändert werden. Der Mensch selbst, der System- und Konsumsklave von heute, muß sich mit seinem Denken und seinen Verhaltensweisen radikal ändern, wenn ein neuer Paradigmawechsel wirklich gelingen soll. Er erscheint unwahrscheinlich angesichts der vermeintlich riesengroßen, geballten Macht des Bestehenden. Aber man übersieht dabei, daß sich die Funktionäre des Bestehenden, die »Macher« auf der Ebene der »zeitbedingten gegenwärtigen Provinzrealität« bewegen und sich damit von der Linie der »langfristigen historischen Wirklichkeit« entfernen, »in der sich die großen geistigen und zukunftsbestimmenden Umschwünge ereignen«. Diese sind auch heute dadurch gekennzeichnet, »daß materiell Schwache sich gegen alle berechenbare politische Logik durchsetzen, weil sie für eine tiefe Krise die adäquateren Antworten bereithaben und dadurch schließlich stärker sind, als ihre äußerlich noch mächtigen, innerlich aber bereits zweifelnden und geschwächten Widersacher«.[287]

Ökologisch ist sodann auch zweifellos Jesu Verhalten zur Gesamtschöpfung. Liest einer unvoreingenommen die ersten drei Evangelien, so wird ihm u. a. auffallen, wie sehr Jesus die *Natur* geliebt hat, welch offenen Blick er für sie hatte, wie wenig sie ihm gleichgültig war, ob es sich nun um die Vögel am Himmel oder die Lilien auf dem Feld handelte. Kein Zweifel kann daran bestehen, daß er in seine umfassende, universale religiöse Grundhaltung die ganze Schöpfung, die ganze Natur einbezog.[288] Auch seine unmittelbaren Nachfolger, Paulus und Johannes, wissen noch um den *unzertrennlichen Zusammenhang zwischen Mensch und Gesamtschöpfung, um die wechselseitige Bedingtheit zwischen der Rettung des Menschen und der Rettung der Natur.* Hier sei jetzt nur ein einziger exemplarischer Text aus dem Neuen Testament zitiert, der von Paulus stammt und den wesensnotwendigen Zusammenhang zwischen Mensch und Natur deutlich macht. Im Römerbrief

8, 19–23 heißt es: »Die Sehnsucht der Schöpfung wartet ja auf das Offenbarwerden der Kinder Gottes. Denn die Schöpfung ward der Vergänglichkeit unterworfen... aber auf Hoffnung hin, auch sie, die Schöpfung, werde einst von der verderblichen Sklaverei erlöst werden für die Freiheit, das herrliche Gut der Kinder Gottes. Wir wissen ja, bis zur Stunde liegt die gesamte Schöpfung in Seufzen und Wehen; und nicht nur sie, auch wir... seufzen im Innern und müssen warten auf die (vollkommene) Kindschaft, die Erlösung unseres Leibes.«

Diese Stelle aus dem Römerbrief zeigt ziemlich deutlich, daß Paulus um die Einbindung des Menschen in den Gesamtleib der Schöpfung, der Natur weiß und daß er die richtige Haltung zur Natur, ja ihre Rettung (»Erlösung«) vom vollkommener gewordenen Menschen oder – wie er es sagt – vom »Offenbarwerden der Kinder Gottes«, von der »vollkommenen Kindschaft« abhängig macht. »Vollkommene Kindschaft« ist aber im Neuen Testament Ausdruck für ein neues Menschsein, das sich u. a. durch einen neuen Blick und eine neue Haltung gegenüber der Wirklichkeit auszeichnet, einen Blick und eine Haltung, die nicht mehr durch Ichsucht verklemmt, durch Teilinteressen und falsche Bedürfnisse behindert und geblendet sind, so daß sie dem je anderen, d. h. sowohl anderen Personen wie allen Lebewesen und Dingen Gerechtigkeit widerfahren lassen können. Nur so ein Mensch kann auch die Natur wieder richtig behandeln, ohne sie weiterhin zum Ausbeutungsobjekt zu degradieren. Nur der Mensch, der den Durchbruch durch die Fassaden der Uneigentlichkeit geschafft, der die Rollen durchschaut hat, die er als Rädchen einer vertrackten sozioökonomischen Situation auf sich nehmen muß, der also zur Eigentlichkeit gelangt ist, kann auch die Natur wieder in ihre Eigentlichkeit und Echtheit einsetzen. Das ist ein christlicher, leider meist längst vergessener Grundgedanke.

Er steht mit der Ökologischen Religion in fundamentalem Einklang und Gleichklang. Denn während das Christentum im Laufe seiner Geschichte seinen eigenen Grundgedanken des tiefen Zusammenhangs zwischen Mensch und Natur weitgehend vergessen hat und ihn nur noch in ganz wenigen großen Persönlichkeiten wieder zum Leuchten brachte (wie z. B. in Franz von Assisi, der gerade u. a. wegen seiner symbiotischen Haltung zur Natur als der einzige bezeichnet wurde, der das Evangelium des Jesus von Nazareth richtig verstanden und verkörpert habe), steht für die Ökologische Religion die Idee und Aufgabe im Mittelpunkt, die beiden Größen *Erde* und *Mensch, Natur* und *Mensch, Kosmos* und *Mensch* als unentbehrliche, wesensnotwendige, in bezug auf Lebensfähigkeit und Gesunderhaltung des Menschen gleichberechtigte und gleichwertige Pole in ein Gleichgewicht zu bringen, das allein dem Globalorganismus, den die Gesamtwirklichkeit als solche darstellt, gerecht wird. Denn das ist die »Öko-Logik« der Neuen Religion, die sich nicht mehr anthropozentrisch-einseitig wie viele andere Religionen und -ismen auf den Menschen beschränkt, daß sie mit allen Mitteln und Methoden unseres heutigen Wissens die Eingebundenheit des Menschen in die Gesamtnatur aufhellen kann; daß sie zu zeigen vermag, daß die Natur, der Gesamtkosmos, der erweiterte Leib des Menschen ist, daß wir nur Zellen im großen Gesamtorganismus der Natur sind, freilich denkende Zellen. Die Ökologische Religion weist uns darauf hin, daß wir die organischen Zusammenhänge, die uns mit der Erde und dem Kosmos als Großkörper verbinden, vergessen, vernachlässigt, unterschlagen haben und daß der Kosmos und unsere Erde – anthropomorph gesprochen – jetzt zurückschlagen und jeden Augenblick mit dem totalen Kollaps aufwarten können.

Mit dem Gleichnis vom Weinberg und den Weinbergpächtern (Mt 21,33 ff.) zeigt Jesus, daß nicht der Mensch Herr des Weinberges, d. h. der Schöpfung, der Natur, ist, sondern der Absolute. Wenn der Mensch den Weinberg nicht gottgemäß behandelt, das ihm anvertraute Gut der Natur nicht entsprechend ökologisch bewirtschaftet, hegt und pflegt, also keine »Natur-Kultur« aufbaut, wird ihm »das Reich Gottes weggenommen und einem Volke gegeben werden, welches Früchte der Gottesherrschaft bringt« (Mt 21,43).

Auch das *Gesetz der Leistung,* das in jeder kapitalistischen Gesellschaft von so vorrangiger Bedeutung ist, wird im Urchristentum ökologisch relativiert, d. h. anderen, höheren Werten untergeordnet. Was einer leistet, ist nicht mehr wichtigstes Kriterium und höchster Maßstab seines Wertes, seiner Würde. Jesus hat diese Herabschraubung der Bedeutung des Leistungsprinzips durch das Gleichnis von den Arbeitern im Weinberg sinnfällig gemacht: Die Arbeiter, die der Gutsherr zuallerletzt eingestellt hat, bekommen den gleichen Lohn wie die, die viel länger gearbeitet haben (Mt 20,1–16). Damit will Jesus keineswegs das grundlegende ökologische Prinzip der Gerechtigkeit außer Kraft setzen, denn darum geht es in diesem Gleichnis nicht, er will vielmehr hinweisen auf einen Sachverhalt, der tiefer liegt und der besagt, daß eben Leistung und Arbeit nicht das Wichtigste sind, wenn es um den Menschen als Menschen geht. Arbeit und Leistung haben ganz zweifelsohne ihre Bedeutung und Berechtigung, aber sie werden zur Tyrannei und größten Ungerechtigkeit, wo Menschen nur daran gemessen werden, was sie geleistet und erarbeitet haben.

Ökologische Religion führt diesen jesuanischen Impuls der richtigen Einschätzung des Leistungsprinzips weiter aus, indem es ihn auch auf die Gegenwart hin aktualisiert. Dabei macht sie auf folgenden Umstand aufmerksam: Auch der auf Leistung getrimmte westliche Mensch, dieser »Techniker der Außenwelt«, beginnt heute zumindest zu ahnen, daß sein ständiger Streß, daß sein Mangel an Gelassenheit, seine Verkrampftheit, sein Erzwingenwollen der Dinge durch hastige, nervöse Arbeit, sein einer Sisyphosarbeit gleichendes Produzieren von immer neuen, den Konsum anreizenden und anheizenden Artikeln irgendwie nicht nur gegen Wesensgesetze seines Körpers, gegen dessen Recht auf Ruhe, Schlaf, Pausen usw., sondern auch gegen das Ganze der Natur, des Kosmos und der Wirklichkeit verstößt. Der mit dem Schlagwort »Umweltverschmutzung« gemeinte katastrophale Mißstand ist leider das einfachste und robusteste Mittel, um diesen Sachverhalt auch dem Primitivsten klarzumachen. Es wächst auch im sog. westlichen Menschen das den Mystikern des Ostens wie des Westens nie abhanden gekommene Verständnis für Begierdelosigkeit, ja für eine gewisse Willenlosigkeit, die nicht mißverstanden werden darf als Labilität und Inaktivität des Willens, sondern nur eine gewisse Loslösung und Befreiung von seinem brutalen Streben nach Daseinsbehauptung und -durchsetzung beinhaltet. Auf diese Weise ist das Sichselbstbescheiden, die Anspruchslosigkeit des Willens, die Entscheidung, den Erfolg nicht herbeizwingen zu wollen, ein Akt geistiger Vitalität, ein Beweis höchster Willenskraft. Fast könnte man sagen, daß ein Gespür dafür aufkommt, daß die versklavte und mißhandelte Natur sich »revanchiert«, daß sie den Grundsatz vieler Mystiker bestätigt: »Sei aller Dinge willenlos, dann werden sie sich dir schenken, sonst aber versagen sie sich dir.«

Nicht alles scheint verfügbar, nicht alles manipulierbar. Und Ziele, die hemmungslos und mit falschem Ehrgeiz angesteuert werden, scheinen sich immer wieder dem Menschen zu entziehen. Hierin liegt die tiefe Weisheit des Ostens, denn ihr galt als Weiser immer nur der Unverkrampfte, Entspannte, Unverzweckte, Gelassene, obwohl diese Einsicht auch in der christlichen Interpretationstradition des biblischen Primats Marias vor Martha, im christlichen Begriff der Gnade als des vom Menschen aus sich heraus nicht Erreichbaren oder im Wort des Psalmisten (»Den Seinen gibt es der Herr im Schlaf«) vorhanden ist. Wir müssen es also wieder lernen, uns loszulassen, den Leistungsstreß aus dem Mittel- und Schwerpunkt unseres Daseins zu verdrängen, weil wir sonst eine neue Innerlichkeit und Sensibilität nicht grundlegend können. Wir müssen den Weg zur Ruhe einschlagen, zur inneren Stille, zur Bewußtmachung der Pausen in unserem Dasein als schöpferische Möglichkeiten für das Emportauchen des Unterbewußten und zu seiner Heilung durch den Strahl des Bewußtseins und der Reflexion. Auf diesem Wege ermöglichen wir das unverfälschte Wirken des Seins auf uns als auf körperlich und psychisch nicht mehr verklemmte Menschen, die infolge ihrer Gelöstheit und Gelassenheit dem dynamischen Aufbruch der Tiefenschichten unseres Geistes und dem Erleben seines Verankertseins im Urkern der Wirklichkeit keine Hindernisse mehr entgegenstellen. Aus der Einsicht in diese Zusammenhänge und der Erfahrung der Tiefe fließen uns dann jene Energieströme zu, die das heute fast schon universale Phänomen der Nervosität, der Zerfahrenheit, der Konzentrationsunfähigkeit, ja der psychischen Desintegration und Dissoziation zu bremsen oder gar zu überwinden imstande sind.

Nicht also was der Mensch leistet, sich erarbeitet und damit besitzt, was er der Seite seines »Habens« zuschlägt, entscheidet letztlich der urchristlichen Botschaft zufolge über seinen Wert, sondern was er vor Gott ist, d. h. – da die Bibel den Gottesbegriff sehr weit faßt, viel weiter als das spätere dogmatische Christentum – vor einem Prinzip, einem Urgrund der Wirklichkeit, vor dem das Innerste des Menschen offenliegt.

Damit stehen wir bei der schwergewichtigen, nicht anders als ökologisch zu bewertenden Kritik Jesu und des Neuen Testaments überhaupt an der Kategorie des Habens, am Mammon im weitesten Sinne. Nicht den *Reichtum,* den *Genuß* als solchen prangert Jesus so sehr an, wohl aber radikal und konsequent die Besitzsucht, die Genußsucht, die süchtige Ansammlung von Vermögen, die unfrei und hart, ja grausam machen, die dazu führen, daß man – was schon schlimm genug ist – nicht mehr nur die Sachen, die Lebewesen, die Natur, sondern auch die sozial schwächeren, ärmeren Menschen zum Objekt, ja oft Tummelplatz seiner Ausbeutungsmanipulationen macht.

Das Wort »Selig die Armen im Geiste« (Mt 5,3) – so oft in der Geschichte mißverstanden – bedeutet einfach die Bereitschaft, innerlich frei von Besitz zu sein, vom Reichtum und seinen Folgen: Luxus, Verschwendung, Unterdrückung, Ausbeutung, Härte gegen Ärmere. »Arm im Geiste« bedeutet die Freiheit von der inneren Begierde nach Reichtum. Daß dieses Wort Jesu tatsächlich so zu interpretieren ist, darauf deuten ja auch die vielen anderen Aussagen Jesu über den Sinn, genauer Unsinn des Reichtums hin. Neben der Heuchelei hat er keine andere Haltung des Menschen so gegeißelt wie die Bindung an den Mammon. Er spricht vom »Trug des Reichtums« (Mt 13,22), er macht den ungeheuerlichen Ausspruch: »Leichter geht ein Kamel durch ein Nadelöhr als ein

Reicher in das Reich Gottes« (Mt 19,24). Und er spricht das Wehe über jene Art von Glück und Zufriedenheit, die der Reichtum beschert: »Wehe aber euch, ihr Reichen: ihr habt bereits euern Trost. Wehe euch, ihr jetzt Satten: ihr werdet hungern« (Lk 6,24, 25).

Es geht aber Jesus nicht einfach um eine düster-asketische Haltung des Verzichts auf materielle Güter, sondern um jene Eingrenzung der Besitzsucht, um jenes Freisein vom ungeordneten Streben nach materiellen Gütern, das den Weg für den wahren Reichtum des Menschen, für den Ausbau und die Vertiefung seiner Innerlichkeit und für die Bereicherung seiner Kommunikationsfähigkeiten mit allen Menschen und dem Leben überhaupt freimacht. Deswegen malt er das Schicksal des Reichen, der sich »einen reichen Vorrat an Gütern« angehäuft hat, negativ aus und sagt dann von ihm, daß dieser Vorrat an Gütern ihm nichts genützt, weil er seine Seele dabei verloren habe. Und er fügt hinzu: »So geht es dem Menschen, der Schätze für sich sammelt, aber vor Gott nicht reich ist« (Lk 12,16–21).

Zwischen der unökologischen Kategorie des Habens und der ökologischen des Seins, d. h. des echten und ursprünglichen Lebens, unterscheidet schon Jesus ganz fundamental: »Habet acht und hütet euch vor aller Habsucht! Denn selbst wenn einer Überfluß hat, liegt sein Leben doch nicht an dem, was er besitzt« (Lk 12,15). Die von Erich Fromm[289] wieder so populär gemachte Unterscheidung zwischen den Kategorien des Habens und des Seins findet sich bereits an vielen Stellen des Neuen Testaments.

Daß Jesu Geißelung des Reichtums, der Kategorie des Habens tatsächlich eine überaus positive Kehrseite hat, beweist eine seiner Aussagen in der Bergpredigt, die an ökologischer Kühnheit wohl nicht mehr zu überbieten ist. Denn er kehrt die ganze menschliche Werttafel, an deren Spitze in der Geschichte so oft das aggressive, rücksichtslose Streben nach Reichtum, Macht und Geltung stand, radikal um, er vollzieht eine echte Umwertung aller Werte, wenn er erklärt: »Selig die Sanftmütigen, denn sie werden das Land besitzen« (Mt 5,5). Die »normale« Ordnung der Dinge, an die wir uns doch so gewöhnt haben, ist ja eine ganz andere. Denn dieser Ordnung zufolge nimmt gerade derjenige die Erde in Besitz, der das genaue Gegenteil eines Sanftmütigen ist, der brutal seine Ellenbogen und seine Raffinesse einsetzt, um immer mehr Land für sich zu gewinnen. Auch der Großgrundbesitz in der Bundesrepublik ist ja auf diese Weise in die Hände einiger weniger gelangt. Das Unerhörte der Vision Jesu besteht also darin zu behaupten, daß gerade diejenigen einmal das Land besitzen werden, die auf die üblichen Methoden des Konkurrenzkampfes, des Austricksens anderer Mitbewerber, des Streits, des Kampfes, des Krieges verzichtet haben. Dieses Wort Jesu kann man natürlich belächeln, als utopische Spinnerei und Narretei bezeichnen, aber die das tun, übersehen, daß das ursprüngliche Christentum in der damaligen Welt tatsächlich etwas Utopisches, Närrisches, Absurdes war, weil es gegenüber der etablierten Großordnung des römischen Imperiums keinerlei Chancen der Selbstbehauptung zu haben schien.

Auf jeden Fall drückt das Wort von den Sanftmütigen eine genuin ökologische Haltung aus, und es kann in der heutigen oder morgigen Situation ganz plötzlich eine ungeahnte Aktualität bekommen. Denn das hemmungslose Aufrüsten der beiden Supermächte führt sich inzwischen ganz besonders auf dem Boden Mitteleuropas ad absurdum. Sanftmut als Verzicht auf Rüstung und Waffen, die den atomaren Tod bringen, wird so plötzlich zur logischeren, vernünftigeren Haltung, weil nach einem ehrlichen Wort, das Altbundeskanzler Schmidt vor einigen Jahren einmal tat, Deutschland nur um den Preis seiner Selbstvernichtung zu verteidigen ist.

Sanftmut, wie sie Jesus versteht, ist auch keineswegs als geruhsame, passive, ängstlich sich duckende Haltung zu verstehen. Viel mehr als die Haltung der Aggression, die ja oft nur die Kehrseite der Angst vor dem Gegner ist, beinhaltet Sanftmut einen ökologischen Überschuß an innerer ethischer Kraft, die fähig ist, den Gegner nicht mit äußeren Mitteln der Gewalt, sondern mit der Kraft des Geistes und des Charakters zu überwinden. Jesu Ethos ist ganz grundsätzlich davon gekennzeichnet, daß er jede Gewaltanwendung und damit auch jeden Krieg ablehnt, weil sie nie aus dem Teufelskreis der Gewalt herausführen. Wer geschlagen wird, schlägt irgendwann mal zurück, und der Zurückschlagende kann sicher sein, daß er früher oder später wiedergeschlagen wird. Deshalb sagt Jesus, sozusagen in eigener Interpretation seines Wortes von den Sanftmütigen: »Ihr habt gehört, daß gesagt wurde: ›Aug um Aug, Zahn um Zahn!‹ Ich aber sage euch: Ihr sollt dem Bösen nicht widerstehen, sondern wenn dich jemand auf die rechte Wange schlägt, so halte ihm auch die andere hin; wenn jemand einen Rechtsstreit mit dir führen und dir den Rock nehmen will, so laß ihm auch den Mantel; wenn dich jemand zu einer Meile Weges nötigen will, so gehe zwei mit ihm ... Liebet eure Feinde und betet für eure Verfolger« (Mt 5,38–24). Dieser letzte Satz in der Aussage Jesu weist auf die positive Kehrseite der Haltung des Nicht-Zurückschlagens, der Gewaltlosigkeit hin, nämlich auf die Haltung der Liebe, sogar zum Feind, durch die das unter seiner Aggressivität verborgene Gute in ihm wieder geweckt werden soll, er somit innerlich überwunden, d. h. dem Frieden zugeführt wird.

Diese Art der Kritik Jesu an der Kategorie des Habens, des Besitzes, des Reichtums, des gewalttätigen Erwerbs usw. ist für die Ökologische Religion von grundsätzlicher Bedeutung, weil ein wesentliches Element dieser neuen Religiosität die präzise, analytische Kritik an der extremen Überbewertung der sog. utilitaristischen Werte, also der ökonomischen Nutzwerte im Rahmen des bestehenden Wirtschafts- und Industriesystems ist.

Die Haltungen der inneren Größe und Überlegenheit, die Jesus der Kategorie des Habens, der Absolutsetzung der materiellen Werte entgegensetzt, sind auch für die Ökologische Religion in ihrem Widerstand gegen die kapitalistische Ausbeutung des Menschen und der Natur von überragender, bleibender Bedeutung.

Eine ökologische Umwertung der Werte vollzieht Jesus auch in bezug auf *Macht- und Geltungssucht*. Zu dem von ihm geforderten fundamentalen Gesinnungswandel des Menschen gehört eben auch die Abwendung von dem Streben, Macht gegen andere anzuwenden und zu mißbrauchen. Deswegen schärft er seinen Jüngern ein: »Ihr wißt, daß die Herrscher der Völker sie knechten und daß die Großen sie ihre Macht fühlen lassen. Nicht so soll es unter euch sein. Vielmehr, wer unter euch groß sein will, sei euer Diener, und wer unter euch der Erste sein will, sei euer Knecht.« (Mt 20,25, 26) Und: »Die Letzten werden Erste, und die Ersten Letzte sein« (Mt 20,16).

Ökologische Religion will niemandem Gewalt antun, aber sie wird sich die Versuchbarkeit und Korrumpierbarkeit durch Macht, wie sie in diesen Worten Jesu angedeutet ist, stets vor Augen halten. Sie wird ihre Stimme immer dann zum Protest erheben, wenn Macht in unserem Lande nur dazu gebraucht wird, den Interessen der großen Lobbys und Konzerne und nicht der Gesamtbevölkerung zu dienen.

Überzeugt, daß der Wesenskern aller Religionen in ihrem Ursprung ganzheitlich-ökologischer Natur ist, d. h. das Heilsein des ganzen Menschen in Verbindung mit allem, was lebt und wirkt, und mit dem obersten Seinsprinzip beinhaltet und bezweckt, hat Ökologische Religion das hermeneutische Prinzip in der Hand, um das zutiefst Ökologische in vielen weiteren Aussagen und Verhaltensweisen Jesu bzw. des frühen Christentums zu entdecken und zu verstehen. Nehmen wir gleich das zentrale Motiv der Liebe, die als universale Werthaltung sogar die Feindesliebe einbeziehen soll. Jesu Gebot der Feindesliebe (»Liebet eure Feinde; tut Gutes denen, die euch hassen; segnet, die euch fluchen; betet für die, die euch verleumden«, Lk 6,27f.; vgl. Mt 5,44f.) bedeutet die nicht mehr zu steigernde emanzipatorische Entschränkung der Grenzen menschlichen Wohlverhaltens, denn der Feind ist der äußerste und entfernteste Gegenpol und Gegensatz zu jedem Menschen. Wie sehr Jesu Haltung einer aktiven Liebe zu allen Menschen die ethisch-ökologische, aber auch religiös-seinsmäßige Einswerdung mit ihnen intendiert, die Wiederherstellung des ursprünglichen göttlich-guten Einsseins aller Dinge bezweckt, zeigt sich in seinem Zugehen auf die sozial Geächteten und zu kurz Gekommenen, auf die Zöllner, Dirnen, Aussätzigen, Armen usw. Liebe ist für Jesus der *zentrale ökologische Energieimpuls,* der sich noch in seinen

Fehl- und Gegensatzformen des Hasses, des Fanatismus, der Intoleranz usw. in seiner grundlegenden Bedeutung kundtut. Liebe ist für das gesamte Urchristentum höchste und stärkste, sich selbst schenkende, Werte schaffende und mitteilende, das Geliebte zu eigener Wertverwirklichung und positiver Tätigkeit anregende Ursächlichkeit, Totalengagement der Existenz, Einsatz aller Kräfte, intensivste Bewegtheit und energischster Vollzug des eigenen Seins für alles andere. In diesem Charakter setzt Liebe natürlich eine ganze Skala weiterer Werthaltungen und ethischer Fähigkeiten voraus, z. B. schöpferisches Denken, um zu entdecken, was den anderen gut- oder nottut; Sensibilität, Kommunikativität, Solidarität, Synergetik usw. Heute wissen wir, daß Liebe jener religiös-ökologische Grund- und Zentralimpuls ist, ohne den unser Planet nicht mehr gerettet werden kann; der uns allein jene kreativen, neuen, grenzüberschreitenden Wege zur Grundlegung, Vertiefung und Festigung einer absolut notwendigen, weltweiten Solidarität aller Menschen und aller auf dieser Erde noch befindlichen Tier- und Pflanzenarten weisen kann; der uns allein auch die Schaffung einer neuen Innerlichkeit in der Psyche des Menschen ermöglicht, einer Innerlichkeit und Feinfühligkeit, ohne die jede nur-ethische Solidarität im öffentlichen Raum mit der Zeit zu einem seelenlosen Zweckbündnis degeneriert.

Das zutiefst Ökologische christlicher Liebeshaltung, der absolute Seinsgewinn an echter Menschlichkeit, der durch Liebe als positivste Grundhaltung zu allem Seienden erreicht wird, wird von Paulus im ersten Korintherbrief auf folgenden klassischen Nenner gebracht: »Die Liebe ist langmütig, die Liebe ist freundlich und ohne Neid, die Liebe prahlt nicht und bläht sich nicht auf. Sie benimmt sich nicht anmaßend und sucht nicht den Vorteil; sie läßt sich nicht aufreizen, sie trägt das Böse nicht nach; sie freut sich nicht über das Unrecht, sie freut sich mit an der Wahrheit. Alles umhüllt sie milde, alles glaubt sie, alles hofft sie, alles duldet sie« (1. Kor 13,4–7). Die so von Paulus beschriebene Liebe ist der höchste Wert in der Wertrangordnung: mehr als eleganteste, eloquenteste Formulierungs-, Überzeugungs- und Überredungskunst

(1. Kor 13,1f., 8f.), mehr als alle Erkenntnis und alles, auch das tiefste Wissen (1. Kor 13,2; 13,8–10,12f.), mehr als aller ethische Aktionismus und Opfersinn, die aber von der Liebe nicht durchformt sind (1. Kor 13,3). Alles hört nach Paulus einmal auf, die Liebe als ökologische Grundhaltung, die der künftigen endgültigen Harmonie aller Dinge allein und wesensgemäß entspricht, »hört niemals auf« (1. Kor 13,8). Diese Harmonie alles Seienden im künftigen Universalreich der Natur können wir jetzt höchstens ahnen: »Jetzt sehen wir durch einen Spiegel, rätselhaft, dann aber ›von Angesicht zu Angesicht‹ (1. Kor 13,12), d. h., daß wir die unendliche Verbundenheit und innigste Verwobenheit von allem mit allem direkt und unmittelbar erkennen werden: »Jetzt erkenne ich stückweise, dann aber werde ich ganz erkennen, wie auch ich ganz erkannt bin; jetzt bleiben Glaube, Hoffnung, Liebe, diese drei – das Größte aber von ihnen ist die Liebe« (1. Kor 13,12f.). »Das Größte«, das heißt hier bei Paulus dem gesamten Kontext zufolge: das Höchste und ewig Bleibende.

Freilich sieht man ohne weiteres, daß wir hier die neutestamentliche Grundhaltung der Liebe auf alles Seiende, auf Tiere, Pflanzen, Elemente, ausgedehnt, »ökologisch entgrenzt« haben. Die kanonischen Schriften des Neuen Testaments bekommen das Reich der nichtmenschlichen Lebewesen ganz selten in den Blick. Anders verhält es sich da schon mit den apokryphen Schriften des frühen Christentums. In ihnen begegnen gelegentlich immer wieder ans Herz gehende »Tierszenen«, Szenen also, in denen sich die christliche Liebe sehr anschaulich als eine wenigstens keimhaft auch die Gesamtschöpfung einbeziehende Haltung zeigt. Allgemein und abstrakt wird allerdings auch in Schriften des Neuen Testaments die ganze Schöpfung in den Prozeß der Evangelisation einbezogen (vgl. Mk 16,15; Kor 1,23).

Wenn Jesus sagt: »Du sollst deinen Nächsten lieben wie dich selbst« (Mt 22,38f.), so läßt sich auch daraus ein ökologischer Kern herausschälen. Eigenliebe (»wie dich selbst«) und Fremdliebe sollen ein ökologisches Gleichgewicht bilden. Wer sich nicht selbst liebt, nicht gut zu sich selbst ist, kann auch zu den anderen nicht gut sein. Ihm fehlt der am eigenen Sein gewonnene Maßstab, um das zu erkennen, was für die anderen gut und gedeihlich ist. Unökologisch ist die zu große, egoistische Liebe zu sich selbst, weil ich dann gar nicht mehr die Zeit, die Kraft, die Energie habe bzw. aufbringen kann, um auch noch die anderen zu lieben. Ich bin ja in einem solchen Fall viel zu sehr mit mir beschäftigt. Damit sich der einzelne in seiner Liebe zu sich selbst nicht verzettelt, die richtige Wertstufung in der Eigenliebe nicht durcheinanderbringt, baut Jesus ein höchstes, ökologisches Korrektiv ein: die Liebe zum absoluten, tragenden Seins- und Wertprinzip der Gesamtwirklichkeit: »Du sollst den Herrn, deinen Gott, lieben aus deinem ganzen Herzen, aus deiner ganzen Seele und all deinem Sinnen und Denken« (Mt 22,37). Dies ist zwar »das größte und erste Gebot«, aber »das zweite«, das der Nächstenliebe, »ist ihm gleich« (Mt 22,38f.), steht mit ihm in wechselseitiger, ökologischer Beziehung, so daß gesagt werden kann: »Wenn jemand sagt: ›Ich liebe Gott‹, und seinen Bruder haßt, so ist er ein Lügner; denn wer seinen Bruder nicht liebt, den er gesehen hat, kann Gott nicht lieben, den er nicht gesehen hat« (1. Joh 4,19f.). »Niemand hat Gott je gesehen; wenn wir aber einander lieben, so bleibt Gott in uns« (1. Joh 4,12). In dieser letzten Aussage wird die Liebe zum Mitmenschen (heute zu allen Lebewesen überhaupt) geradezu zum einzigen Weg und Mittel der Kontaktaufnahme mit dem Urprinzip.

Absolut positiv-ökologisches Denken, das allein dem wechselseitigen Dienst aller Dinge an allen Dingen, dem universalen gegenseitigen Geben und Nehmen, das den Kosmos der Natur bildet, entspricht, lehrt Jesus auch, wenn er verbietet, anderen auch nur zu zürnen oder sie zu beschimpfen; andere zu richten oder zu verurteilen (Mt 5,22; 7,1f.). Umfassende Versöhnung und Verständigung mit allen verlangt Jesus (Mt 5,23–26, 38–48), wobei er nicht versäumt, als Begründung einen echt ökologischen Maßstab anzufügen: »Denn . . . mit dem Maße, mit dem ihr meßt, wird auch euch gemessen werden« (Mt 7,1f.). Nicht anders als ökologisch im Sinne der ethischen Ordnungserhaltung im psychischen Haushalt des Menschen ist auch Jesu Frage zu deuten: »Was siehst du den

Splitter im Auge deines Bruders und übersiehst den Balken in deinem Auge?«, ebenso wie die von Jesus selbst gegebene Antwort: »Du Heuchler, ziehe zuerst den Balken aus deinem Auge – dann magst du zusehen, wie du den Splitter aus deines Bruders Auge entfernst!« (Mt 7,3–5).

Ökologisch im Sinne geistig-psychisch-körperlicher Gesundheit und Gesunderhaltung ist ferner der Jesus-Spruch »Wo dein Schatz ist, da wird auch dein Herz sein« (Mt 6,21) zu deuten. Er bedeutet, daß der Mensch, der einen Wert liebt, sich durch die Art dieses Wertes, seine ethische oder unethische Qualität, den Ort, den er in der Rangordnung der Werte einnimmt, vervollkommnen oder erniedrigen, Heil oder Unheil bewirken, sich also gesund oder krank machen kann. Das wird noch deutlicher in Verbindung mit dem bald darauffolgenden Satz: »Niemand kann zwei Herren dienen; denn entweder wird er den einen hintansetzen und den anderen bevorzugen, oder er wird sich umgekehrt an jenen halten und diesen mißachten. Ihr könnt nicht Gott dienen und dem Mammon« (Mt 6,24 f.). Man kann also nicht so tun, als ob man mit gleicher oder annähernd gleicher Liebe gleichzeitig einen höheren und einen niedrigeren Wert umfassen könnte. Der seelische Haushalt erträgt das nicht. Ökologisch »clean« ist die Entscheidung für *eine* Sache, die es verdient, geliebt zu werden. Alles andere zerstreut, »dissipiert« die psychischen Energien, desintegriert den Menschen. Tatsächlich dient jeder Mensch in Wirklichkeit immer einem Höchstwert, fragt sich nur: welchem? Oft ist dieser Höchstwert so niedrig, so wenig »salonfähig«, daß es der Betreffende sich selbst nicht eingesteht und »offiziell«, d. h. vor seiner Umgebung, sich zu ganz anderen Werten bekennt, auch so tut, als ob er diese Werte zu realisieren sucht. Die »doppelte Buchführung« in privatem wie öffentlichem Leben (andere Werte werden verkündet, andere praktiziert) ist ja ein bekanntes Phänomen. Heil, gesund kann die Psyche nur sein und werden, wenn sie im Innern wie »draußen« denselben seinsmäßig vertretbaren Wert bekennt, sich ihm hingibt, ihn so realisiert. Dieser Wert ist nur *einer* als Höchstwert der Psyche, aber das bedeutet nicht, daß die Psyche nun auf den Reichtum der vielen anderen Werte verzichten muß. Sie werden nur in eine ökologische Ordnung, Unterordnung, Beziehung und Perspektive zum Hauptwert der Psyche gebracht. Wer z. B. im Rahmen Ökologischer Religion die Liebe, die Güte, das Wohlwollen für alle Wesen zum Hauptwert erhebt, hat ganz offensichtlich die günstigsten Rahmenbedingungen der Offenheit und Empfänglichkeit für alle positiven Werte überhaupt geschaffen.

Heute klingen die Worte Jesu: »Ihr könnt nicht Gott dienen und dem Mammon« wie ein vernichtendes Gerichtsurteil über einen Haupttrend unserer Zeit. Es ist ja der Dienst am Mammon die Seele des Kapitalismus. Das Profitstreben als höchster Wert des technisch-industriellen Zeitalters bewirkte die rabiate unökologische Plünderung, Ausbeutung, Zerstörung der Natur und – im Gefolge dessen – der menschlichen Seele, weil diese ebenfalls Natur, ein denkend-fühlender Teil der Natur ist. Der Spruch Jesu hat sich bewahrheitet: Der Kapitalismus, der Dienst am Mammon, hat sich als gottlos, und d. h. als zutiefst unökologisch erwiesen. Die Globalkrise, in der wir stehen, ist das geschichtliche Gottesurteil über den Kapitalismus. Das Urchristentum ist antikapitalistisch, gegen Geldhäufung, Profit, Wucher eingestellt. Aber es bedurfte der 2000 Jahre »christlich« sich nennender Geschichte und der ökologischen Beinahe-Katastrophe, um zu beweisen, daß der Kapitalismus menschen- und naturverachtend, menschen- und naturvernichtend ist. Vielleicht ist das Christentum überhaupt nur der grandiose, bisher allerdings gescheiterte Versuch in der Menschheitsgeschichte, ohne Macht und Reichtum, unter Verzicht auf diese sonst stets weltbewegenden »Größen«, den Menschen zur *Selbst*-Verwirklichung, zur eigentlichen Seinswerdung zu führen; die reflex-bewußte und ethisch aktive Einfügung in das Ganze des Seins (also mit Einschluß des absoluten Prinzips) zu verwirklichen; das Sein in diesem Sinne und als Gegensatz zum Haben zum alleinigen ethisch-ökologischen Imperativ zu erheben. Im tiefsten Grunde ist das Christentum antikapitalistisch, auch wenn die Kirchen sich stets mit dem Kapitalismus verbunden haben (trotz ihrer – der Theorie nach – nichtkapitalistischen Soziallehre).

Heute steht die Menschheit vor der Entscheidung, weiterhin der unökologischen, kapitalistischen (Ver-)Nutzung aller Lebewesen und Dinge zu frönen, womit der Tod der Menschheit zwangsläufig gegeben wäre (»Du Tor, heute nacht noch wird dir die Seele abgefordert – wem wird dann gehören, was du aufgehäuft hast«; Lk 12,20); oder aber entschieden, nicht zwiespältig (»Man kann nicht zwei Herren dienen«), den ökologischen Weg der Rettung aller Natur auf unserem Planeten einzuschlagen, womit das so lange vernachlässigte, oft totgetretene Leben wieder in seine ursprünglichen Rechte eingesetzt würde und sich ganz neue Perspektiven für ein Universalreich des Lebens eröffnen würden. Die Voraussetzung dafür ist, daß ab sofort ökologische Maßstäbe alles ökonomische, industrielle, politische Handeln leiten.

Nicht anders als ökologisch zu verstehen ist ferner Jesu Wort: »Nicht die Gesunden bedürfen des Arztes, sondern die Kranken.« Ebenso die Fortsetzung mit dem ironischen Seitenhieb auf die sog. Gerechten: »Ich bin nicht gekommen, Gerechte zur Umkehr zu rufen, sondern Sünder« (Lk 5,31f.). Ökologisch erweitert und vertieft werden müßten zahlreiche Aussagen des Neuen Testaments über die Sünde: Sünde als Isolation, als Abkapselung von der Lebensgemeinschaft, vom Zusammenhang mit allen und allem. Sünde als Verschuldung gegen Lebensgesetze der Psyche und des Körpers. Die Sünden des Hasses, der Mißgunst, der Intoleranz als Vergehen gegen das in der ganzen Schöpfung dominieren sollende Prinzip der Sympathie und des gegenseitigen Wohlwollens usw.

Eminent ökologisch interpretierbar ist sodann Jesu Rede vom Weinstock und den Reben (Joh 15,1ff.). Alles, die ganze Schöpfung, hängt als Zweige und Reben zusammen am Urprinzip, dem Weinstock. Von dorther strömt alles Leben, alle Kraft, alle Gnade in alle Elemente der Natur, in die Pflanzen, Tiere und Menschen. »Wer in mir bleibt und in wem ich bleibe, der trägt viel Frucht. Denn getrennt von mir könnt ihr nichts tun. Wenn jemand nicht in mir bleibt, der... verdorrt« (Joh 15,5f.).

Hier müßten jetzt noch zahlreiche weitere ökologische oder einer ökologischen Deutung zugängliche Motive des ursprünglichen Christentums erörtert bzw. diskutiert werden. Doch müssen wir spätestens an dieser Stelle die Untersuchung dieser Motive abbrechen, wenn wir den Rahmen des Kapitels nicht sprengen wollen.

Es wird nun immer eine der größten Paradoxien der Religionsgeschichte, einer der kuriosesten Unfälle der Menschheitsgeschichte bleiben, daß ausgerechnet auf dem Boden, ja aus dem Schoß des Christentums als einer Religion, die zunächst einmal ökologisch und nonkonformistisch, friedfertig und gewaltfrei angelegt war, eine derart perfekt auf Herrschaft und Gewalt, Intoleranz und Unfreiheit ausgerichtete religiöse Mammutorganisation wie die römisch-katholische Kirche entsprang.[290] Es war ja ein durchaus positiv-ökologisch zu bewertendes Uranliegen des frühen Christentums, die letzte Unverfügbarkeit des Menschen durch politische und gesellschaftlich-wirtschaftliche Herrschaftsformen zu verkünden und zu verteidigen; Anpassung und Anlehnung an ungerechte und unmoralische Herrschaftsverhältnisse abzulehnen; den »Mächten und Gewalten dieser Welt« ihre allmächtige Faszinations- und Vergewaltigungskraft zu nehmen; die Kategorien »Herrschaft«, »Gewalt«, »Unterdrückung«, »Versklavung«, »Ausbeutung« grundsätzlich zu entwerten. Spätestens seit dem 4. Jahrhundert, also seit der Einläutung der im Grunde bis heute andauernden konstantinischen Ära des (verkirchlichten) Christentums, haben sich jedoch alle diese ökologischen Anliegen des frühen Christentums immer mehr in ihr Gegenteil verkehrt.

Dem kann jetzt aber nicht weiter nachgegangen werden. Statt dessen seien wenigstens noch einige kurze Hinweise auf ökologische oder ökologisch interpretierbare Elemente in anderen, nichtchristlichen Religionen angefügt. Es ließe sich zeigen, wie viele ökologische Elemente allein in den von uns gern als primitiv abqualifizierten Naturreligionen enthalten sind. In gewisser Weise sind diese Religionen, mit all ihren Verrichtungen und Tabus, nur die auf der menschlichen Ebene vollzogene Fortsetzung der Anstrengung der Natur, sich im ökologischen Fließgleichgewicht zu erhalten, neue ökologische Gleichgewichte zu erringen, wenn die alten aufgrund der Veränderung der Umwelt oder infolge von Katastrophen verlorengegangen sind. Viele Vorschriften in den Religionen der Menschheit seit der Urzeit und den primitivsten Anfängen der Kultur waren ökologische Lebensgesetze, allen voran die »goldene Lebensregel«, die man bei Konfuzius ebenso wie bei Jesus finden kann: »Was du nicht willst, daß man dir tu, das füge keinem anderen zu!« Bei Konfuzius ist diese Regel ein »ökologisches« Gegenseitigkeitsgesetz zwischen Herrscher und Volk: »Was er nicht will, daß ihm getan werde, tut er auch den anderen nicht.« Eingebettet ist dieses Gesetz in eine umfassende, ebenfalls ökologisch qualifizierbare und vertiefbare Haltung der Pietät (»hsiao«), womit er ungefähr die respektvolle Beziehung und Hinordnung zu den Gemeinschaftsformen und den Vorfahren meinte. Diese Grundhaltung der Pietät soll sich in allen menschlichen Verhaltensweisen anderen gegenüber auswirken und verwirklichen. Konfutse hält fünf Verhaltensweisen des Menschen für wesentlich: 1. die Güte des Fürsten – die Loyalität des Untertanen; 2. die Liebe des Vaters – die Anerkennung durch den Sohn; 3. das Wohlwollen des Älteren – die Ehrfurcht des Jüngeren; 4. die Gerechtigkeit des Mannes – der Gehorsam der Frau; 5. die Treue des Freundes – das Vergelten des Freundes.

Klar, daß diese Formulierungen heute – teilweise auch inhaltlich – verbessert werden müßten, den echten Anliegen beispielsweise der Frauenemanzipation Rechnung getragen, das ökologische Gleichgewicht von Frau und Mann hergestellt werden sollte. Vor allem aber müßte diese Verhaltensliste um einen wesentlichen Punkt erweitert werden: um das pietätvolle Verhältnis zur Gesamtnatur, den gerechten Umgang mit Tieren und Pflanzen. Allerdings lassen sich die fünf alten chinesischen Tugenden, deren Pflege und Übung der Meister empfiehlt, ohne weiteres ökologisch erweitern und vertiefen. Diese Tugenden sind: Humanität (»jen«), Rechtschaffenheit (»i«), Sinn für das Passende (»li«), Wahrheit (»hsin«) und Weisheit (»chi«). Welcher Einsichtige könnte heute leugnen, daß z. B. das in unserer Weltzeit allein »Passende« die Hereinnahme der Tiere, Pflanzen, Elemente und

Landschaften in unsere umfassende und ganz real-praktische Fürsorge sein muß und daß nur so der »Wahrheit« der Dinge, der
»Weisheit« der Gesamtnatur Rechnung getragen wird und der
Mensch allein auf diese Weise heute noch »Humanität« und
»Rechtschaffenheit« verwirklichen kann. Auch Jesu Gebot der
Nächstenliebe ist ja, wie wir sahen, ein Gesetz der Komplementa-
rität, der Verganzheitlichung zwischen mir und dem anderen, das
heute um die Komponente der Gesamtnatur erweitert und bereichert werden muß. Nicht nur der andere, auch *das* andere muß so
geliebt werden, wie jeder sich selbst liebt.

Eine weitere Religion Chinas ist der Taoismus. Er ist heute eine
derartige Mischreligion, daß er sich angemessen kaum mehr beschreiben läßt. Mythisches, Magisches, Mystisches, religiös ver-
brämte Zauberei, naturalistischer Götter- und massiver Dämo-
nenglaube, Weihungen und Beschwörungen durch Taoistenprie-
ster bilden zusammen eine Mischung, aus der sich jeder holen
kann, was er für sein religiöses Bedürfnis braucht. Dabei läßt sich
gerade der ursprüngliche Taoismus kaum anders als ökologisch-
religiös verstehen, denn er ist eine originelle, hochstehende, my-
stisch-ethische Weisheitslehre. Die klassische heilige Schrift der
philosophischen Richtung des Taoismus ist das Tao-te-king, das
Buch vom Wege *(»Tao«)* und seiner Kraft *(»Te«)*. Tao ist Richt-
schnur des Lebens, Lebens-, ja Natur- und Weltgesetz; als solches
aber nicht nur eine Idee, ein idealer Maßstab, sondern umfassendste, maßgebliche Wirklichkeit, aus der dann erst alle Gegensätze
und deren höchster, der Gegensatz von Himmel und Hölle, als Er-
scheinungsform des Tao entstehen. Tao wirkt in allem als höchster
Maßstab, oberstes Gesetz und eigentliche Wirklichkeit; jedes
Ding, jedes Geschehen, sei es gut oder böse, mündet wieder in das
Tao. Es ist die ruhig-friedvolle, sozusagen ökologische Einheit
über den Gegensätzen. Es wirkt ökologisch, d. h. nicht durch
Krampf, Anspannung, Aktivität, vielmehr wirkt es alles durch
»Nicht-Wirken« *(»wu wei«)*. Daher sollen auch die Hauptideale
des ethischen Lebensgesetzes des Menschen solche nicht anders
als ökologisch zu qualifizierende Tugenden wie Gelassenheit,

Stille, Natürlichkeit, Güte, Demut, Tiefe, Wahrhaftigkeit, Spontaneität und keinerlei Schielen auf Lohn für ethische Verdienste sein. Wer auf diese Weise im Einklang mit dem namenlosen, unnennbaren, aber alles ordnenden Tao steht, dem fließen außerordentliche Kräfte *(»Te«)* zu. Viele Europäer kennen das berühmte Gleichnis Laotses, Wasser sei weicher als Stein, aber es schleife den Stein. So sei auch das stille, langsame, langanhaltende Wirken der Natur stärker als alles Effektheischende und Lärmende. Laotse gilt als Begründer des Taoismus, doch halten ihn manche für eine legendäre Gestalt.

Auch am japanischen Schintoismus muß ein ökologischer Zug hervorgehoben werden: die gelebte und erlebte Gemeinschaft mit dem Land, der Natur (ihren Tieren, Pflanzen, Flüssen, Seen, Bäumen und Blumen), der Familie, dem Wohnort usw. Unter den vom Schintoismus hochgeschätzten Tugenden der Ritter, der Samurai (Ehre, Selbstbeherrschung, Pflichterfüllung, Todesverachtung) müßte heute die Pflichterfüllung so verstanden werden, daß der Mensch auch eigentliche Pflichten gegenüber allen Lebewesen zu übernehmen hat, daß er ihre Interessen und Rechte voll anerkennt und engagiert vertritt.[291]

Im Hinduismus hat z. B. der Karmaglaube einen ökologischen Aspekt. Das Karma-Gesetz der sittlichen Kausalität besagt, daß man für alles Böse, an irgendeinem Wesen begangen, irgendwann büßt, und zwar gleichsam automatisch, ohne Intervention eines personalen göttlichen Richters. Das Karma, die Summe der Werke und Handlungen eines Menschen im Laufe seines ganzen Lebens, in seiner dann je nachdem überwiegenden guten oder schlechten Qualität entscheidet darüber, welche Daseinsform die Seele in einer weiteren Reinkarnation (Wiederverkörperung) erhält, ob man z. B. als Mensch (und mit welchem sozialen Rang), Tier, Pflanze oder Stein wiedergeboren wird. Noch höhere Daseinsformen sind auch an bessere Qualitäten des Karma gebunden.

Im Hinduismus sind aber – der Meinung der Mehrheit der Hindus nach – die Schichten Mensch, Tier, Pflanze, Stein im tiefsten eines Seins, eines Wesens. In einer großen Demokratie alles Seienden sind sie alle wesensverwandt und -verbunden. Das hierarchische Denken des Westens ist dem Hindu (trotz des Kastenwesens) in bezug auf die Lehre vom Sein und vom Seienden, also die Ontologie, fremd. Seine Ontologie ist ökologisch und demokratisch, die des Westens eher hierarchisch und aristokratisch.[292] Leider neigt der Hinduismus, wie schon wiederholt erwähnt, wieder zur Auflösung aller Gestalten der Natur einschließlich des Menschen in der einen umfassenden göttlichen Wirklichkeit, dem *brahman*. Die Verwirklichung der Einheit des tiefsten Selbst im Menschen mit ihm, also von *atman* und *brahman*, durch den, der Welt und Natur radikal als Schein durchschaut hat, führt zur Zerreißung der Kette (des »ewigen Rades«) der Wiedergeburten, zur Erlösung vom *samsara*, der sonst unendlichen Folge von Wiederverkörperungen.

Ein besonders ökologisches Fundamentalprinzip und -motiv im Buddhismus ist die allem, was da west und lebt, zugewandte *metta*- oder *mahamaitri*-Gesinnung, d. h. der Geist einer großen, grenzenlosen, fundamental wohlwollenden Sympathie für alle Welt. Diese Gesinnung gilt dem Buddhismus als eigentliche Gegenhaltung zur egoistischen Lebensgier. Von den fünf »Weltfesseln«, die die »Gier« *(»tanha«)*, der egoistische Lebensdurst, dem Menschen anlegt, ist für Buddha die schlimmste, weil »die Wurzel des Bösen«, der »Haß – der Hang zur Feindseligkeit«. Daher übertrifft auch die *metta/mahamaitri*- Gesinnung, der »grenzenlose Geist der Liebe für alle Welt – ohne Haß, ohne Feindschaft« alle anderen der »Geistbefreiung« dienenden Werthaltungen. Dementsprechend verlangt Buddha als eine der ersten sittlichen Disziplinen von seinen Anhängern, sich jeglicher »Gewalttätigkeit gegenüber allen Wesen«, die, unabhängig davon, ob sie »Pflanze, Tier oder Mensch sind – vor der Gewalt zittern«, jeglicher »Verletzung« und »Tötung lebender Wesen« zu enthalten. Das »Erbarmen für alle Lebewesen« soll dazu führen, daß man »keinen Stock, keine Waffe anrührt«, daß man »voll Scheu vor dem Wehetun« ist, so daß schließlich alle und alles »in Glück und Frieden leben können«.

Man kann direkt von einer empirischen Kausalpsychologie des Friedens und des Krieges in den buddhistischen Lehren sprechen, da das grundlegende Hindernis der Erreichung des höchsten Friedens im Nirvana, die in den verschiedenen buddhistischen Schulen feinsinnig und subtil analysierte Gier, nicht bloß die individuelle Befreiung unmöglich macht, sondern auch den Kollektivfrieden zwischen ganzen Völkergruppen und Staaten, zwischen Mensch und Natur überhaupt, vereitelt. Allerdings zeigt sich auch im Buddhismus – wie vorhin im Hinduismus – ein gewisser natur-auflösender Zug. Denn diese Gier, der Egoismus in all seinen Formen, der auch den Hang zu Feindseligkeit, Streit und Haß umfaßt, setzt nach buddhistischer Auffassung erst eigentlich die Natur, zumindest soweit sie Erscheinungswelt ist, setzt die Welt der sinnlich wahrnehmbaren Phänomene, die Welt des Scheins und der Täuschung (»maya«), des Nichtwissens und Leidens.

Nichtsdestoweniger sind die Hauptanliegen buddhistischer Ethik, das »Nicht-Gewalt-Antun«, »Nicht-Verletzen«, das »grenzenlose Wohlwollen für alle Wesen«, das auch auf die nichtmenschliche Lebenssphäre ausgedehnte Verbot des Tötens ökologische Elemente von bedeutsamer Tragweite für die Herstellung einer im Rahmen der menschlichen Möglichkeiten befriedeten Natur.[293] Daß diese Grundmotive buddhistischer Ethik nicht abstrakt-irreal bleiben müssen, zeigt nicht nur die auf ihnen basierende tatkräftige Friedenspolitik des Kaisers Ashoka (273–232 v. Chr.), des größten Staatsmannes der altindischen Geschichte, sondern auch der vom Buddhismus beeinflußte »Feldzug ohne Schwert« des Hindu Mahatma Gandhi. Lautet doch auch das Leitmotiv seiner politischen Ethik »ahimsa« (Gewaltlosigkeit, Sanftmut), womit er sich dem »Gesetz der Bestie«, in der »der Geist schlafend liegt«, entgegenstellt. Diese Gewaltlosigkeit ist ermöglicht durch »die Kraft der stärkeren Seelen«, die Kraft der mitleidenden Liebe. Diese wird sich nach Gandhi letztlich als »der Gewalt unendlich überlegen« erweisen. Für ihn ist Religion, wie er sie versteht und lebt, Humanisierung und Ethisierung, heute können wir sagen: Ökologisierung der Politik: »Politik ohne Religion ist eine Menschenfalle, die die Seele tötet; ich habe versucht, Politik mit Religion zu verbinden«, mit dem »unverrückbaren Etwas im Menschen, das keine Anstrengungen zu groß findet, um zur vollen Entfaltung zu gelangen – das die Seele nicht ruhen läßt, bis sie zu sich gefunden hat«.[294]

Aus Raumgründen müssen wir uns die weitere Herausarbeitung wichtiger ökologischer bzw. ökologisch deutbarer Phänomene aus den nicht-christlichen Religionen versagen. Ein gewaltiges, buchfüllendes Thema wäre allein schon die aktuelle ökologische Bedeutung der von Taoismus und Konfuzianismus geformten klassischen chinesischen Medizin, wobei auch ihr philosophischer und weltbildlicher Hintergrund heute wieder verstärkt an Bedeutung gewinnt.[295] Vor allem die Vorstellung vom *Ch'i,* die in fast allen naturphilosophischen Schulen Chinas eine wichtige Rolle spielt, zeigt wesentliche Übereinstimmungen mit dem Feldbegriff der modernen Quantentheorie, worauf F. Capra in seinem Buch *Das Tao der Physik* aufmerksam gemacht hat. »Wie das Quantenfeld wird auch Ch'i als dünne, nicht wahrnehmbare Form von Materie aufgefaßt, die im gesamten Raum vorhanden ist und sich zu festen materiellen Objekten verdichten kann... So verdichtet und verdünnt sich Ch'i rhythmisch und erzeugt alle Formen, die sich gelegentlich wieder in der Leere auflösen.«[296] Capra hat auch die Übereinstimmung des Ch'i (wörtlich: »Gas« oder »Äther«, sinngemäß etwa: »Lebensatem« und »den Kosmos in Gang haltende Energie«) mit Wilhelm Reichs Vorstellung von der Bioenergie betont: »Wie die Chinesen hob auch Reich die zyklische Natur des Fließvorganges im Organismus hervor, und wie die Chinesen betrachtete auch er den Energiefluß im Körper als Widerspiegelung eines Vorgangs, der im Universum im großen abläuft. Für ihn war Bioenergie die besondere Manifestation einer Form der kosmischen Energie«[297], die er bekanntlich »Orgon-Energie« nannte.

Wie gesagt, wir brechen hier die Untersuchung ökologischer Elemente in den vorhandenen Religionen ab. Wir können dies auch aus einem sachlichen Grund berechtigterweise tun. Denn zwar wird es ein immer noch zu vertiefendes und zu intensivierendes Anliegen der im vorliegenden Buch vorgestellten Ökologischen Religion sein, den verschütteten ökologischen Kern der bestehenden und vergangener Religionen aufzudecken, entsprechende Motive in ihnen zu sammeln, nach ihrer Wertigkeit einzustufen und zu systematisieren. Aber selbstverständlich besteht Ökologische Religion nicht allein und nicht einmal in erster Linie darin. Diese entdeckende, ordnende, systematisierende Arbeit ist immer nur Arbeit im Vorfeld der eigentlichen Ökologischen Religion. Diese besitzt den entscheidenden, direkten, unmittelbaren Vorteil und Vorsprung vor allen anderen Religionen in einer Reihe von Gesichtspunkten, die sogleich aufgezählt werden sollen: 1. Ökologische Religion verkörpert ein höheres, soweit zu sehen ist, das höchste, reflexeste Bewußtsein, das expliziteste Wissen darum, daß der Kern, die Sinnmitte, das Grundanliegen aller echten Religionen im Fundament ökologischer Natur ist. Die meisten Religionen ahnten diesen Kern bestenfalls. In der Gestalt eines eigentlichen Wissens um ihn tritt uns praktisch keine Religion entgegen. Auch wo faktisch die Mehrheit der religiös-ethischen Lebensregeln einer Religion eine ökologische Zielsetzung hat, ist dies in den allermeisten Fällen ein factum brutum, ein dunkler, nicht oder nicht voll durchschauter Tatbestand, mehr eine Folge des übergreifenden, kollektiven, auf gesunde Ganzheiten und Fließgleichgewichte von Mensch und Natur abzielenden Lebensinstinkts. Ökologische Religion ist daher insofern eine *Neue Religion,* als sie das Ökologische, das andere Religionen als Teilstücke und fragmentarische Elemente besitzen, ohne es in seiner zentralen ökologischen Bedeutung erkannt und verstanden zu haben, bewußt und systematisch zum eigentlichen A und O der Religion macht, explizit-wissentlich zum zentralen, wertentscheidenden Kern erhebt.

2. Sodann wäre diese Ökologische Religion nicht das, was sie ist, nämlich das reflexeste Bewußtsein vom Heilsein oder Heilwerden aller Menschen, aller Lebewesen, aller Dinge durch die richtige, eben ökologische Beziehung zu allem anderen und zum Ganzen

der Wirklichkeit, wenn sie sich nicht offen und ausdrücklich als »Natur-Religion« erklären und bekennen würde. Sie ist Naturreligion auf einer höheren Entwicklungsstufe des menschheitlichen Bewußtseins. Auch damit besitzt Ökologische Religion einen Vorsprung vor allen anderen Religionen. Denn wie diese bestenfalls latent ökologisch sind, so sind sie auch alle wenigstens zum Teil Naturreligionen, ohne das jedoch durchschaut zu haben. Das Ökologische kann ja nur im umfassenden und bergenden Bezugsrahmen der Natur existieren und wirksam werden. Das Ökologische ist eine (positive) Funktion der Natur. Ökologisch kann nichts Künstliches, Manipuliertes, Ausgebeutetes, Widernatürliches sein, ökologisch kann immer nur die Natur und alles Natürliche sein. Das heißt eben, daß Ökologische Religion Natur-Religion sein *muß*.

3. Wie ebenfalls schon gesagt, ist Natur die umfassendste Bestimmung des Seins, der ganzen Wirklichkeit unter dem Gesichtspunkt des Hervorbringens *(natura naturans)* und des Hervorgebrachtwerdens *(natura naturata)*. Da aber jede Religion wenigstens keimhaft das Ganze der Wirklichkeit umfassen will, ist sie an sich, ohne unbedingt sich dessen bewußt sein zu müssen, Natur-Religion. Alle Religionen sind latent Naturreligionen. Viele Religionen, z. B. gerade die, die sich »Kultur-Religionen« nennen oder die theistischen Religionen, würden die Identifikation mit irgendeiner Art von Naturreligion empört ablehnen. Wenn aber Natur richtig verstanden wird, nämlich als die ganze Wirklichkeit in ihrer Weite und Tiefe unter dem Gesichtspunkt der verursachenden Prinzipien, des normgebenden allursächlichen Erst- oder Letztprinzips und der Fülle der hervorgebrachten Erscheinungen, dann sind eben auch die gerade genannten Religionen Naturreligionen. Aber gegenüber den theistischen Religionen, wie sie sich nun einmal faktisch verstehen, besitzt die Ökologische Religion den Vorteil, keine Verdoppelung der Wirklichkeit zu behaupten. Theistischen Religionen gilt ja Gott als der Überweltliche, Unweltliche, Übernatürliche, Außernatürliche und Außerweltliche. So wird er zum (mit der Zeit lästigen) Überbau über der (sonsti-

gen) Wirklichkeit. Dieser Dualismus, gerade der offiziell herrschenden Religion des Westens, ist natur- und wirklichkeitsfremd.
Der Gedanke, das Sein sei nicht eines und identisch mit sich selbst
und könne daher ge- oder zerteilt werden, ist im Grunde logisch
nicht durchführbar. Auch die – meist abschätzig – so klassifizierten
Pantheisten und Panentheisten des Westens konnten sich ja mit
der dualen Aufspaltung des Seins in ein absolutes, göttliches und
ein allseits bedingtes, abhängiges, weltliches nie anfreunden, und
zwar nicht allein – wiewohl häufig genug – wegen ihres mystischen
Einheitserlebens und -erfahrens der Wirklichkeit, sondern auch
schon aufgrund der rein rationalen Einsicht in die Unmöglichkeit,
das Sein als ein Zweifaches zu denken, d. h. ein wesenhaftes, un-
verursachtes, erstes Sein anzunehmen, das dann trotzdem ein anderes Sein oder besser Seiendes als wesensverschieden von sich
selbst setzen soll. Nur durch kirchlichen, d. h. institutionalisierten
Machtanspruch, der sich »selbstverständlich« jeweils »von oben
her«, also durch Berufung auf eine vermeintlich ergangene göttliche Offenbarung, legitimiert, läßt sich im Grunde das Auseinan-
derklaffen des Seins in Gestalt einer dann notwendigerweise des-
potisch erscheinenden Gottheit und in Gestalt einer von ihr we-
sensverschiedenen, aber abhängigen Welt aufrechterhalten. Zwar
kennt alles religiöse Denken, auch dessen höchste Intensitäts-
form: das mystische Erfahren, natürlich die zwei Gesichter des (jedoch) *einen* Seins: eine wahre, wesentliche, eigentliche, transzendente Wirklichkeit und ein kontingentes, zufälliges, uneigentli-
ches Schein-Sein *(maya)* und darin liegt auch das Wahrheitskorn
des Dualismus, der jedoch diese beiden Aspekte zu metaphysi-
scher Würde und Seinsmacht erhebt, d. h. das Sein in zwei wesenhaft ungleichrangige Hälften zerteilt und dann und deshalb aus
den sich auf dieser Grundlage einstellenden Aporien und Ausweg-
losigkeiten nicht mehr herauszufinden und diese Hälften nur willkürlich und rein äußerlich wieder zusammenzukitten vermag.

Ökologische Religion hat also allen dualen, theistischen usw.
Religionen den Vorteil der Logik voraus, weil sie logisch-konse-
quent in der einen und einzigen, allesumfassenden Wirklichkeit,

die als hervorbringende und hervorgebrachte eben die Natur im Vollsinn dieses Begriffs ist, auch das absolute Prinzip immanent-transzendent (transzendent allein durch seine überragende Seins-qualität) beheimatet sein läßt. Indem sie die so aufgefaßte (und so aufgefaßt werden müssende) Natur in den Mittelpunkt aller ihrer Interessen stellt, vereigentlicht sich Ökologische Religion zur Religion schlechthin, weil jetzt in ihr alle bisher weitgehend verborgenen Tiefenintentionen der Religionen deutlich und reflex-bewußt zum Vorschein und Tragen kommen. Nur durch ihre Wiederanbindung (religare) an das ökologische Zentralmotiv und die Natur als umfassendste Wirklichkeit können in der heutigen politisch-wirtschaftlich-industriell-technokratischen Globalkrise die Religionen wieder »religiös« werden. Viele ernste Menschen beschäftigt ja heute die Frage, warum Religionen »nicht wirklich religiös«, »nicht notwendigerweise religiös« sind, warum »sie sogar dazu neigen, unreligiös zu werden«.[298] Die Antwort drängt sich auf: weil sie sich vom Leben, vom Nährboden der Mutter Natur, von den ökologischen Lebensgesetzen entfernt oder getrennt haben.

Die drei hier eben erörterten Gesichtspunkte zeigen nochmals deutlich, inwiefern Ökologische Religion einerseits das Ende, andererseits die Vollendung aller anderen Religionen bedeutet.

Wollte man abschließend das Ganze der Ausführungen des vorliegenden Buches in den breiteren Rahmen der neuzeitlichen und modernen Geschichte der Religionskritik stellen, dann könnte man sagen: Nach der anthropologischen Religionskritik Ludwig Feuerbachs, der sozio-ökonomischen von Karl Marx und der psychoanalytischen Sigmund Freuds tritt die Menschheit jetzt beinahe zwangsläufig, weil gezwungen durch die gegenwärtige Weltzeit einer industriell-technokratischen Fundamentalkrise, in die Phase der ökologischen Kritik der Religion(en) ein. Aber während sich die drei erstgenannten Phasen der Kritik fast nur negativ-destruktiv für die Religion auswirkten, kann, wie das vorliegende Buch zeigt, die ökologische Kritik der Religion(en) direkt und ohne größere Schwierigkeiten in das grundlegend und durchgehend positive Konzept einer Ökologischen Religion einmünden und übergehen. Diese Ökologische Religion erfüllt den eigentlichen und tiefsten Sinn von Religion, schält heraus, befreit und verwirklicht jenen Kern, den alle Religionen insgeheim immer schon intendierten und dennoch in der bisherigen Geschichte nie ganz erreichten. Insofern stellt Ökologische Religion als umfassendste Lebensgestimmtheit und stärkstes Motivfeld für alle ökologischen Aktionen und Friedensbemühungen auf unserem Planeten eine Hoffnungsperspektive für die Menschheit an der Schwelle zum dritten Jahrtausend dar. Man kann durchaus und begründeterweise die Prognose wagen: Entweder wird die Menschheit jenen religiösen Schwung aufbringen, ohne den in der ganzen uns bekannten Menschheitsgeschichte nie ein Sprung auf eine höhere Stufe des Bewußtseins und der Kultur zustande kam, oder sie wird nicht überleben. Entweder sie sammelt all ihre ökologisch-religiösen Energien, um sich auf ein neues Bewußtseins-, Gesinnungs- und Motivationsniveau hinaufzuschwingen, auf dem dann das Ökologisch-Ethische absoluten, radikalen und durchgehenden Vorrang vor allem Politischen, Ökonomischen, Industriellen und Technischen hat, oder es wird sie im nächsten Jahrtausend überhaupt nicht mehr geben. Nur der öko-religiöse Schwung, der alles vereint, kann die angemessene Gegenkraft zu allen Mächten der Spaltung sein, wie sie in der immer höher geschraubten Rüstungsspirale der beiden opponierenden Weltmächte ihren bisher deutlichsten negativen Ausdruck gefunden hat.

Anhang

Anmerkungen zur Einleitung

1 H. Mynarek, *Religiös ohne Gott?* Neue Religiosität der Gegenwart in Selbstzeugnissen. Eine Dokumentation, Düsseldorf 1983.

2 Aurelius Augustinus, *Bekenntnisse* (Übers. W. Thimme), Zürich 1950, X.8.15.

3 A.a.O. 218.

4 Der im Dezember 1985 verstorbene Hans F. Erb, Vorstand des Erb-Verlags, vorher längere Zeit Geschäftsführer erst im Fischer-, dann im Ullstein-Verlag.

5 Daß auch hierzulande diese Identifikation von Religion und Christentum nicht mehr generell den Tatsachen entspricht, zeigt das Buch *Religiös ohne Gott?*.

6 H. Sachsse, *Ökologische Philosophie*, Darmstadt 1984, Vorwort.

7 R. Sheldrake, *Das schöpferische Universum,* München 1983.

8 H. v. Ditfurth, *Wir sind nicht nur von dieser Welt,* Hamburg 1981, 247.

9 Vgl. dazu F.-A. Popp, *Biologie des Lichts,* Berlin 1984, und »Trendwende«, Nr. 5/1984, 1–3.

10 H. Mynarek, *Religion – Möglichkeit oder Grenze der Freiheit?,* Köln 1977, letztes Kapitel.

11 Näheres bei H. Mynarek, *Zur Religionskritik von Karl Marx,* in: O. K. Flechtheim (Hg.), *Marx heute – Pro und contra,* Hamburg 1983, 187–202.

12 E. Fromm, *Haben oder Sein,* Stuttgart 1976, 133, 144, 149f.

13 K. M. Meyer-Abich, *Wege zum Frieden mit der Natur,* München 1984, 22. Eine ausführliche Begründung, warum das so sein muß, bringt mein Buch »Orientierung im Dasein«, München 1979, 192ff.

14 H. Muschalek, *Gottbekenntnisse moderner Naturforscher,* Berlin [3]1960, 15.

15 In seinem Buch *The Tao of Physics,* Berkeley 1975, hat z. B. F. Capra das Gespräch der modernen Physik mit östlicher Religionsphilosophie in fruchtbarer Weise geführt und zahlreiche Konvergenzen herausgearbeitet. Die deutschsprachige Ausgabe des *Tao der Physik* ist die vom Autor revidierte und erweiterte Neuausg. von *Der kosmische Reigen,* Bern 1977.

16 Zit. nach H. Gruhl (Hg.), *Glücklich werden die sein...* Zeugnisse ökologischer Weltsicht aus vier Jahrtausenden, Düsseldorf 1984, 102.

17 A. Schweitzer, *Kultur und Ethik,* München [3]1923.

18 Zit. nach L. Barnett, *Einstein und das Universum,* Frankfurt 1952, 133f.

19 Zitate in: Der Spiegel, Nr. 49/1985: Möglichkeiten und Grenzen alternativer Medizin, S. 92.

Anmerkungen zum Hauptteil

1 M. Scheler, *Vom Ewigen im Menschen,* Bern [4]1954, 135. Nach Scheler ist »die Frage nach dem Wesen der an sich bestehenden Welt und des sie bedingenden Urgrundes... die metaphysische Frage katexochen«, während »im Gegensatz hierzu Religion gegründet ist... in Verlangen nach einem endgültigen *Heile* des Menschen selbst und aller Dinge« (ebd. 134).

2 Augustinus, Bekenntnisse, X.8.15.

3 R. Spaemann, *Technische Eingriffe in die Natur als Problem der politischen Ethik,* in: D. Birnbacher (Hg.), *Ökologie und Ethik,* Stuttgart 1980 (Reclam-TB), 194.

4 M. Scheler, *Vom Umsturz der Werte,* Bern [4]1955, 26.

5 K. M. Meyer-Abich, *Wege zum Frieden mit der Natur,* München 1984, 121.

6 Vgl. dazu das diesbezüglich bereits als Klassiker geltende Buch von K. W. Kapp, *The Social Costs of Private Enterprise,* Cambridge Ma. 1950 (dtsch.: *Volkswirtschaftliche Kosten der Privatwirtschaft,* Tübingen 1958).

7 Meyer-Abich, a.a.O. 123f.

8 E. v. Hartmann, *Philosophie des Unbewußten,* 3 Bde., Berlin 1869; zit. nach H. Schell, *Gott und Geist,* II. Bd., Paderborn 1896, 194.

9 A. Cressy Morrison, *Zufall oder Schöpfung?* Vom Geheimnis des Lebens, des Menschen und der Erde, Stuttgart 1951, 78f. (Titel der amerik. Ausgabe: *Man does not stand alone*).

10 Ebd.

11 A. Weber, *Der Dritte oder der Vierte Mensch,* München 1953, 143.

12 A. Müller (*Das naturphilosophische Werk Teilhard de Chardins,* Freiburg 1964, 165ff.) hat in eindrucksvoller Weise diese Leistungen zusammengestellt und dokumentiert. Dort auch weitere Literaturangaben zu diesem Punkt.

13 Auch hierzu vgl. A. Müller, a.a.O. 160ff.

14 Ebd. 167.

15 R. Woltereck, *Grundzüge einer allgemeinen Biologie,* Stuttgart 1932, 230.

16 W. Schumacher, *Von der Schönheit der Blüte und ihrer Bedeutung,* Vortrag v. d. Freunden der Bonner Universität 1951; ref. nach A. Müller, a.a.O. 178f.

17 A. Portmann, *Neue Wege der Biologie,* München 1961, 149.

18 R. Woltereck, *Ontologie des Lebendigen,* Stuttgart 1940, 427.

19 Eine große Anzahl ästhetischer Wesenselemente der belebten und unbelebten Natur habe ich in meiner (natur-)theologischen Habilitationsarbeit zusammengetragen. Das auf dieser Arbeit basierende Buch erschien mit Unterstützung der

Deutschen Forschungsgemeinschaft unter dem Titel *Der Mensch – Sinnziel der Weltentwicklung,* München–Paderborn–Wien 1967. Die das Ästhetische in der Natur betreffenden Passagen finden sich auf den Seiten 100 bis 149 und im Anmerkungstext (Anmerkungen mit zahlreichen ausführlichen Textstellen: 420 bis 656). Auch der hier schon einige Male zitierte A. Müller hat die Schönheit als selbständigen Wert in der Natur sehr ausführlich behandelt: a.a.O. 157–187.

20 Portmann, a.a.O. 69, 71, 73f.

21 Ebd. 133, 217f., 222, 225–227. Portmann stellt fest: »Je länger man sich mit den Erscheinungsweisen abgibt, die einzig der Selbstdarstellung und keiner weiteren unmittelbaren Erhaltungsfunktion dienen, um so vielfältiger wird ihre Form, um so größer ihre Zahl bei Pflanzen und Tieren. Es wird dabei immer deutlicher, daß wir die vielbeachteten Formen, die unser technisches Denken bevorzugt, in die zweite Linie setzen müssen – daß sie lediglich die leicht verständlichen Gestalten sind, die sich in unsere Aufmerksamkeit vordrängen« (a.a.O. 147).

22 Ebd. 214f., 217. Mit Recht betont Portmann: »Die Mannigfaltigkeit der Baupläne, wie sie uns die Formenkunde, die Morphologie schildert, ist in erster Linie der Ausdruck für den Reichtum der Selbstdarstellung jeder Art in der Erscheinung.« Der gruppentypische Baustil hat seine Wertigkeit, »die vor jeder Nützlichkeit besteht und die durch Teilfunktionen mit Erhaltungswert nicht erhöht werden kann« (a.a.O. 218).

23 Ebd. 207f. »Damit wird die Zuordnung der Anlagen, die der Keim von Anfang an in sich trägt, stark erweitert gegenüber den gegenwärtig meist geltenden Ansichten. Die Vorbereitung zur Entwicklung, das ganze im Keim angelegte erbliche Geschehen umfaßt mehrere sinnvoll in engster Verschränkung kombinierte Systeme: Da ist einmal der Aufbau einer Organisation für die Erhaltung des Individuums und für die

der Art; zugleich aber enthält der Keim auch die Strukturen für das, was wir die Selbstdarstellung dieser Lebensform genannt haben, zudem noch all das, was in ihrer Weltbeziehung über Erhaltung hinausgeht.« Portmann betont, »daß Erhaltung und Selbstdarstellung an ein und demselben Organ in der kompliziertesten Weise beteiligt sein können«, wofür wir »ungezählte« Beispiele haben: »Ein Gebilde wie (z. B.) das Stimmorgan in der Luftröhre dient dem Wunder des Vogelgesangs ebensosehr... wie der Erhaltungsfunktion der Atmung.« Auch beim Menschen ist »der Kehlkopf Atemorgan und Sprachwerkzeug... wobei die Sprache selber, wie auch der Gesang bei Vögeln, ihrerseits wieder beidem dient, der Selbsterhaltung wie der Selbstdarstellung« (a.a.O. 216). »Das lebende Wesen ist als Einheit vor uns. Niemand kann die erhaltenden Funktionen von denen der Selbstdarstellung völlig isolieren; jedes Herauslösen aus dem Ganzen ist ein künstlicher Eingriff, ein Präparat, notwendig, um einzelne Merkmale schärfer hervorzuheben« (a.a.O. 222).

24 Ebd. 212, 215 f.

25 Meyer-Abich, a.a.O. 66.

26 G. Picht, *Die Wertordnung einer humanen Umwelt,* Merkur 28/8 (1974), 710 f.

27 Spaemann, a.a.O. 198.

28 A. Müller, a.a.O. 210. Nach demselben »muß schon im Bereich der bewußtlos lebenden Seele von einer ›physiologischen Mutterliebe‹ gesprochen werden als des wurzelhaften Ursprungs einer selbstlosen Hingabe bis zur Aufopferung des eigenen Individuums. Das äußert sich in der sogenannten ›passiven Brutpflege‹, bei der bewußte triebartige oder instinktive Handlungen noch keine Rolle spielen. Es braucht nur erinnert zu werden an die ganze Mannigfaltigkeit rein wachstümlicher Vorgänge auf Kosten des Mutterindividuums zugunsten der jungen Generation, so bei den innigen geweblichen Verschränkungen der mütterlichen und kindlichen Placentaanteile mit ihrer reichlichen Nahrungsspende. Das

Weibchen des Froschfisches aus Südamerika drückt instinktiv seine abgelegten Eier in die schwammige, blutreiche Bauchhaut. Wachstümlich bildet sich an dieser Stelle ein placentaartiges Gebilde zum Zwecke der Ernährung für die junge Brut. Weibchen gewisser Würmer lassen sich in ihrem Inneren von ihrer eigenen Brut aufzehren.«

29 Teil eines von M. Landmann (*Ursprungsbild und Schöpfertat,* München 1966, 266) zitierten Berichts über das Verhalten von Tieren bei einer indischen Dürrekatastrophe. Hier einige weitere Einzelheiten: »Dschungeltiere liefen am frühen Morgen und am späten Nachmittag an unserem Dorf vorüber, völlig unbekümmert um die Gegenwart der Menschen und aller Schmerzen und Wunden vergessend, die sie sich gegenseitig zugefügt hatten. Leoparden konnte man ein paar hundert Meter vor einer Antilopenherde einhergehen sehen. Wildschweine und Wölfe führten einander auf ihrer Reise nach Osten, als seien sie Glieder der gleichen Familie. Hin und wieder hielten Büffel ihre Mittagsruhe auf der Dorftenne unter dem kühlenden Dach des Banyanbaumes.«

30 Darauf hat vor längerer Zeit schon W. Köhler hingewiesen. Er berichtet von einer Jagdsafari, bei der ein Schimpanse von einem sinnlosen Schuß schwer verwundet zu Boden fiel. Auf seinen Hilferuf hin umringten ihn seine Truppgenossen, richteten ihn auf, stützten ihn und forderten ihn mit sanften Lauten zum Gehen auf. Sodann stellte sich ein starker Schimpanse sozusagen als Geleitschutz laut brüllend zwischen den Krankentransport und die Jäger, bis er durch wiederholte Rufe seiner Gefährten erfuhr, daß sie sich in Sicherheit befanden (ref. nach V. Dröscher, *Wenn ein Affe den Speer erfunden hätte...,* in: »Die Zeit«, Nr. 21/22. Mai 1964, 30).

31 Zit. und mit Ausnahme einiger eigener sachlich begründeter Vertiefungen und Akzentuierungen referiert nach V. Dröscher, a.a.O. Dröscher stützt sich in seinem oben angegebenen Artikel auf die unabhängig voneinander durch A. Kortlandt und J. Goodall im Jahr 1963 durchgeführten Beobach-

tungen von in den Reservaten Zentralafrikas lebenden Schimpansen.

32 Zit. nach V. Dröscher, a.a.O.

33 In Anlehnung an Ed. Sprangers Theorie der wertenden menschlichen Lebensformen, sagt auch A. Müller: »Verbindet sich mit dem Machttypus, ihn veredelnd, der von sozialen Werten erfüllte Typus, so können sich beide zum verantwortungsvollen Führer- oder Herrschertypus vereinigen. Keine Lebensform, am wenigsten aber solche von höherer Organisationsstufe, ist ohne mehr oder weniger differenzierte Führungs- oder Zentrierungsfunktion denkbar. Wahrscheinlich enthalten schon bei den Bakterienleibern die diffus zerstreuten Kernsubstanzen primitive Steuerungszentren« (a.a.O. 137).

34 Damit ist schon angedeutet, daß gewisse Prozesse und Verhältnisse von Organen im Sinne eines Kampfes der Teile interpretiert werden können. »Sicher sind... zahlreiche massige Organe gezwungen, im beschränkten Raume der Leibeshöhle, in der sie sich drängen und drücken müssen, z. B. bei den langgestreckten Schlangen, sich gegeneinander anzupassen. Bei Vögeln und Säugern spricht man von einer Raumkonkurrenz der beiden Herzkammern. Die Leber ist in ihrer Form ganz von den Nachbarorganen abhängig, besonders auch von Fettanhäufungen. Im Hungerstoffwechsel bemächtigen sich die tätigsten Organe mit größtem Stoffverbrauch der nur spärlich zur Verfügung stehenden Nahrungsstoffe im Blut, auf Kosten der übrigen Organe, die sich mehr oder weniger einschmelzen lassen müssen.« Aber die Mehrzahl dieser und ähnlicher Phänomene zeugt doch zugleich davon, daß diese als Kampf der Teile interpretierten Verhältnisse zwischen Organen letztlich im Dienst der Ganzheit des lebenden Organismus stehen, dem sozialen Aufbauprinzip des Organismus untergeordnet bleiben. Besonders der im letzten soeben zitierten Satz zum Ausdruck kommende Sachverhalt legt den Schluß nahe, daß der »Daseinskampf« innerhalb des

Organismus eine Ausnahmeerscheinung ist. Aber auch da ordnet sich dieser »Kampf« dem sozialen Organisationsprinzip unter, denn es ist doch im Interesse des Organismus als einer absolut vorrangigen Ganzheit, daß die tätigsten und lebenswichtigsten Organe am längsten erhalten bleiben, die weniger wichtigen eingeschmolzen werden, um überhaupt durchhalten zu können. Hat man es doch geradezu als »Selbstaufgabe« und »Selbstaufopferung« bezeichnet, wenn »in Zeiten von Mangel und Hunger ganze Gewebe sich einschmelzen lassen zugunsten anderer, die von größerer unmittelbarer Lebenswichtigkeit, wie Hirn und Herz, sind« (A. Müller, a.a.O. 109, 200).

35 A. Müller, a.a.O. 200.

36 Ebd. 109.

37 F. Dessauer, *Naturwissenschaftliches Erkennen,* Frankfurt/M. 1958, 308.

38 Die in der Phylogenese feststellbare Tendenz zur fortschreitenden Arbeitsteilung steht zu dieser zunehmenden Arbeitsvereinigung nicht im Widerspruch. Es gibt daher auch Forscher, die in einem Atemzug von »Arbeitsteilung, Konzentrierung, Zentralisierung und Verlagerung von Organen nach innen (Internierung)« als Kennzeichen der Anagenese des Lebens sprechen (vgl. dazu bei B. Rensch, *Neuere Probleme der Abstammungslehre,* Stuttgart [2]1954, 312ff.). Bei A. Müller finden sich sehr anschauliche und wichtige Beispiele von Arbeitsvereinigung im Laufe der Stammesgeschichte (vgl. besonders a.a.O. 194f.).

39 Diese Formulierungen der einzelnen Biologen wurden wiedergegeben nach P. Overhage, *Die Evolution des Lebendigen,* Bd. I, Freiburg 1963, 210. Der letztere faßt auch die diesbezüglichen Meinungen dieser und noch weiterer Forscher folgendermaßen gut zusammen: »Zunehmende physiologisch-morphologische Differenzierung allein würde noch nicht genügen. Die neu gebildeten Strukturen, Strukturkombinationen, Gewebe, Organe und sonstigen Teile des Orga-

255

nismus, die ja nicht nur rein gestaltlich, strukturell und physiologisch, sondern auch ihrer Lage im Körper und ihrer Lebenswichtigkeit nach äußerst verschieden sind, müssen dem Organismus harmonisch integriert werden, damit eine funktionelle Einheit oder ein lebensfähiges organisches Ganzes zustande kommt. Sie ist um so notwendiger, je mehr der Organismus in zahlreiche verschiedenartige Gewebe und Organe mit unterschiedlichen, vielfach sogar gegensätzlichen Leistungen gegliedert, je stärker und reicher also seine morphologisch-physiologische Differenzierung ist. Hier stoßen wir auf ein weiteres Kriterium des ›Biologischen Aufstiegs‹« (ebd.).

40 H. Schell, *Gott und Geist,* Bd. II, 426, 428, 430.

41 P. Teilhard de Chardin, *Der Mensch im Kosmos,* München [5]1959, 90, Anm. 1. (Titel der franz. Originalausgabe: Le Phénomène Humain).

42 A.a.O. 65 f. »Die Evolution ist aber über diese urtümliche Differenzierung [der Zelle] in erstaunlichem Maße hinausgewachsen. Die Vielzelligkeit und das Auftreten von Geweben und Organen, z. B. die Bildung und strukturelle Weiterbildung des Herzens, des Darmtraktes, der Lunge, der Ohrorgane, der Plazenta und ihrer Anhangsgebilde, des Gehirns usw. legen davon Zeugnis ab. Diese Differenzierungen wurden zur Grundlage für den Aufbau eines erhöhten Organisationsniveaus, einer Höherentwicklung. Sie traten in der Evolution der Wirbeltiere nicht alle auf einmal und auch nicht sofort voll entwickelt auf. Jede der aufeinanderfolgenden Wirbeltierorganisationen übernahm die schon entwickelte Struktur und baute sie weiter aus, bis schließlich bei den späten höheren Säugern ein gewisser organisatorischer Höhepunkt erreicht war« (P. Overhage, a.a.O. 207).

43 Teilhard de Chardin, a.a.O. 262.

44 R. Riedl, *Die Spaltung des Weltbildes,* Hamburg 1985, passim.

45 A. Müller, a.a.O. 137 f., 215. Dabei wird nicht übersehen,

daß es natürlich auch antisoziale Tendenzen in der Biosphäre gibt. Der soeben zitierte Autor sieht »das eindrucksvollste Gegenbeispiel zu dem den intakten Organismus ganz durchwaltenden Prinzip der Sozialität, des Altruismus (F. Sauerbruch) und der Partnerschaft« in dem »anarchischen Wuchern«, dem »durchaus antisozialen, hemmungslos anarchischen und zerstörerischen Wachstum« der Krebszellen (a.a.O. 109, 199).

46 A. Weber, a.a.O. 143.

47 Ref. nach »Der Spiegel«, Nr. 34/1985, 148f. Diese Gemeinschafts- und organisatorischen Leistungen sind um so erstaunlicher, als Ameisengesellschaften keineswegs als harmonisch ablaufende Mechanismen zu bewerten sind. Es gibt in Ameisengesellschaften ähnliche Spannungen zwischen Zusammenhalt und Auseinanderbrechen wie in menschlichen Gesellschaften, ja sogar nicht selten chaosähnliche Zustände, die dann nach dem Prinzip des statistischen Übergewichts bestimmter Aktionen über andere entschieden werden; vgl. zum letzteren H. Mynarek, *Mensch und Sprache,* Freiburg 1967, 25–42, wo auch das Phänomen der Bienensprache in seinen sozialen Aspekten eingehend untersucht wird. Zum Gesamtkomplex der sozial-altruistischen Eigenwerte in der Natur vgl. auch F. E. Lehmann (Hg.), *Gestaltungen sozialen Lebens bei Tier und Mensch,* Bern 1958, mit Beiträgen zahlreicher prominenter Fachwissenschaftler.

48 »Zu höchster Vollkommenheit ist eine solche Verschränkung der Lebensweisen bei der Yucca filamentosa und der Motte pronuba yuccasella gediehen« (A. Müller, a.a.O. 89f.).

49 A. Müller, a.a.O.

50 P. Buchner, *Tiere als Mikrobenzüchter,* Berlin 1960, 155f.

51 H. Schell, a.a.O. 487f.

52 Der Harvard-Astronom David Layzer, *The Arrow of Time,* in: *Scientific American,* Dezember 1975, 56f.

53 G. Leonard, *Der Rhythmus des Kosmos,* Bern [2]1983, 201, 211 (Titel der amerik. Originalausgabe *The Silent Pulse*).

54 K. Lorenz in: P. Weiss (Hg.), *Hierarchically organized systems in theory and practice*, New York 1971, 231; K. Lorenz, *Die Rückseite des Spiegels*, München 1973, 227.

55 »Das hat... Konrad Lorenz als erster gesehen; und in unmittelbarer Folge wurden durch Donald Campbell in der Psychologie des Erkenntnisvorgangs, durch Karl Popper in den Prozessen der Theorienbildung und durch Erhard Oeser in der Entwicklung der Wissenschaften selbst die entsprechenden evolutiven Mechanismen deutlich« (R. Riedl, *Biologie der Erkenntnis*. Die stammesgeschichtlichen Grundlagen der Vernunft, Berlin [2]1980, 13).

56 Riedl, a.a.O. 13f.

57 J. Kälin in: *Naturwissenschaft und Theologie*, Heft 1, München 1957, 13.

58 Riedl, a.a.O. 13; vgl. auch sein Buch *Die Strategie der Genesis*, München 1976.

59 Riedl, *Biologie der Erkenntnis*, 191.

60 W. Heisenberg, *Die mathematische Gesetzmäßigkeit in der Natur*, in: W. Dennert (Hg.), *Die Natur das Wunder Gottes*, Bonn [6]1957, 57, 59–63.

61 W. Heisenberg, *Der Teil und das Ganze*, München [4]1972, 325f.

62 J. Kepler, *Mysterium cosmographicum* (dtsch.: *Das Weltgeheimnis*, übersetzt und eingeleitet von M. Caspar, Augsburg 1923), 2. Kap., 45–49.

63 Nämlich in einem Brief an Herwart von Hohenburg vom 14. Sept. 1599.

64 Der Mineraloge W. v. Engelhardt, *Schönheit im Reiche der Mineralien*, in: *Jahrbuch der Ästhetik*, 1958/59, 55.

65 Schell, a.a.O. 195f.

66 K. L. Wolf, in: *Jahrbuch der Ästhetik*, 1958/59, 73.

67 Vgl. z. B. das von P. Spitzauer mit Beiträgen zahlreicher hervorragender in- und ausländischer Fachwissenschaftler herausgegebene Werk *Netzwerk Zelle*, Köln 1975, mit umfänglichen Literaturangaben; vgl. auch: P. A. Weiss, *Das le-*

bende System: Ein Beispiel für den Schichten-Determinismus, in: A. Koestler/J. R. Smythies, *Das neue Menschenbild.* Die Revolutionierung der Wissenschaften vom Leben, Wien 1970, 13 ff.; K. Wezler, *Menschliches Leben in der Sicht des Physiologen,* in: H.-G. Gadamer/P. Vogler (Hg.), *Biologische Anthropologie,* 2. Teil, Stuttgart 1972, 292 ff.

68 Näheres dazu z. B. bei R. Breuer, *Das anthropische Prinzip,* München 1981, 200 ff. Dort auch die mathematische Darstellung der diesbezüglichen Größenverhältnisse.

69 Vgl. dazu ausführlicher A. Haas, *Die Entwicklung des Menschen,* Teil 1, Aschaffenburg 1961, 146.

70 A. Portmann, *Das Tier als soziales Wesen,* Freiburg 1964, 256 f.

71 A. Müller, a.a.O. 88 f.; siehe dort auch die Beispiele von Formentstehungen ohne Mitwirkung von Auslesevorgängen.

72 Zit. nach H. Conrad-Martius, *Bios und Psyche,* Hamburg 1949, 56; zu Bauplanumprägungen ohne ersichtliches Mitwirken der Selektion siehe O. H. Schindewolf, *Grundfragen der Paläontologie,* Stuttgart 1950, 255.

73 R. Goldschmidt, *Geographische Variation und Artbildung,* in: *Naturwiss. 23* (1935) 169; ders., *The material basis of evolution,* New Haven 1940; ders., *Ecotype, Ecospecies and Macroevolution,* in: *Experentia* (Basel) 4 (1948) 465; ders., *Homoeotic mutants and evolution,* in: *Acta biotheor.* (Leiden), Ser. A., 10 (1952) 87; vgl. auch W. Ludwig, *Die Selektionstheorie,* in: G. Heberer (Hg.), *Die Evolution der Organismen,* Bd. I, Stuttgart [2]1959, 705.

74 R. Goldschmidt, *Einführung in die Vererbungswissenschaft,* Berlin [5]1928; ders., *Theoretische Genetik,* Berlin 1961; die zitierte Formulierung selbst stammt von K. Wezler, a.a.O. 295.

75 Vgl. dazu auch H. Spemann, *Experimentelle Beiträge zur Theorie der Entwicklung,* Berlin 1935.

76 L. v. Bertalanffy, *Das biologische Weltbild,* Bd. I, Bern 1949.

77 Wezler, a.a.O. 301.

78 H. Mohr, *Grundlagen der Evolutionstheorie,* in: *Arbeitsge-*

meinschaft Weltgespräch (Hg.), Weltgespräch, Bd. 9, Freiburg 1969, 53.

79 »Nehmen wir der Einfachheit halber an, daß nur eine Anordnung, in einem einzigen Gen, von nur 100 Nukleotiden, 25 von jeder Art, zur Makromutation führt. Dann ist die Zahl der Anordnungen $100!/25! \times 25! \times 25! \times 25! = 10^{60}$, also eine Zahl mit 60 Nullen! Die Wahrscheinlichkeit, ›die *eine* richtige Anordnung‹ durch Zufall zu finden, ist also $1 : 10^{60}$. Und dabei ist diese Zahl in fast jeder Hinsicht eine übermäßige Überschätzung der Wahrscheinlichkeit. Hätten wir statt eines Gens die ganze Länge der DNS-Moleküle betrachtet, dann wäre die Zahl der Anordnungen der Nukleotide bei einem Bakterium eine Zahl mit 100000, beim Menschen eine Zahl mit mehreren Milliarden Nullen! Was schon die relativ ›kleine‹ Zahl von 10^{60} bedeutet, können wir an folgendem Modell sehen: Nehmen wir an, in einem Organismus ändert sich ständig, durch Neu- oder Umbildung, die Anordnung von 100 Nukleotiden, um ein neues »gutes« Gen zu bilden. Die Zeitdauer, die für eine Neuanordnung benötigt wird, sei 10^{-12} sec (was viel zu kurz ist; schon atomare Prozesse brauchen meistens länger). Nehmen wir ferner an, es gäbe eine Population von 10^{15} Individuen ($= 1000$ Billionen!) und in jedem finde der beschriebene Prozeß dauernd statt. Dann würde es $10^{60-12-15} = 10^{33}$ sec dauern, bis das richtige neue Gen ein einziges Mal in einem Individuum geschaffen ist. Das Universum existiert seit höchstens 10^{21} sec. Es müßte also 10^{12} ($= 1$ Billion) mal seine ganze Geschichte durchlaufen, bevor auch nur einmal das ›gute‹ neue Gen entsteht« (W. Heitler, *Physikalische Betrachtungen zur Evolution,* in: Weltgespräch, Bd. 9 (s. Anm. 78), 12f.; vgl. ders., *Der Mensch und die naturwissenschaftliche Erkenntnis,* Braunschweig [4]1966).

80 Wezler, a.a.O. 305.

81 H. Gradmann, *Die Rückkoppelung als Urprinzip der Lebensvorgänge,* München 1963. Die Selbstregelung »wird ermöglicht durch den Mechanismus der *Rückkopplung mit Gegen-*

wirkung in einem laufenden Prozeß zyklischer Art (Regelkreis). Bei dem Vorgang der Regelung wird der vorgesehene Wert (Sollwert) einer Größe (Regelgröße) fortlaufend durch Messung dieser Größe aufrechterhalten, indem jede Abweichung vom Sollwert durch Gegenwirkung (über Regler und Stellglieder des Regelkreises) korrigiert wird. Durch das Signal des Reglers, das dieser auf die Information des Meßwerkes hin zu den Stellwerken überträgt (mit variablem Verstärkungsgrad), wird im Stellwerk, das seine Energie von anderer Seite bezieht, der Korrekturvorgang mit Gegenwirkung ausgelöst... Unter Steuerung dagegen versteht man nur die Lenkung von Vorgängen durch Signale (Befehle), ohne daß die Ausführung durch Messung überwacht und durch Rückkoppelung kontrolliert wird« (Wezler, a.a.O. 307).

82 F. Capra, *Wendezeit,* Bern [7]1984, 316f.

83 Meyer-Abich, a.a.O. 95, 263.

84 Lorenz, *Die Rückseite des Spiegels,* 33.

85 C. Bresch, *Von der Möglichkeit, Sinn und Ziel der Entwicklung zu erkennen,* in: J. Schlemmer (Hg.), *Glauben als Bedürfnis,* Frankfurt/M. 1980, 132f.; vgl. Bresch, *Zwischenstufe Leben,* Frankfurt/M. 1979.

86 A. v. Braus, *Lehrbuch der Anatomie des Menschen,* Bd. I, Berlin 1929, Einleitung.

87 Capra, a.a.O.

88 Vgl. E. Jantsch, *The Self-Organizing Universe,* New York 1980.

89 Capra, a.a.O. 318.

90 I. Prigogine, *Vom Sein zum Werden.* Zeit und Komplexität in den Naturwissenschaften, München [3]1983.

91 Capra, a.a.O. 319.

92 M. Scheler, *Abhandlungen und Aufsätze,* Bd. II, Leipzig 1915, 167f.

93 Vgl. A. Müller, a.a.O. 204.

94 H. Bergson, *Schöpferische Entwicklung,* Jena 1912.

95 Vgl. dazu auch J. Monod, *Le hasard et la nécessité,* Paris 1970.

96 Capra, a.a.O. 319.

97 Teilhard de Chardin, a.a.O.

98 J. v. Kopp, *Entstehung und Zukunft des Menschen*, Luzern 1961, 36.

99 Capra, a.a.O. 320.

100 Vgl. J. E. Lovelock, *Unsere Erde wird überleben*, München 1984 (Heyne-TB. Titel der Originalausgabe: *Gaia–A New Look At Life On Earth*).

101 G. Bateson, *Steps to an Ecology of Mind*, New York 1972, 451.

102 Vgl. R. B. Livingston, *Sensory Processing*, Perception and Behavior, New York 1978, 4.

103 Capra, a.a.O. 318f.

104 Philosophen, Theologen und Dichter wie Johannes Scotus Eriugena, Thomas von Aquin, Spinoza, Goethe u. a. haben sich nicht gescheut, auch Gott als Natur, als natura naturans zu bezeichnen.

105 R. Spaemann, a.a.O. 194 (vgl. Anm. 3).

106 D. v. Uslar, *Die Welt als Ort des Menschen*, in: H.-G. Gadamer/P. Vogler (Hg.), Philosophische Anthropologie, 2. T., Stuttgart 1975, 306.

107 Ebd. 308.

108 In einer demnächst erscheinenden Arbeit über das Ökologische in Naturreligionen wird das ausführlicher begründet.

109 Das *fundamentum in re* für Sinn muß schon weitgehend in der Natur ohne unser Zutun verwirklicht sein. Es ist anders als z. B. bei der Farbe, die unser Erkenntnisapparat erst schafft, so daß hier nur ein Kausalverhältnis in der Verbindung des Menschen mit Wellenfrequenzen der Außenwelt vorliegt. »Zwischen der Gesetzlichkeit und Ordnung in der Welt jedoch und unserem Abbild von ihr besteht eine über diesen rein kausalen Zusammenhang hinausgehende strukturelle Beziehung: Die objektive Ordnung bildet sich in der von uns erlebten Wirklichkeit ab. Oder sagen wir, vorsichtiger, lieber: Bestimmten in der objektiven Realität vorliegenden Ord-

nungsstrukturen entsprechen vergleichbare Ordnungsstrukturen in unserer menschlichen, subjektiv erlebten Wirklichkeit... Biologische Anpassung an die Welt – Grunderfordernis aller Lebensfähigkeit – ist nur möglich, weil diese Welt gesetzlich geordnete Strukturen enthält... Das Chaos kann kein Leben tragen, kann Leben gar nicht erst hervorbringen. Mit diesen Ordnungsstrukturen aber läßt sich nun nicht so unbekümmert umspringen, wie es im Falle von Wellenfrequenzen und anderen sekundären Eigenschaften der Welt erlaubt ist... Wer in einer Welt mit gesetzmäßig festliegenden Strukturen überleben will, in dessen subjektiver Wirklichkeit müssen diese Strukturen in irgendeiner Form ihren Niederschlag finden« (H. v. Ditfurth, *So laßt uns denn ein Apfelbäumchen pflanzen,* Hamburg 1985, 301 f.).

110 Der Aufsatz *Die Natur. Aphoristisch* erschien im Journal von Tiefurt 1782. Es wurde von der Weimarer Hofgesellschaft in den Jahren 1781 bis 1784 herausgegeben. Viele schrieben und schreiben den Aufsatz Goethe zu. Er selbst hat sich zur Urheberschaft wie folgt geäußert: Der Aufsatz »ist von einer wohlbekannten Hand geschrieben, deren ich mich in den achtziger Jahren in meinen Geschäften zu bedienen pflegte. Daß ich diese Betrachtungen verfaßt, kann ich mich faktisch zwar nicht erinnern, allein sie stimmen mit den Vorstellungen wohl überein, zu denen sich mein Geist damals ausgebildet hatte« (Goethe an den Kanzler von Müller, zit. nach *Goethe. Naturphilosophie,* Sonderausgabe aus M. Heynacher (Hg.), Goethes Philosophie aus seinen Werken, Heft 16, Leipzig o. J., 50; dort auch der Aufsatz: *Die Natur. Aphoristisch,* 47–50). Bekanntlich hat der Begründer der Anthroposophie Rudolf Steiner nachzuweisen versucht, daß Goethes ganzes Gedankengebäude in dem Fragment *Natur* bereits vorgebildet sei.

111 Zit. nach K. Marx, *Economic and Philosophic Manuscripts,* 1844, in: R. C. Tucker (Hg.), *The Marx-Engels Reader,* New York 1972, 61.

112 F. Engels, in: K. Marx/F. Engels, *Marx-Engels-Werke in 41 Bdn.*, Berlin 1973, hier: XX. Bd., 453.

113 Eine imposante Zusammenstellung aller naturwissenschaftlichen Belege für den Naturzusammenhang des Menschen bringt K. Wezler, a.a.O. 294 ff.

114 G. Leonard, a.a.O. 8.

115 Ch. Spretnak, *Die Grünen,* München 1985 (Goldmann-TB; Titel der amerik. Originalausgabe: Green Politics), 325, 327.

116 Leonard, a.a.O. 214.

117 Novalis, *Werke.* Tagebücher und Briefe Friedrich von Hardenbergs (hrsg. von H.-J. Mähl/R. Samuel), 2 Bde., München 1978 (Zitat im 2. Bd., 741, 747).

118 Leonard, a.a.O. 21 f.

119 Vgl. Breuer, a.a.O. 17 ff., 28 ff., 41 ff., 57 ff., 226 ff.

120 Vgl. A. Sollberger, *Biologische Rhythmusforschung,* in: H.-G. Gadamer/P. Vogler (Hg.), *Biologische Anthropologie,* 1. T., Stuttgart 1972, 108 ff.

121 A.a.O. 50 f. Im Innern des Atoms, dem kompakten Kern, »haben wir keine feste Materie, sondern ein dynamisches Schwingungsmuster von Energie auf engstem Raum vorgefunden, die schätzungsweise 10^{22} (das ist eine Eins mit 22 Nullen dahinter) mal pro Sekunde vibriert: einen Tanz. Dieser Tanz von infinitesimalen Proportionen ist unvorstellbar energiegeladen und schwer. Wenn man alle Atomkerne im Körper eines 70 kg schweren Mannes zusammenpreßte, würden sie den Umfang eines Stecknadelkopfes haben, 69,95 kg wiegen und die potentielle Energie enthalten, um Berge zu versetzen« (ebd. 53).

122 Ebd. 56.

123 »Zum Beispiel nahmen Willie Ruff, Assistenzprofessor für Musik, und John Rodgers, Professor der Geologie, Keplers Gesetze und musikalische Notationen und wandten sie auf die Bewegungen der Planeten an, die sie, beginnend mit dem 31. Dezember 1976, auf die nächsten hundert Jahre projizierten. Diese Informationen speisten sie in einen Computer ein, an

den ein Musiksynthesizer angeschlossen war. Das Ergebnis war ein halbstündiges Tonband, das die Planetenbewegungen von hundert Jahren repräsentiert... Was bei dem Versuch herauskam, war ein spektakuläres, wenn auch etwas schwindelerregendes Musikstück, bei dem Merkur, der am schnellsten kreisende Planet, die schrille auf- und absteigende Tonleiter einer Piccoloflöte von sich gibt, während Jupiter, der langsamste, ein tiefes, mächtiges Grollen vernehmen läßt. ›Venus wechselt von einer Dur- zu einer Moll-Sext, und die Erde erzeugt eine wundervolle Moll-Sekunde‹, erklärte Professor Rodgers. ›Es ist genauso, wie Kepler sagte‹« (Leonard, a.a.O. 20f.).

124 Diese Aussage machte Dr. William Condons von der Mediz. Fakultät der Universität Boston, der auf dem Gebiet der Resonanz und Rhythmik der Kommunikation wichtige Pionierarbeit geleistet hat; vgl. auch J.-E. Berendt, *Nada Brahma. Die Welt ist Klang,* Reinbek b. Hamburg 1985.

125 R. H. Stetson, Motor Phonetics: *A State of Speech Movements in Action,* Amsterdam 1951, 124f.

126 P. Tompkins/C. Bird, *Das geheime Leben der Pflanzen,* Bern [3]1975, 117ff. (mit ausführlichen Belegen).

127 Zit. nach Leonard, a.a.O. 139f. Eine ganze Reihe weiterer kosmischer Erlebnisse analysiere ich in meinem Buch *Religiös ohne Gott?,* Düsseldorf 1983.

128 *ESP: More Science, Less Mysticism,* in: *Medical World News,* 21. 3. 1969; *Do Plants Feel Emotion?* in: *Electro-Technology,* April 1969; Th. Bacon, *The Man Who Reads Nature's Secret Signals,* in: *National Wildlife,* Februar/März 1969.

129 Sh. Ostrander/L. Schroeder, *Psi,* Bern [7]1973, 80 (Titel des amerik. Originals: *Psychic Discoveries Behind the Iron Curtain*).

130 H. S. Burr/F. Northrop, *The Elektro-Dynamic Theory of Life,* in: *Main Currents in Modern Thought,* Vol. 19, Okt./Nov. 1962; vgl. Ostrander/Schroeder, a.a.O. 78.

131 C. Backster, *Evidence of a Primary Perception in Plant Life,*
    in: *IJP,* Vol. 10, Nr. 4, 1968; vgl. F. L. Kunz, *Feeling in*
    Plants, in: *Main Currents,* Mai/Juni 1969.
132 Dr. Gardner Murphy, Präsident der Amerikan. Gesellschaft
    für Parapsychologische Forschung, zit. nach
    Ostrander/Schroeder, a.a.O. 42.
133 Ostrander/Schroeder, a.a.O. 120.
134 F. Nietzsche, *Die fröhliche Wissenschaft,* 1. Buch, § 54, in:
    Nietzsches Werke (Klassiker-Ausgabe im A. Kröner Verlag),
    V. Bd., Leipzig 1923, 87 f.
135 Eine Formulierung des Physikers J. S. Bell, als Bellsches
    Theorem bekannt; vgl. Capra, a.a.O. 86: »Bells Theorem...
    wies nach, daß die kartesianische Anschauung von einer aus
    separaten Teilen zusammengesetzten Wirklichkeit mit der
    Quantentheorie nicht vereinbar ist.«
136 Capra, a.a.O. 85.
137 Leonard, a.a.O. 115
138 Zit. ebd. 161.
139 Vgl. das im Haupttext in diesem Buchteil angeführte, mit der
    Anmerkungsziffer 110 versehene Zitat und die entsprechende
    Anmerkung.
140 Vgl. vor allem sein Buch: *Biologische Fragmente zu einer*
    Lehre vom Menschen, Basel [3]1969.
141 A. Neuhäusler, *Der Mensch und die Abstammungslehre,*
    München 1958, 105 f.
142 Ebd. 99.
143 K. Lorenz, *Psychologie und Stammesgeschichte,* in: G. Hebe-
    rer (Hg.), a.a.O. (s. Anm. 73), 148 ff. Für Lorenz ist es auch
    »mehr als wahrscheinlich, daß das gesamte Denken des Men-
    schen aus diesen... Operationen im ›vorgestellten‹ Raum sei-
    nen Ursprung genommen hat, ja, daß diese ursprüngliche
    Funktion auch für unsere höchsten und komplexesten Denk-
    akte die unentbehrliche Grundlage bildet. Es gelingt mir
    nicht, irgendeine Form des Denkens zu finden, die vom zen-
    tralen Raum-Modell unabhängig wäre. In der Anschauung,

daß alles Denken seiner Herkunft nach räumlich ist, bestärkt uns die *Sprache*... ›Die Sprache übersetzt alle unanschaulichen Verhältnisse ins Räumliche‹...« Gerade »die höchsten und abstraktesten Leistungen des menschlichen Geistes« sind »am unmittelbarsten an die zentrale Repräsentation des Raumes gebunden. Wir gewinnen ›Einsicht‹ in einen ›verwickelten‹ ›Zusammenhang‹ – wie ein Affe in ein Gewirr von Ästen –, aber wirklich ›erfaßt‹ haben wir einen ›Gegenstand‹ erst, wenn wir ihn voll ›begriffen‹ haben. In den letzten drei Ausdrücken tut sich übrigens der uralte Primat des Haptischen vor dem Optischen in schöner Weise kund« (ebd. 152 f.).

144 Wezler, a.a.O. 340.

145 Zit. nach P. Smulders, *Theologie und Evolution*, Essen 1963, 53.

146 Wezler, a.a.O. 345 f.

147 K. Lorenz, a.a.O. 147.

148 D. Starck, *Die Evolution des Säugetiergehirns*, Wiesbaden 1962.

149 C. v. Krogh, *Die Stellung der Hominiden im Rahmen der Primaten*, in: G. Heberer (Hg.), a.a.O., Bd. II, 944.

150 Wezler, a.a.O. 361.

151 C. v. Krogh, a.a.O. 946.

152 G. Révész, *Ursprung und Vorgeschichte der Sprache*, Bern 1946, 153.

153 Vgl. mein gleichnamiges Buch, 1979 in München erschienen.

154 N. Koths, *La conduite du petit chimpanzé et de l'enfant de l'homme*, in: *J. Psychol.* 34 (1937) 494.

155 Révész, a.a.O. 47 f.

156 Wezler, a.a.O. 372.

157 Darüber Näheres in H. Lullies, *Physiologie der Stimme und Sprache*, Berlin 1953.

158 Näheres zur Charakterisierung dieser Kommunikationsformen bei H. Mynarek, *Mensch und Sprache*, 69 ff. (siehe Anm. 47).

159 Révész, a.a.O. 199 f.

160 Kohts, a.a.O.

161 Wezler, a.a.O.

162 C. Lévi-Strauss, *La pensée sauvage,* Paris 1962.

163 Wezler, a.a.O.

164 F. J. J. Buytendijk, *Mensch und Tier,* Hamburg 1958, 83.

165 A. Portmann, *Die werdende Menschheit,* in: F. Valjavec
(Hg.), *Historia Mundi,* Bd. I, München 1952, 31.

166 Buytendijk, a.a.O. 87.

167 Révész, a.a.O. 18.

168 A. Portmann, *Das Tier als soziales Wesen,* Freiburg [2]1964,
141–144.

169 Buytendijk, a.a.O. 84, 90f.

170 F. Kainz, *Die Sprachtheorie als Verbindung von Geistes- und
Naturwissenschaften,* in: Stud. Gen. II (1958) 272.

171 Plato, *Kratylos,* 388 Bf.

172 Zit. nach Révész, a.a.O. 124, Anm. 3.

173 Schell, *Gott und Geist,* Bd. II, 541, 560.

174 Révész, a.a.O. 124f.

175 Ebd. 125.

·176 Meyer-Abich, a.a.O. 97–100.

177 Vgl. allerdings auch das im 2. Kapitel, Seite 125ff., zur Sprache Gesagte.

178 Vgl. Seite 92 und Anmerkung 109.

179 Vgl. dazu ausführlich Mynarek, *Religion – Möglichkeit oder
Grenze der Freiheit?,* 2. Kap.

180 M. Scheler, *Vom Umsturz der Werte,* 26f.

181 Ebd. 29–31.

182 Goethe, *Metamorphose der Tiere,* 1805.

183 Goethe, *Werke.* Hamburger Ausgabe in 14 Bänden (hg. von
E. Trunz), München [10]1981; hier zit. aus Bd. XII, 98.

184 Meyer-Abich, a.a.O. 98f.

185 de Chardin, D., *Der Mensch im Kosmos,* a.a.O. 4f.

186 Meyer-Abich, a.a.O. 99f.

187 Zur ausführlichen Begründung der Freiheit als einer unter
den terrestrischen Lebewesen nur dem Menschen zukom-

menden Eigenschaft vgl. mein Buch *Der Mensch – Sinnziel der Weltentwicklung* 294 ff.

188 Meyer-Abich, 99.

189 B. Kanitscheider, *Kosmologie,* Stuttgart 1984, 459.

190 B. Russell, *Probleme der Philosophie,* Frankfurt/M. [2]1967, 139–142 (engl. Originalausgabe: *The Problems of Philosophy,* Oxford 1912).

191 Zit. nach E. Bloch, *Das Prinzip Hoffnung,* Bd. II, Frankfurt/M. 1967, 730.

192 K. Marx, *Ökonomisch-philosophische Manuskripte.*

193 Einem weiteren Publikum bekanntgeworden durch sein Buch *Zwischenstufe Leben.*

194 Bresch, *Von der Möglichkeit...,* (s. Anm. 85), 133 f.

195 Vgl. *Zeugnisse ganzheitlicher Daseinsdeutung,* in: H. Mynarek, *Orientierung im Dasein,* 194 ff.

196 A. Einstein, *Mein Weltbild* (hrsg. von C. Seelig), Berlin 1957 (Erstdruck Amsterdam 1934), 9 f.; vgl. L. Barnett, *Einstein und das Universum,* Frankfurt 1957, 133 f.

197 K. Wilber, *Halbzeit der Evolution,* Bern 1984, 19.

198 Siehe 1. Kapitel, bes. S. 76 ff.

199 J. Ortega y Gasset, *Der Aufstieg der Massen,* Hamburg 1956, 23.

200 Zit. nach A. Hardy, *Der Mensch – das betende Tier.* Religiosität als Faktor der Evolution, Stuttgart 1979, 10 (Titel der engl. Originalausgabe: *The Biology of God – A scientist's study of man the religious animal*).

201 A. Hardy, a.a.O. 9, 12, 16.

202 B. Staehelin, *Urvertrauen und zweite Wirklichkeit,* Zürich 1973, 46, 62, 77, 112, 155.

203 H. v. Ditfurth, *Wir sind nicht nur von dieser Welt,* Hamburg 1981, 301.

204 Siehe zu dieser Dialektik von Sein und Seienden in der Natur die Ausführungen Seite 90 ff.

205 Die nähere Begründung und entsprechenden Zitate bei: H. Mynarek, *Zur Religionskritik von Karl Marx,* in: O. K.

Flechtheim (Hg.), *Marx heute – pro und contra,* Hamburg 1983, 187ff.

206 Vgl. zum Wachstumsfetischismus H. Gruhl, *Das irdische Gleichgewicht,* Düsseldorf 1982, 22ff., und W. Heidt (Hg.), *Abschied vom Wachstumswahn,* Achberg 1980.

207 Siehe Seite 43ff.

208 Siehe Seite 123ff.

209 Zahlreiche Belege dafür z. B. bei Breuer, a.a.O., passim.

210 Capra, a.a.O. 91, 97, 101.

211 Seite 98ff.

212 Leonard, a.a.O. 51. »Die Wissenschaftler suchen immer noch nach den primären Bausteinen der materiellen Welt. In unseren Tagen sind sie auf der Suche nach den Quarks, merkwürdigen subatomaren Einheiten, deren Eigenschaften sie mit Begriffen wie Obensein, Untensein, Charme, Fremdartigkeit, Wahrheit, Schönheit, Farbe und Geschmack beschreiben. Aber wie dem auch sei. Wenn wir an diese merkwürdigen Quarks nahe genug herankommen könnten, würden auch sie wegschmelzen. Auch sie könnten keinen Anspruch auf Festigkeit mehr erheben. Selbst ihre Geschwindigkeit und ihre Position wären unklar, und es blieben von ihnen nur Beziehungen und Schwingungsmuster« (ebd.).

213 P. Tompkins/C. Bird, a.a.O. (s. Anm. 126).

214 Vgl. dazu neuerdings P. Russell, *Die erwachende Erde,* München 1984 (Heyne-TB), 100ff., 216ff.

215 Siehe dazu Seite 93ff.

216 Siehe dazu C. J. Herrick, George Ellet Coghill: *Naturalist and Philosopher,* Chicago 1949, 195ff.

217 G. Bateson, *Mind and Nature,* New York 1979, 92ff.; und eine von Capra (a.a.O. 322) wiedergegebene mündliche Mitteilung Batesons an ihn; vgl. auch: *Gregory Batesons Auffassung vom Geist,* in: R. Kakuska (Hg.), *Andere Wirklichkeiten,* München 1984, 133ff.

218 Capra, a.a.O. 322.

219 Ebd. 323.

220 Ebd. 324.

221 Zur ästhetischen, kosmologischen und religiös-theologischen Funktion der Sprache vgl. Mynarek, *Mensch und Sprache,* 52 ff.

222 Neuhäusler, a.a.O. 106 f.

223 Ebd. 115.

224 »In der Sprache der alten Sagen bestand die Aufgabe des Menschen an der Natur in nichts Geringerem als in der Fortpflanzung und Ausbreitung eines Paradieses über seine Erde; mit anderen Worten, des Menschen als eines himmlischen Gestirns der Erde Beruf war kein geringerer, als dieser Erde himmlische Früchte und Gestalten hervorbringen zu helfen und somit ihr einen ähnlichen Dienst, nur in einem höheren Sinn, zu leisten, wie ihn das äußere Gestirn, die Sonne, ihr leistet: welche gleichfalls die verschlossenen Erdkräfte nicht nur von ihren Banden – gleich den verschwundenen und gefesselten Geistern der Fabel – lösend befreit, sondern ihnen auch die zum Wachstum, zur Blüte und Fruchtbringung nötige Ergänzung gibt. Wie im Aufgang des äußeren Sonnenbilds der ganze äußere Organismus sich entfaltet, so sollte im Aufgang des Gottesbilds im Menschen diese äußere Natur zur Entfaltung und Auswirkung eines inneren, höheren Organismus befähigt und bekräftigt werden« (F. v. Baader, *Über die Begründung der Ethik durch die Physik,* zit. nach E. Bloch, a.a.O. 729).

225 W. Brockhaus (Hg.), *Das Recht der Tiere in der Zivilisation,* München 1975, für unseren Zusammenhang besonders wichtig: S. 103–168.

226 Meyer-Abich, a.a.O., besonders die Seiten 52–75, 150–194, 245–299; zum Stand des Schutzes der Natur in der rechtlich-politischen Behandlung durch internationale Organisationen vgl. M. Kilian, *Umweltschutz durch internationale Organisationen* (als Skriptum der Jurist. Fakultät der Universität Tübingen vorliegend).

227 Leonard Nelson (1882–1927) hat unter allen deutschen Philosophen die umfassendste und fundierteste philosophische Begründung der Rechte der Tiere erarbeitet; zur Bibliographie seiner Hauptwerke s. Brockhaus (Hg.), a.a.O. 136f., vgl. dort auch die kurze Wiedergabe von Nelsons Konzeption der Rechte der Tiere (136–147); zur neunbändigen Gesamtausgabe von Nelsons Schriften s. Anmerkung 275.

228 Zum »partizipierenden Bewußtsein« vgl. M. Berman, *Wiederverzauberung der Welt,* München [2]1984, 117ff. (Titel der engl. Originalausgabe: *The Reenchantment of the World*); zum »physiozentrischen« Weltbild vgl. Meyer-Abich, a.a.O. 99 (u. ö.).

229 Ebd. 170.

230 J. Bentham, *Principles of Penal Law* (1780), in: *Works* (ed. J. Bowring), New York 1962, Bd. I, 562 (= Teil III, Kap. 16).

231 J.-J. Rousseau, *Über den Ursprung und die Grundlagen der Ungleichheit unter den Menschen* (1755), Berlin 1955, 41.

232 P. Corbett, *Postscript to S. R. Godlovitch*/J. Harris (Hg.), *Animals, men and morals,* London 1971, 238.

233 H. Rolston, *Is there an ecological ethic?,* in: *Ethics* 85 (1975), 101.

234 A. Schweitzer, *Kultur und Ethik* (Kulturphilosophie, 2. Teil), München [3]1923, 234f.

235 A. Schweitzer, *Aus meinem Leben und Denken,* 1931, 204 (diese Schrift ist 1952 noch einmal erschienen, u. zw. im Fischer-Verlag Frankfurt/M.).

236 A. Schweitzer, *Die Weltanschauung der indischen Denker,* Bern 1965, 208.

237 »Bisher war es mein Prinzip, in Philosophie nicht mehr zu sagen, als was absolut logisches Erleben des Denkens ist. Darum rede ich in Philosophie nie von ›Gott‹, sondern von dem ›universellen Willen zum Leben‹« (Schweitzer in Antwort auf einen Brief von O. Kraus, zit. in: O. Kraus, *Albert Schweitzer. Sein Werk und seine Weltanschauung,* Bern [2]1929, 38).

238 Tompkins/Bird, a.a.O. 12.

239 Siehe die Begründung Seite 92 und 243f.

240 H. Steffens, *Anthropologie,* Bd. II, Breslau 1822, 178–180.

241 Schweitzer, *Kultur und Ethik,* 242.

242 Meyer-Abich, 108.

243 Seite 159ff.

244 G. Altner, *Operation Erbsünde,* in: *Ev. Kommentare* 17/3 (1984), 120.

245 Meyer-Abich, a.a.O.

246 J. Weizenbaum, *Interview für die Wochenzeitung »industrie«,* zit. nach dem Abdruck in der Frankfurter Rundschau, 30. 11. 1983, Nr. 278, 13; vgl. dazu auch Weizenbaums 1976 erschienenes Buch *Die Macht der Computer und die Ohnmacht der Vernunft.*

247 Vgl. dazu die treffenden Ausführungen von W. G. Haverbeck, *Die andere Schöpfung.* Technik ein Schicksal von Mensch und Erde (Fischer-TB), Frankfurt/M. 1983.

248 W. Hädecke, *Die Welt als Maschine,* in: *Scheidewege* 10 (1980), 308.

249 D. Thompson, *Men in Perpetual Motion Lose Hope for Security,* in: *Minneapolis Star,* 1949, 11.

250 Hädecke, a.a.O. 287.

251 Ebd. 308f.

252 J. Herbig, *Der Geruch von Verbranntem,* in: *Merkur,* Heft 380, Januar 1980.

253 Ebd.

254 G. Wald, *Leben in einer letalen Gesellschaft,* in: *Scheidewege 9* (1979) 11–13; vgl. zu Wald auch H. Mynarek, *Orientierung im Dasein,* 205f.

255 Zu diesem Trend vgl. auch das neueste Buch von H. v. Ditfurth (s. Anm. 109).

256 M. Heidegger, *Vorträge und Aufsätze,* Bd. I, Pfullingen 1954, 19, 26.

257 Schweitzer, *Aus meinem Leben und Denken,* 204.

258 Schweitzer, *Kultur und Ethik,* 243.

259 Ebd. 241f., 243, XVII–XX.

260 Seite 54ff.

261 Seite 242.

262 Teilhard de Chardin, *Der Mensch im Kosmos,* 258f.

263 A. Müller, a.a.O. 127, 129, 138, 140, 190.

264 Teilhard de Chardin, a.a.O. 258.

265 Müller, a.a.O. 140.

266 Vgl. zu dem nachfolgend in diesem Absatz Gesagten: Meyer-Abich, a.a.O. 164ff.

267 Ebd. 165.

268 Ebd. 166.

269 W. L. Long, *Friedliche Wildnis,* 1923 zum erstenmal erschienen, jetzt: Berlin 1959.

270 Siehe Seite 95ff.

271 G. Th. Fechner, *Nanna oder über das Seelenleben der Pflanzen* (1848), Hamburg/Leipzig [2]1899, 10. Auf S. 294 spricht Fechner vom »Seelenleuchten der Blumen«, einem Phänomen, auf das er wohl als erster aufmerksam gemacht hat.

272 Meyer-Abich, 186.

273 Ebd. 187.

274 Ebd. 174.

275 L. Nelson, *Gesammelte Schriften in 9 Bdn.,* hier: Bd. V: *System der philosophischen Ethik und Pädagogik,* Hamburg [3]1970, 162f.

276 Näheres dazu bei Tompkins/Bird, a.a.O. 16ff.

277 Neuhäusler, a.a.O. 113, 115.

278 Meyer-Abich, a.a.O. 174.

279 Aristoteles, *Politik* 1253 a 3.

280 I. Kant, *Idee zu einer allgemeinen Geschichte in weltbürgerlicher Absicht,* in: ders., *Werke in 6 Bdn.* (hrsg. von W. Weischedel), Darmstadt 1960, Bd. VI, 45, 39f.

281 Meyer-Abich, 161.

282 Zit. nach A. Müller, a.a.O. 141; vgl. A. Schweitzer: Der Satz: »Ich bin Leben, das leben will, inmitten von Leben, das leben will« ist »nicht ein ausgeklügelter Satz. Tag für Tag, Stunde

für Stunde wandle ich in ihm. In jedem Augenblick der Besinnung steht er neu vor mir. Wie aus nie verdorrender Wurzel schlägt fort und fort lebendige, auf alle Tatsachen des Seins eingehende Welt- und Lebensanschauung aus ihm aus. Mystik ethischen Einswerdens mit dem Sein wächst aus ihm hervor« (a.a.O. 239).

283 Siehe Seite 40f.

284 Vgl. dazu ausführlich: Mynarek, *Religion – Möglichkeit oder Grenze der Freiheit*, 2.–8. Kapitel.

285 *Der Spiegel*, Nr. 23/1985, 61.

286 R. Jungk, *Rezension des Buches von J. Huber, Wer soll das alles ändern?*, in: *Frankfurter Rundschau*, 14. 3. 1981, S. IV.

287 Ebd.

288 Ein Herrenwort der koptischen Bibel lautet: »Mensch, was schlägst du dein Tier! – Wehe euch, daß ihr nicht hört, wie es zum Schöpfer im Himmel klagt und um Erbarmen schreit. Dreimal wehe aber dem, über welchen es in seinem Schmerz schreit und klagt! – Schlage es niemals mehr, daß auch du Erbarmen findest.« In dem ältesten und echtesten, erst 1904 gefundenen Oxyr. Papyr. lautet ein Wort Jesu: »Wo einer allein ist, sage ich: ich bin mit ihm. Erhebe den Stein; und dort wirst du mich finden. Spalte das Holz; und ich bin dort.«

289 E. Fromm, *Haben oder Sein,* Stuttgart 1976 (Titel der amerik. Originalausgabe: *To Have or to Be?*).

290 Näheres zu diesem Umschlag in meinem Buch *Religion – Möglichkeit oder Grenze der Freiheit?*, passim.

291 Siehe dazu das ganze vorige Kapitel in diesem Buch.

292 Vgl. Mynarek, *Religion – Möglichkeit oder Grenze der Freiheit,* S. 129ff.

293 Belege für das hier über den Buddhismus Gesagte: *Majjhima-Nikaya* 9; *Suttanipata* 150, 250, 390; *Itivuttaka* 27; *Digha-Nikaya* I, 1,8; II, 43; V, 26; zit. nach A. Bertholet (Hg.), *Religionsgeschichtliches Lesebuch,* Heft 11: *Der ältere Buddhismus nach Texten des Tipitaka,* Tübingen 1929, 79, 80f., 83f., 92.

294 Zitate nach F. Bammel, *Die Religionen der Welt und der Friede auf Erden*, München 1957, 168f.

295 Einigen Aspekten der altchinesischen Medizin und ihres weltanschaulichen Hintergrundes ist F. Capra in seinen Büchern *Wendezeit* und *Das Tao der Physik* (Bern 1984) nachgegangen.

296 In der Feldtheorie der sogenannten Quantenmechanik sind die spontanen Energiebewegungen – ganz ähnlich wie bei *Ch'i* – Wirkungen des Feldes. Sie entstehen aus dem Feld und verschwinden auch wieder ebenso spontan im Feld. Durch das Feld, das sie alle bewirkt, stehen alle Wirkungen, also alle spontanen Energiebewegungen, jede mit jeder in Wechselwirkungen, in einem universalen Zusammenhang; vgl. auch Capra, *Wendezeit*, 350f., 353f., 380, 385f.

297 Ebd. 385f.

298 D. Steindl-Rast, *Die Religion religiös machen*, in: R. Kakuska (Hg.), *Andere Wirklichkeiten*, München 1984, 195.

Ökologische Religion

Der Ausdruck »Ökologische Religion« stammt vom Verfasser dieses Buches. Als gesellschaftlich verfaßte Gruppe oder religiöse Organisation gibt es sie (noch) nicht. Aber innerhalb der immer stärker werdenden ökologischen Bewegung ist dieser Aspekt eine nicht wegzuleugnende, an Bedeutung zunehmende Unterströmung. Auch in der Partei der Grünen, die sich unter anderem als theoretische und politische Artikulatorin der Anliegen der weit umfassenderen ökologischen Bewegung versteht, entfalten viele aus religiösen Motiven ein starkes Engagement. Darüber hinaus werden alle jene, die sich heute nicht mehr mit den Anreizen und Zwängen der modernen Leistungs-, Produktions- und Konsumgesellschaft zufriedengeben, in ihrer alternativen Lebenssehnsucht und -form oft von einer neuen Religiosität motiviert, die – das beweist ein geschichtlicher Rückblick – fast stets dann aufbrach, wenn eine Epoche der menschlichen Geschichte zu Ende ging und ihre verkrusteten Strukturen zum Hemmschuh neuer, besserer Entfaltungsmöglichkeiten geworden waren.

Die Reaktion auf die horrende Ausmaße annehmende Plünderung, Verwüstung, Verödung und Vergiftung unserer Umwelt und der Gesamtnatur kann zwar sehr unterschiedlich aussehen, sie kann sich philosophisch-weltanschaulich oder wissenschaftskritisch-analytisch oder in sozialethischem, aktivem Protest ausdrükken oder entladen. Aber manche Menschen überfällt heute angesichts einer in Tierversuchen und Genmanipulationen, durch Säureregen und giftige Abwässer, durch Abholzung und chemische Überdüngung erbarmungslos mißhandelten Natur geradezu ein religiöser Schauer (etwa im Sinne des »*mysterium tremendum*« Rudolf Ottos). Die »*Ehrfurcht vor dem Leben*« (Albert Schweitzer), die alle ökologisch Betroffenen eint, hat nicht nur eine ethische, sondern, wie von manchen erkannt, auch eine religiöse Komponente. Schweitzer selbst, diesem »Genie der Menschlichkeit«, stand die Verbindung von Ethik und Religion in dem von

277

ihm geprägten Begriff der »Ehrfurcht vor dem Leben« stets vor Augen. Er umschrieb diese Ehrfurcht als »Ergriffensein von dem unendlichen, unergründlichen, vorwärtstreibenden Willen, in dem alles Sein gegründet ist. Sie hebt uns über alle Erkenntnis der Dinge hinaus... In der Ehrfurcht vor dem Leben liegt die Frömmigkeit in ihrer elementarsten und tiefsten Fassung vor... Die Weltanschauung der Ehrfurcht vor dem Leben hat also religiösen Charakter. Der Mensch, der sich zu ihr bekennt und sie betätigt, ist in elementarer Weise fromm... Diese tiefe, universale Ethik hat die Bedeutung einer Religion. Sie *ist* Religion.«

Mit ökologischer Religiosität ist also nicht irgendeine konventionelle Religion oder Konfession gemeint, sondern ein neues Lebensgefühl, ein spontaner, ursprünglicher Aufbruch des Mitfühlens und Mitleidens mit der Natur, ein neues Erleben und Erfahren von Kommunikation, Sensibilität für sie und Solidarität mit ihr, mit allen Lebewesen auf dem Schicksalsschiff Erde. Es geht also der ökologischen Religiosität auch primär nicht um etwas abstrakt Philosophisches oder Theoretisches, sondern um zutiefst Praktisches. Nur so ein religiöser Aufbruch der Tiefenschichten des Menschen kann überhaupt an den Negativitäten des Bestehenden etwas ändern und hat auch in der Geschichte der Menschheit je und je Veränderungen zustande gebracht, etwa bei der Entstehung des neuzeitlichen Humanismus, der nicht als akademische Philosophie, sondern als neues Lebensgefühl, als neuer *élan vital* entscheidend dazu beitrug, die alten, beengenden Strukturen des Mittelalters und des Feudalismus zu überwinden.

Aber heute müssen alle neuzeitlichen Formen des Humanismus als überholt betrachtet werden, weil sie sich als zu eng erwiesen, weil sie das *Ganze* der Wirklichkeit, der Natur in ihren organischen Zusammenhängen mit dem Menschen vernachlässigten, weil sie sich mehr oder minder anthropozentrisch auf den Menschen oder die Menschheit in ihrer *»splendid isolation«* von allen anderen Lebewesen und Wirkkräften der Erde und des Kosmos beschränkten. Der vom Verfasser dieses Buches mitbegründete »Ökologische Humanismus« (auch »Öko-Humanismus«) sieht dagegen den Menschen in seiner essentiellen organischen Bezogenheit auf das ganze Haus der Natur, ihren ganzen Haushalt (οιϰος = Wohnhaus, Haus; daher Ökologie als die »Wissenschaft von den Beziehungen des Organismus zur umgebenden Außenwelt«, von den »sämtlichen Verhältnissen des Organismus zu allen übrigen Organismen«, wie das E. Haeckel 1866 in seiner *Generellen Morphologie der Organismen* als notwendig für die »Oeconomie des Natur-Ganzen« formuliert und herausgestellt hat). Dem Öko-Humanismus ist der Mensch in seiner Einbindung in die Zusammenhänge und das Zusammenwirken aller Elemente des Kosmos bedeutsam und Gegenstand höchster Aufmerksamkeit und Sorge. Er betrachtet die Natur als erweiterten Leib des Menschen, den Menschen als (bewußten) Teil der Natur. Oberstes Axiom und Postulat des Öko-Humanismus ist es, die durch die neuzeitlichen kapitalistischen Ausbeutungsmethoden und -mechanismen längst auseinandergedrifteten Größen *Erde* und *Mensch, Natur* und *Mensch, Kosmos* und *Mensch* als unentbehrliche, wesensnotwendige, in bezug auf Lebensfähigkeit und Gesunderhaltung des Menschen gleichberechtigte und gleichwertige Pole wieder in ein Gleichgewicht zu bringen, das allein dem Globalorganismus gerecht wird, den die Erde und wahrscheinlich auch die Gesamtwirklichkeit als solche darstellt.

So ist der Öko-Humanismus die zumindest rahmenmäßig globalste Antwort auf die Herausforderung durch die gegenwärtige Weltsituation. Als solche Antwort auf den kritischsten Zustand unseres Planeten seit seiner Entstehung muß sich der Öko-Humanismus – das machen selbst seine Anhänger sich nicht immer klar – auch als neue *Weltanschauung* im Sinne einer plausiblen Erklärung wesentlicher Existenz- und Sinnfragen der Menschheit, als neue *Ethik* und *Religiosität* verstehen und aufbauen. Im Keim schließt er diesen weltanschaulichen, ethischen und religiösen Aspekt ohnehin von vornherein ein.

Die dem Öko-Humanismus gemäße Form der Religion muß aufgrund des dem religiösen Vitalimpuls eigenen Energiepotentials verhindern, daß der Mensch zum gefühllosen Automaten, zum außengelenkten, vermeintlichen Sachzwängen blind folgenden Computermenschen (im Sinne der makabren Vision vermenschlichter Computer einerseits und verdateter, automatisierter, »computerisierter« Menschen andererseits) wird. Die religiös getönte Ehrfurcht vor dem Leben wird der lebenszerstörenden, technokratischen Hybris des Menschen entgegenwirken. Nach Ludwig Feuerbachs anthropologischer, Karl Marx' sozioökonomischer und Sigmund Freuds psychoanalytischer Phase der Religion(skritik und -betrachtung) muß jetzt die ökologische Phase der Religion einsetzen. Sie wird – entsprechend ihrem Oberbegriff der Öko-Logik – den richtigen Haushalt, das Gleichgewicht wiederherzustellen versuchen zwischen Körper und Geist (die ja fast in der gesamten europäischen Geistes- und Religionsgeschichte dualistisch getrennt wurden), zwischen Psychischem und Geistigem, zwischen körperlichen und (echten) geistigen Bedürfnissen, zwischen Gefühl und Verstand, zwischen dem Menschen als Naturwesen und als Geistwesen, zwischen Aktion und Kontemplation bzw. Meditation, zwischen Spontaneität und Reflexion, zwischen dem Biorhythmus des Menschen und dem der Erde, zwischen psychischem Wohlbefinden und Ernährungsweise, global: zwischen Mensch und Kosmos. Wenn die Ökologische Religion ihr umfassendes Programm der Öko-Logik konsequent ausbaut und verwirklicht, hätte sie die Chance, *die* Religion der Zukunft zu werden.

(Dieser Artikel ist ein Auszug aus dem Buch *Religiös ohne Gott?* von Prof. Dr. Hubertus Mynarek. Das Buch erschien 1983 im Düsseldorfer Erb-Verlag.)

ALAN WATTS
BEI GOLDMANN

14018

14005

11384

GOLDMANN

ALAN
WATTS

Alan Watts wurde 1915 in England geboren. Er war Professor für Theologie und Rektor an der Amerikanischen Akademie für Asiatische Studien. Ausgedehnte Studienreisen nach Japan ließen Alan Watts als einen der umfassendsten Kenner und Interpreten des Zen-Buddhismus im speziellen und in der indischen und chinesischen Philosophie im allgemeinen bekannt werden. In weiten Kreisen gilt er als einer der schöpferischsten und geistreichsten Denker dieses Jahrhunderts. Die neunbändige Serie enthält die Essenz von Vorträgen, die Watts in seinen letzten Lebensjahren gehalten hat.

„Das Fazit eines faszinierenden Lebens, das den Autor in der ganzen Welt berühmt gemacht hat. Diese Bücher zeigen, mit welchem Engagement Watts die Probleme seiner Zeit aufgriff und sie, stellvertretend für viele, in seinem eigenen Leben austrug." (Washington Post)

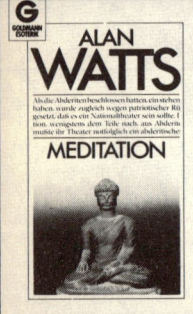

11790

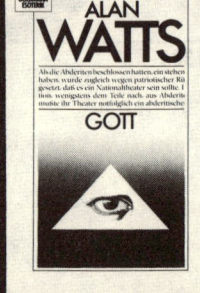

11791

11792

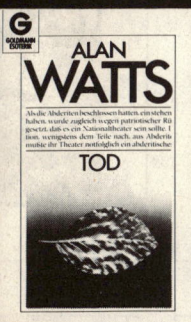

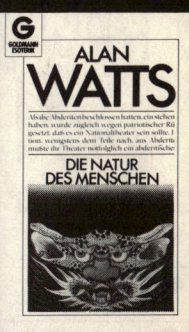

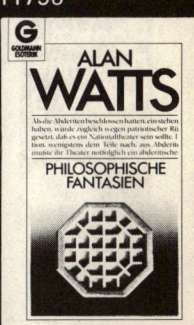

14001

14002

14004

14005

14006

14007

NEW AGE
MODELLE FÜR MORGEN

14008

14010

14012

14013 (Sept. '85)

14014 (Okt. '85)

GOLDMANN
VERLAG

**GOLDMANN
VERLAG**

Es gibt viele Wege zum Erfolg

10957

Erhard F. Freitag beschreibt hier den
sicheren Weg, der Sie mit der Hilfe Ihres
Unbewußten zu einem neuen Selbst und
somit zum erfolgreichen Leben führt.
Jeder Mensch kann, sobald er bereit ist, über
seine psychischen Probleme nachzudenken
und Spannungen zu lösen, sein Leben
grundlegend ändern und zu einem
liebevollen Leben in größtmöglicher innerer
Harmonie finden.